MensSana

Über die Autorin:

Dr. Eva Selhub ist Oberärztin am Benson-Henry-Institut für ganzheitliche Medizin in Boston. Neben ihrer medizinischen Ausbildung hat sie Traditionelle Chinesische Medizin, das vedische Chakrasystem, Qi-Gong und andere Formen energetischer Heilkunst studiert. Der Kern aller dieser Disziplinen ist die Liebe.

Weitere Informationen unter: www.theloveresponse.com

Dr. Eva Selhub

mit Divina Infusino

Wie Liebe heilt

Selbstheilung durch positive Emotionen

Aus dem Englischen von
Gisela Merz-Busch

MensSana

Die amerikanische Originalausgabe erschien 2009 unter dem Titel
»The Love Response« bei Ballantine Books, an imprint of The Random
House Publishing Group, a division of Random House, Inc., New York

Besuchen Sie uns im Internet: www.droemer-knaur.de
Alle Titel aus dem Bereich MensSana finden Sie im Internet unter
www.mens-sana.de

Vollständige Taschenbuchausgabe Juli 2011
Copyright © 2009 Eva M. Selhub
Copyright © 2009 der deutschsprachigen Ausgabe bei Knaur Verlag.
Ein Unternehmen der Droemerschen Verlagsanstalt
Th. Knaur Nachf. GmbH & Co. KG, München
Alle Rechte vorbehalten. Das Werk darf – auch teilweise –
nur mit Genehmigung des Verlags wiedergegeben werden.
Redaktion: Annette Gillich-Beltz
Umschlaggestaltung: ZERO Werbeagentur, München
Satz: Adobe InDesign im Verlag
Druck und Bindung: GGP Media GmbH, Pößneck
Printed in Germany
ISBN 978-3-426-87449-3

2 4 5 3 1

Für meine geliebte Familie:
Jacob, Shirley, Julie, Eliya und
Maia (Papaya) Selhub

Inhalt

Einführung

In den vielen Jahren meiner Arbeit mit unzähligen Patienten habe ich eine eindeutige Wahrheit über die Gesundheit des Menschen erkannt: Nur weil Krankheitserreger in den Körper eindringen können, bedeutet das noch lange nicht, dass die Krankheit auch ausbricht.

Während meiner ärztlichen Laufbahn habe ich immer wieder nach einer Antwort auf die Frage gesucht, warum der eine Körper es schafft, eine Krankheit zu bekämpfen, der andere aber nicht, warum der eine Mensch gesund bleibt, während ein anderer ständig krank ist.

Dabei habe ich etwas Erstaunliches herausgefunden:

WAS DER GESUNDHEIT AM MEISTEN SCHADET,
IST STRESS UND ANGST
und
DAS BESTE MITTEL GEGEN STRESS UND ANGST
IST LIEBE

Auf dieser Erkenntnis, dass ein wechselseitiger Zusammenhang zwischen Stress und Liebe besteht, baut die Methode der Liebesreaktion auf. Sie erschloss sich mir nicht im medizinischen Umfeld oder durch wissenschaftliche Forschung. Es geschah im Kreißsaal eines Krankenhauses bei der Geburt meiner Nichte Maia.

Als ich am 6. April 2002 Maias Nabelschnur durchtrennte und sie das erste Mal im Arm hielt, fielen alle meine Ängste, alle meine Probleme und aller Stress von mir ab, und für einen Augenblick schien die Zeit stehenzubleiben. Während Maia heranwuchs, durfte ich dieses Gefühl immer wieder erleben, sobald ich mit ihr zusammen war. Eines Tages, als die inzwischen Dreijährige an meiner Brust ruhte, hob sie ihr Köpfchen, schaute mich an, strich mir zärtlich das Haar aus dem Gesicht und sagte: »Tante Evchen, ich hab dich lieb.« Und da war dieses Gefühl wieder: Alle meine Ängste und Sorgen schmolzen dahin.

Verwundert fragte ich mich: »Wie kann das sein? Es ist nicht möglich, dass die Zeit stehenbleibt, aber warum empfinde ich das dann so?« Dieses Gefühl hatte ich auch schon bei anderen Gelegenheiten erlebt – wenn ich einen wunderschönen Sonnenuntergang beobachtete, intensiv Musik hörte oder wenn ich mich einem Menschen oder einer Sache tief verbunden fühlte. Immer dann, wenn ich mich in einem Zustand ehrfürchtiger Ergriffenheit befand. Mir wurde klar, dass wir in Augenblicken wie diesen dem Fluss des Lebens verbunden sind und sich vor unseren Augen und Herzen die Tore zu unendlichen Möglichkeiten öffnen. Es ist nicht die Zeit, die stehenbleibt, sondern *wir* sind es, die innehalten.

Als ärztliche Direktorin des Dr. Herbert Benson's Mind/Body Medical Institute in Harvard, Massachusetts, das sich auf ganzheitliche Medizin spezialisiert hat, die von dem untrennbaren Zusammenhang zwischen Geist, Seele und Körper ausgeht, habe ich häufig die heilende Kraft der »Entspannungsreaktion« beobachten können. Dieser Begriff bezeichnet eine Kette von biochemischen Reaktionen, die im Körper ablaufen, wenn man sich im Zustand tiefer Entspannung befindet, wie man ihn vor allem durch Meditation, Tai-Chi, Qi-Gong oder ähnliche Techniken erreichen kann. Ich weiß sehr gut, welch große Rolle die Entspannungsreaktion spielt, wenn es darum geht, Patienten dabei zu helfen, besser mit Stress umzugehen, physisches und psychisches Wohlbefinden zu erlangen und die Zuversicht zu entwickeln, dass sie sich dieses Wohlbefinden auch in der Zukunft bewahren können. Die wissenschaftliche Forschung der letzten Jahre hat das bestätigt. Eine regelmäßige Anwendung der Entspannungsreaktion wirkt blutdrucksenkend, reduziert das Auftreten von Migräne, verlangsamt den Herzschlag und baut die Muskelanspannung sowie andere Stresssymptome ab. Mit der Entspannungsreaktion lässt sich also die Gesundheit verbessern.

In diesem speziellen Augenblick mit Maia wurde mir klar, dass ein kurzer Moment tief empfundener Liebe denselben positiven Effekt auf meinen Körper hat wie eine lange Meditationssitzung. Es schien, als ob das Empfinden von Liebe eine ähnlich positive biochemische Reaktion in Gang setzen kann wie die Entspannungsreaktion. Es ist nicht erforderlich, zwanzig Minuten und länger allein in tiefer Kontemplation zu verbringen, denn Liebe kann das Gleiche in nur wenigen Sekunden bewirken – und zudem verlässlicher.

Die nächsten drei Jahre war ich auf der Suche nach wissenschaftlichen Studien, die meine Erkenntnis stützten, und fand tatsächlich den Beweis dafür: Wenn man Liebe erfährt – und dabei spielt es keine Rolle, ob es sich um die Liebe zu Mitmenschen, die Liebe zu sich selbst, die Liebe zu etwas Spirituellem oder etwas, das größer ist als man selbst, handelt –, dann hat das eine heilende Wirkung auf den Körper. Warum das so ist? Weil uns die Liebe aus dem Zustand der Anspannung holt, der immer mit Stress verbunden ist – und zwar mit jenem Stress, der Krankheiten den Boden bereitet. Wenn Liebe unser Leben begleitet, empfinden wir Tag für Tag weniger Stress und Angst. Und mit weniger Stress und Angst leben wir glücklicher und gesünder für den Rest unseres Lebens.

Die Frage ist also: Wie können Sie es schaffen, die heilenden Kräfte der Liebe in Ihrem Leben zur Entfaltung zu bringen?

Ich habe dafür die Methode der »Liebesreaktion« entwickelt. Sie zeigt Ihnen einfach anzuwendende Techniken, die Schritt für Schritt zu dauerhaftem Wohlbefinden für Körper und Geist führen.

DIE METHODE DER LIEBESREAKTION

Die Methode der Liebesreaktion gibt Ihnen ein Instrumentarium an die Hand, mit dessen Hilfe Sie Ihren Körper von den verheerenden Auswirkungen von Stress und Angst, unter denen fast jeder leidet, heilen können. Diese Methode zeigt Ihnen, wie Sie Ihr Leben auf Liebe in all ihren Erscheinungsformen aufbauen können und wie Sie Ihre ängstlichen und schmerzhaften Gedanken und Gefühle in wenigen Augenblicken in Erleichterung und Freude verwandeln.

Jeder Mensch hat körperliche, emotionale, seelische und geistige Stärken und Schwächen. Gesundheit ist kein großes, endgültiges Ziel, das erreicht werden muss, sondern ein lebenslanger Prozess, in dem man Entwicklungsmöglichkeiten erkundet, um seine Stärken zu unterstützen und seine Schwächen abzubauen. Die Methode der Liebesreaktion gibt Ihnen das Werkzeug für diesen Prozess an die Hand. Sie können es dann nach Ihren Vorstellungen und auf Ihre ganz individuelle Weise einsetzen – nach Ihrem eigenen Zeitplan und in Übereinstimmung mit Ihren persönlichen Bedürfnissen, Zielen und Beweggründen.

Die Methode der Liebesreaktion befähigt uns, ein Leben aufzubauen, das unser wahres Ich widerspiegelt – wer wir wirklich sind: dazu bestimmt, im Spannungsfeld der Liebe zu leben, mit einem Körper, der sich von Krankheit befreien und lebenslang gesund bleiben kann.

MEINE GESCHICHTE

Schon lange bevor Maja geboren wurde, stieß ich auf die ersten Puzzlestücke, aus denen sich schließlich die Methode der Liebesreaktion entwickeln sollte. Eigentlich erfuhr ich die Macht der Liebesreaktion durch eigene Erfahrung: Ich war mein erster Patient.

Ich war 28 Jahre alt und wollte mich als Ärztin auf Lungenheilkunde spezialisieren. Dann, buchstäblich von heute auf morgen, sollte sich mein ganzes Leben grundlegend verändern.

Es war ein sonniger Junitag, wenige Wochen vor der Beendigung meines zweiten Jahres als Assistenzärztin. Bereits seit zwanzig Stunden war ich auf der Intensivstation des Bostoner Krankenhauses im Dienst. Alle zehn Betten der Station waren mit schwerstkranken Patienten belegt.

Um zwei Uhr nachts konnten die beiden Ärzte im Praktikum und ich, erschöpft wie wir waren, uns endlich ins Bereitschaftszimmer zurückziehen. Ich war gerade eingeschlafen, als mich der Gerätealarm weckte. Der zentrale Venenkatheter eines Patienten war herausgerutscht und musste erneuert werden. Ich spielte die Heldin, ließ die Praktikanten schlafen und ging selbst los, das Problem zu beheben.

Ich kam zum Bett des Patienten, der im Koma lag, und sah die herausgerutschte Kanüle. Gerade hatte ich die Kanüle mit Hilfe einer neuen Nadel wieder in die Vene des Patienten eingeführt, als dieser sich plötzlich aufbäumte und zu husten begann. Die Nadel glitt heraus und stach mich durch den Handschuh in den Finger – und ich war dem Blut eines Patienten ausgesetzt, der nicht nur Aids in fortgeschrittenem Stadium hatte, sondern auch Hepatitis C.

Ich war in Panik, alle möglichen Gedanken schossen mir durch den Kopf: »Oh Gott! Ich habe mich gestochen! Und all das Blut ... ich muss es abwaschen. Am liebsten würde ich mir den Finger abschneiden.

Soll ich mit jemandem darüber reden? ... Nein, ich möchte nicht darüber sprechen. Ich fühle mich wie ein Idiot, wie ein Versager. Wie konnte ich nur so dumm sein! Was werden die anderen dazu sagen ... was werden sie von mir denken? Die glauben sicher, dass ich zu blöd bin, um solche einfachen Handgriffe durchzuführen.

Vielleicht kann ich ja den Finger an der Einstichstelle so fest zusammendrücken, dass das ganze Blut herausläuft ... könnte ich mir doch diesen Finger abhacken! Ich muss den Finger weiter spülen ... mir Ammoniak besorgen, Alkohol ... irgendwas.

Soll ich jemandem davon erzählen? Ich muss einfach mit jemandem darüber sprechen. Aber mit wem? Ich glaube nicht, dass ich das alleine durchstehen kann!«

Bis zu diesem Augenblick hatte mich noch nie eine schwere körperliche oder psychische Krankheit bedroht, mit der ich nicht selbst fertig geworden wäre. Ich war immer stolz darauf gewesen, wie stark, unabhängig, engagiert und tüchtig ich war. Ich strebte nach Perfektion, wie viele Frauen. Weniger als perfekt war nicht gut genug und würde bedeuten, dass *ich* nicht gut genug war. In meinem Selbstverständnis war kein Platz dafür, jemanden um Hilfe bitten zu müssen. Um Hilfe zu bitten, war gleichbedeutend mit Schwäche, Verwundbarkeit, Schmach. Alle diese Vorstellungen, die ich von mir hatte, zerfielen von einem Moment auf den anderen. Ich wurde mit meiner eigenen Sterblichkeit konfrontiert, und alle meine Ziele, die ich so konsequent verfolgt hatte, waren plötzlich unwichtig und fragwürdig geworden. Zum ersten Mal in meinem Leben hatte ich das Gefühl, jede Kontrolle über meinen Körper und meine Gesundheit zu verlieren. Ich konnte nicht umhin, jemanden um Hilfe zu bitten. Mit einem Schlag fühlte ich mich als Opfer.

Ich habe Hilfe gesucht, und ich habe es jemandem erzählt. Noch in dieser Nacht fragte ich einen Spezialisten für Infektionskrankheiten, wie gefährlich dieser Stich mit der HIV-verseuchten Nadel sein könnte. Alles, was ich hörte, war »hohes Ansteckungsrisiko«. In meiner Vorstellung hieß das, dass ich sterben würde.

Der behandelnde Arzt versuchte mich mit Statistiken zu trösten. Doch ich konnte nicht aufhören zu weinen. Alle beruhigenden Worte schafften es nicht, meine Ängste zu vermindern und die Gedanken zu stoppen, die mir durch den Kopf rasten.

Am nächsten Tag begann ich mit der prophylaktischen Einnahme von Anti-HIV-Medikamenten. Auch beschloss ich, meine Familie einzuweihen, was mir alles andere als leichtfiel. Immer hatte ich mich als die »Starke« gesehen, diejenige, auf die alle anderen bauen konnten. Ich schämte mich dafür, dass ich »versagt« hatte, dass ich verwundbar war und dass ich ein Mensch war wie alle anderen – ein Mensch, der einen riesengroßen Fehler gemacht hatte. Meiner Familie davon zu erzählen, würde ihnen Schmerz zufügen und mich demütigen. Ich hasste die Vorstellung, ihnen solche Sorgen zu bereiten.

Dennoch, da saßen wir nun – mein Vater, meine Mutter, meine Schwester und mein Bruder – in dem engen Wohnzimmer und hielten uns weinend umschlungen. Von diesem Moment an wichen sie nicht mehr von meiner Seite.

In den folgenden sechs Wochen entwickelte sich bei mir infolge der Medikamente eine Anämie, ich litt unter ständiger Erschöpfung und hatte Anfälle von äußerst peinigenden Bauchschmerzen. In dieser Zeit begriff ich, was es heißt, krank zu sein, voller Angst, bedrückt, auf die Unterstützung anderer angewiesen und ohne Kontrolle über das eigene Leben.

Dieser Nadelstich war der Beginn von sechs fürchterlichen

Monaten, die geprägt waren von persönlichen Katastrophen: dem Tod meines Großvaters, dem Tod meines Hundes, einer Verleumdungskampagne durch einen Menschen, den ich nicht einmal kannte und der versuchte, mich bei der Gesundheitsbehörde anzuschwärzen, einem Feuer, das mein Apartment verwüstete und nur eine rauchgeschwärzte Höhle hinterließ, und schließlich wurde mein Vater auch noch mit einem Herzinfarkt ins Krankenhaus eingeliefert.

Selbst als ich schließlich den Befund bekam, dass ich nicht HIV-infiziert war, ging es mir nicht besser. Die Belastungen der vergangenen Monate hatten mich aufgerieben. Ich hatte in der kurzen Zeit zu viele Verluste erlitten. Ich zog mich zurück und verschloss mich. Ich konnte weder lachen noch denken noch mich an etwas erinnern. Meine Facharztprüfungen standen kurz bevor, aber es fehlte mir jede Motivation für das Lernen. Ich war in ein tiefes Loch gefallen und fand nicht mehr heraus.

Doch obwohl ich alles dafür tat, mich vom Leben zurückzuziehen, ließ das Leben – in Gestalt meiner Freunde, meiner Familie und meiner Kollegen – mich nicht allein. Sie sahen in mir jemanden, der es wert war, geliebt zu werden. Sie scharten sich um mich und zwangen mich, unter Menschen zu gehen, obwohl ich nichts lieber wollte, als zu Hause zu bleiben und mich zu verstecken. Sie blieben bei mir, wenn ich mich einsam fühlte, erinnerten mich daran, dass jeder Tag auch neue Hoffnung und neue Chancen mit sich bringt.

Ich habe es geschafft, wieder ins Leben zurückzufinden, meine Facharztausbildung abzuschließen und eine Laufbahn als Allgemeinärztin einzuschlagen. Doch ich hatte meine Dämonen noch nicht besiegt.

Keine zwei Jahre später, ich war mitten in meiner Sprechstunde und hatte sechzehn Patienten zu behandeln, erlitt ich eine Angstattacke. Es passierte zwischen zwei Patienten – kurz davor zu hyperventilieren, zwang ich mich, tief durchzuatmen, um mein Herzrasen zu beruhigen.

Noch nie hatte ich eine Panikattacke gehabt. Warum erlebte ich gerade jetzt eine? Dafür gab es eine ganze Liste von Gründen.

- Ich hasste meine Arbeit.
- Ich hatte nicht genügend Zeit, um zu meinen Patienten oder den Kollegen eine Beziehung aufzubauen.
- Ich vermisste meine Freunde, die in andere Städte gezogen waren.
- Ich fühlte mich einsam und verlassen.
- Ich fühlte mich in einem Teufelskreis gefangen: Erst arbeitete ich ohne Pause durch, dann kämpfte ich mich durch den abendlichen Berufsverkehr, um in einer leeren Wohnung und einem leeren Leben anzukommen. Und am nächsten Tag ging das Ganze von vorne los.

Aber obwohl dies alles zutraf, konnte ich mir nicht vorstellen, dass diese Probleme, auch nicht in ihrer Gesamtheit, etwas so Extremes wie eine Panikattacke auslösen konnten. Ich musste die einzelnen Punkte genauer hinterfragen.

Dabei stellte ich fest, dass ich meine Arbeit deshalb hasste, weil ich mich vom System manipuliert und nicht respektiert fühlte.

Ich stellte fest, dass ich meine Freunde vor allem deshalb so vermisste, weil ich das Ende einer Beziehung noch nicht verarbeitet hatte, ihr immer noch nachtrauerte und mich seitdem betrogen und mutlos fühlte.

Ich stellte fest, dass ich das Gefühl hatte, in einer Falle zu sitzen, da es in meinem Leben nichts gab, das mir Sinn und Bestätigung vermittelte.

Während ich meine Situation analysierte, überkam mich eine innere Ruhe, ich erkannte ein Muster. Das Problem waren nicht meine Lebensumstände oder die Menschen in meinem Umfeld – sondern ich hatte einfach das Gefühl, nie genug Liebe und Anerkennung zu bekommen. Die Wahrheit war, dass ich mich selbst nicht liebte. Und daher glaubte ich auch nicht, dass andere mich lieben könnten.

Diese Erkenntnis warf mich um. Mir wurde klar, dass ich diese verzerrte Vorstellung verändern musste, also begann ich leise vor mich hin zu sprechen: »Ich liebe mich, ich liebe mich.« Allein diese Worte auszusprechen, schien meine Ängste zu beruhigen, obwohl ich damals nicht wirklich glaubte, was ich sagte.

Diese Worte wiederholte ich nun jedes Mal, wenn ich spürte, dass eine Panikattacke auf mich zurollte. *Eva, bleib ruhig. Diese physische Reaktion ist nur ein Symptom dafür, dass etwas in deinem Innern nicht stimmt. Was will dir das Universum sagen, aber du hörst nicht zu? Was ist der Auslöser? Wenn du dich wirklich selbst lieben würdest, was würdest du dir wünschen?*

Nun versuchte ich, eine Liste zusammenzustellen von den Dingen, die ich mir wünschte, aber mir fielen nur Sachen ein, die ich nicht wollte, also begann ich damit. Die Liste wurde sehr lang, doch danach begann ich das, was ich nicht wollte, mit dem abzugleichen, was ich wollte. Ich entdeckte, dass ich etwas anderes wollte, etwas Besseres als das, wofür ich so lange und hart gearbeitet hatte.

Ich wollte etwas tun, das mir Freude machte und an das ich glaubte.

Ich wollte in einem medizinischen Umfeld arbeiten, in dem Patienten nicht erst behandelt wurden, wenn sie akut krank waren, sondern in dem man sich darum bemühte, sie gar nicht erst krank werden zu lassen.

Ich stellte mir ein angenehmes Arbeitsumfeld vor, in dem ich unterstützt wurde und wo ich für jeden Patienten eine Stunde Zeit hatte.

Ich wollte Frieden in meinem Herzen und Ruhe in meinem Geist.

Einen Monat später kündigte ich meinen Job.

Ich begann mich intensiv mit alternativer Medizin, darunter chinesischer Medizin, und mit Energiearbeit zu beschäftigen. Ich lernte, mich mit mir selbst auszusöhnen und mich wertzuschätzen. Ich lernte, den Menschen und Haustieren in meinem Umfeld zu erlauben, mich zu lieben, was mich wiederum lehrte, mich selbst zu lieben. Ich lernte, etwas Größeres als mich, etwas Spirituelles, zu lieben und von ihm geliebt zu werden.

WIE DIE METHODE DER LIEBESREAKTION ENTSTANDEN IST

Zu Anfang meiner Arbeit als Spezialistin für ganzheitliche Medizin arbeitete ich mit Patienten aus allen Lebensbereichen, die sehr unterschiedliche Krankheiten hatten. Um die akuten Beschwerden zu behandeln und die Krankheitssymptome (die Ängste auslösen können) zu lindern, setzte ich die Schulmedizin ein, während ich die tiefer liegende Ursache der Erkrankung mit alternativer Medizin behandelte.

Das alles begann sich zu einem sinnvollen Ganzen zu verbinden, als ich bei der Geburt meiner Nichte Maia die Erfahrung machte, dass es zwischen dem innigen Schmusen mit einem Baby und dem Lösen körperlicher Anspannung eine tiefe Verbindung gab. In Jahren klinischer Praxis entwickelte sich aus dieser Einsicht die Liebesreaktion, ein Gesundheitsprogramm, das die schädigenden Auswirkungen von Stress und Angst auf den Körper ausgleicht und das natürliche Gleichgewicht – und damit die Gesundheit – wiederherstellt.

Die Methode der Liebesreaktion gründet auf einer allgemeingültigen Wahrheit: Liebe heilt. Nicht im Sinne einer Glückwunschkarte oder positiven Denkens – obwohl das sicher dazugehört –, sondern auf biochemischer, physiologischer Ebene.

Ich vermittelte meinen Patienten die einfachen Techniken, mit denen sie schnell einen Zugang zur Liebe finden konnten. Sobald sie diese einige Zeit praktiziert hatten, besserten sich ihre emotionalen und körperlichen Beschwerden viel schneller als gedacht.

Ich kann mir vorstellen, dass es Ihnen nicht leichtfällt zu akzeptieren, dass Liebe tatsächlich den Körper heilen kann und nicht nur emotionale Wunden. Wenn ich meinen Patienten in der ersten Sitzung den Prozess der Liebesreaktion erkläre, ist ihre Reaktion immer dieselbe: »Und das soll funktionieren?« Nachdem ich unzählige Male miterlebt habe, wie dieser Prozess meine Patienten und auch mich heilt, möchte ich auch Ihnen sagen, was ich meinen Patienten immer sage: »Wenn es nicht funktionieren würde, wäre ich meinen Job los.« Und ich wende diese Methode seit mehr als einem Jahrzehnt an und habe sie fortwährend verfeinert.

Auch wenn es Mühe kostet, aus dem Teufelskreis der Ängste auszubrechen und sich der Liebe zuzuwenden, ist es im Grunde keine harte Arbeit. Man muss wacher werden, sich bewusst werden, wie man lebt und wie man auf Herausforderungen reagiert, ganz gleich ob diese real oder eingebildet sind. Man muss sich seines Körpers bewusst werden, seiner Bedürfnisse und wie man sich fühlt. Man muss sich dafür *entscheiden*, sich selbst zu lieben und sich um sich selbst zu kümmern wie auch um andere. Man muss die Schritte unternehmen, die dabei helfen, den Herausforderungen des Lebens gegenüber widerstandsfähiger zu werden.

Die Ursache der meisten Krankheiten liegt in der Angst. Als Franklin D. Roosevelt das berühmte Zitat prägte: »Das

Einzige, was wir zu fürchten haben, ist die Furcht selbst«, war ihm nicht bewusst, dass er eine allgemeingültige medizinische Wahrheit aussprach. Selbst heutzutage haben die meisten Schulmediziner keine Vorstellung davon, wie untrennbar Krankheit und Angst miteinander verbunden sind.

Ich lade Sie ein, Kopf und Herz einer revolutionären Methode zu öffnen, mit der Sie Ihren Körper und Ihr Leben heilen können.

Eva Selhub, M. D.

ANGST

Der lautlose Mörder

Stellen Sie sich einmal vor, Sie hätten sich verirrt. Sie haben keine Karte, kein GPS, und Ihr Handy hat keinen Empfang. Welche Gedanken und Gefühle steigen in Ihnen auf? Höchstwahrscheinlich denken Sie etwas wie »Wo bin ich? Was soll ich bloß tun? Ich werde zu spät kommen!« und fühlen sich hilflos und ängstlich.

Wenn man unvorbereitet auf eine Schwierigkeit stößt und dabei das Gefühl hat, dass einem die Mittel fehlen, um die Situation zu bewältigen, werden im Körper automatisch eine ganze Reihe von biochemischen Reaktionen ausgelöst, die man als Stress und Angst wahrnimmt. Auf der Ebene des Instinkts soll die Angst den Menschen davor schützen, als Mahlzeit von Raubtieren zu enden oder dunkle, gefährliche Orte aufzusuchen. Ebenso treibt sie uns an, unsere gewohnten, bequemen Pfade zu verlassen, damit wir neue Erfahrungen machen können, als Menschen wachsen und uns weiterentwickeln können. Angst treibt uns in die Welt hinaus und bringt uns dazu, Neues zu lernen. Angst lässt uns die Notwendigkeit spüren, etwas in Ordnung zu bringen, was nicht in Ordnung ist. Angst hat die Menschheit dazu getrieben, Heilmittel für Tuberkulose und manche Krebserkrankungen zu entwickeln, durch den Himmel zu fliegen und dafür zu sorgen, dass existenzielle Bedürfnisse wie Nahrung, Wasser und ein Dach über dem Kopf befriedigt werden. Auf rein physischer Ebene veranlasst Angst unseren Körper dazu, Wunden zu heilen, traumatische Erlebnisse zu überstehen und vor Gefahren zu flüchten.

Wenden wir uns wieder unserem Beispiel zu: Sie haben sich verirrt und besitzen keine Karte. Angst könnte Sie anspornen, alle Ihnen zur Verfügung stehenden Mittel zu aktivieren und angestrengt nach einer Lösung zu suchen. In diesem Fall führt die Angst zu einer sinnvollen Reaktion und zur Handlung. Sobald Sie den richtigen Weg gefunden haben, wird die Angst – und der durch sie erhöhte Adrenalinspiegel, der Sie motiviert hat, einen Ausweg zu finden – wieder abklingen, und Sie befinden sich wieder im Gleichgewicht.

Nun stellen Sie sich vor, Sie hätten im Wald die Orientierung verloren und irrten *stundenlang* herum. Sie haben nur einen kleinen Imbiss und eine Flasche Wasser bei sich, denn Sie wollten ja nur eine kurze Wanderung unternehmen. In dieser Situation sind Sie inzwischen vielleicht so verzweifelt, dass Sie nicht mehr klar denken können. Ihr Adrenalinspiegel ist so stark angestiegen, dass Sie nicht mehr fähig sind, an einer Lösung zu arbeiten, sondern in Panik verfallen.

In diesem Fall sind Angst und Stress nicht mehr hilfreich, sondern schädlich – sie beeinträchtigen die normalen Körperfunktionen und versetzen Sie in einen Zustand, in dem Sie nicht mehr rational handeln können. Und dies ist nur eine der gefährlichen Nebenwirkungen unkontrollierter Angst. Solange Sie die Angst nicht in den Griff bekommen, werden Sie es kaum schaffen, einen Weg aus der Gefahr zu finden.

Angst und Stress gehören untrennbar zum Leben und sind unverzichtbar, wenn sie ihre Aufgabe erfüllen. Das heißt, den Körper kurzzeitig in einen Zustand erhöhter Reaktionsfähigkeit zu versetzen: Der Blutdruck steigt an, die Atmung beschleunigt sich, die Stresshormone Kortisol und Adrenalin werden in den Blutkreislauf ausschüttet – so können wir uns schnell aus Gefahren befreien. Aber Angst und Stress können auch die Gesundheit schädigen, wenn sie zu häufig auftreten oder zu lange anhalten. In der modernen Welt ist dieses Problem weit verbreitet.

Ruhepausen und Mußestunden sind heutzutage ein Luxus. Wir stellen uns morgens den Wecker, um rechtzeitig aufzuwachen, können also selten so lange schlafen, wie es unser Körper bräuchte. Wir schlingen unser Frühstück herunter und hetzen zur Arbeit, wo wir ständig unter Druck sind, mehr zu leisten und schneller zu arbeiten. Für das Mittagessen zehn Minuten Zeit nehmen? Lieber nicht – essen ist doch nicht wichtig. Nach acht bis zehn Stunden dieses Wahnsinns hetzen wir dann wieder nach Hause, um dort ein paar Stunden mit unserer Familie zu verbringen oder für uns etwas Zeit zu haben, bevor wir zu Bett gehen. Und am nächsten Morgen beginnt das Ganze wieder von vorn.

Ach ja, und dann kommt das Wochenende. Da wird dann eingekauft, der Rasen gemäht, der Hausputz erledigt und neben Fußball und Ballett gibt es noch jede Menge gesellschaftlicher und kultureller Veranstaltungen, die zu besuchen sind. Wo bleibt die Zeit, um auszuruhen, sich zu erholen? Ich bin schon erschöpft, wenn ich an diese verplanten Wochenenden nur denke!

Der Lebensstil des 21. Jahrhunderts hält uns ständig in einem Zustand der Sorge und Angst. Sie merken es vielleicht nicht, aber Ihr Angstlevel ist ständig erhöht, was beim geringsten Anlass das auslöst, was ich als Angstreaktion bezeichne. Ob es der Verkehrsstau im morgendlichen Berufsverkehr ist, eine Meinungsverschiedenheit im Büro, ein Migräneanfall oder die Scheidung – der Körper reagiert immer auf dieselbe Art: Mit einer Serie von Angstsymptomen wie Muskelanspannung, Verdauungsproblemen, beschleunigtem Herzschlag, Beklemmungen oder Schlafstörungen.

Das Problem dabei ist, dass wir Adrenalin und Kortisol, die in unseren Blutkreislauf ausgeschüttet werden, in der Regel nicht durch körperliche Bewegung abbauen, wie es unsere Vorfahren taten. Wenn die einen Löwen sahen, rannten sie los, bis sie in Sicherheit waren. Wenn wir hingegen etwa vor einem abgestürzten Computer sitzen oder uns am Telefon über den Kundenservice aufregen, tun wir nichts. Wir ärgern uns, die Angstreaktion wird ausgelöst, aber nicht abgebaut, die Symptome bleiben bestehen und schaukeln sich immer weiter hoch. Die körperlichen Auswirkungen der Angstreaktion kreisen Tag für Tag durch unseren Organismus.

Und schließlich beherrscht die Angst unsere Seele und unseren Körper und führt zu einer »negativen Physiologie«, wie ich es nenne, zu einem biochemischen Ungleichgewicht, das die Wurzel fast aller Krankheiten ist.

Angst und deren Begleiter wie Wut, Scham und Einsamkeit sind ganz normale und gesunde Emotionen. Aber wenn sie zu häufig auftreten und zu lange anhalten, können sie tödlich sein – und zwar im wahrsten Sinne des Wortes.

DIE PHYSIOLOGIE DER ANGST

Die wissenschaftliche Forschung hat gezeigt, dass Angst sowohl den Körper als auch die Seele in allen Aspekten beeinflusst, dazu gehören die Hirnfunktionen, das Immunsystem, der Geistes- und Gemütszustand und die Anfälligkeit gegenüber Krankheiten. Wie funktioniert das?

Die Angstreaktion stimuliert den Amygdala-Hippocampus-Komplex (AHC) im Gehirn. Dazu gehören das emotionale Reaktionszentrum (das limbische System) sowie das Stammhirn, das der älteste Teil unseres Gehirns ist und daher auch Reptilienhirn genannt wird. Das Reptilienhirn dirigiert die Gefühle oder Verhaltensweisen, die für das Überleben der Spezies notwendig sind, wie Angst oder Aggression. Es speichert auch jede negative Erfahrung oder

Bedrohung, um schneller reagieren zu können, wenn diese erneut auftritt. [1]

Die Stimulierung des Reptilienhirns löst eine Kettenreaktion aus, die in der Produktion von Hormonen wie Adrenalin und Kortisol mündet und körperliche Veränderungen auslöst. Gleichzeitig verändert sich die Hirnleistung: Komplexe Problemlösungen sind nicht mehr möglich, man fällt sozusagen in ein primitiveres Stadium zurück, in dem das wichtigste Ziel das physische Überleben ist. [2]

DIE KÖRPERLICHEN VERÄNDERUNGEN

Stellen Sie sich folgende Situation vor: Sie arbeiten unter extremem Zeitdruck, und das Schicksal Ihrer Firma hängt davon ab, ob Sie dieses Projekt erfolgreich beenden. Ist das der richtige Zeitpunkt, um ein Nickerchen zu machen? Nein, wohl nicht. Die Angstreaktion wird das zuverlässig verhindern, weil sie Adrenalin ins Gehirn schickt, damit Sie wachsam, erregt und in höchster Alarmbereitschaft sind. Ebenso wenig ist das der richtige Moment, um sich fortzupflanzen, deshalb schaltet Ihr Fortpflanzungssystem ab. Und auch das Essen ist jetzt zweitrangig, weshalb Ihr Verdauungssystem inaktiv wird. Sie haben weder Hunger oder Durst noch das Bedürfnis, zur Toilette zu gehen. Unsere Vorfahren hatten in einer Stresssituation – wenn sie zum Beispiel plötzlich einem Löwen gegenüberstanden – die Wahl zwischen Kampf oder Flucht. Noch heute wird daher bei der Angstreaktion die Kraft zur Verfügung gestellt, die Sie brauchen, um zu kämpfen oder wegzurennen: Es fließt mehr Blut in Gehirn und Muskulatur, die Muskeln spannen sich an, besonders im Rücken sowie im Nacken- und Schulterbereich. Die Fäuste schießen vor, das Kinn schiebt sich nach vorne und gibt dem Gesicht einen bedrohlichen Ausdruck.

All diese Aktivitäten verbrauchen Energie. Also beginnt der Körper damit, körpereigene Stoffe abzubauen, um daraus Nährstoffe zu gewinnen, die er in Energie umwandeln kann. Dieser Vorgang wird als Katabolismus bezeichnet. Bei diesem abbauenden Stoffwechsel werden unter anderem den Knochen Kalzium und Magnesium entzogen, und die Muskeln liefern Proteine. Um den höheren Sauerstoffbedarf auszugleichen, atmet man schneller, die Bronchien dehnen sich, und die Lungen nehmen mehr Sauerstoff auf. Die Blutungsneigung nimmt ab, und das Blut gerinnt schneller – im Falle von Verletzungen. Das Immunsystem schickt weiße Blutkörperchen zur Bekämpfung von Infektionen oder startet Abwehrreaktionen, um fremde Substanzen fernzuhalten. Zusätzlich beschleunigt sich der Herzschlag, und der Blutdruck steigt an, um die Energie möglichst schnell dorthin zu transportieren, wo sie gebraucht wird.

SYMPTOME DER ANGSTREAKTION

- *Gehirn:* Man fühlt sich in Alarmbereitschaft, kann nicht schlafen, ist ängstlich.
- *Muskulatur:* Man fühlt sich angespannt, besonders im Rücken, im Nacken- und Schulterbereich und in der Kinnpartie.
- *Fortpflanzung:* Die Monatsblutung bleibt aus oder tritt nur schwach auf, die Spermienproduktion nimmt ab, ebenso die Libido.
- *Verdauungstrakt:* Man leidet unter Verstopfung, hat Durchfall, Sodbrennen oder Magenkrämpfe.
- *Durchblutung:* Hände und Füße sind kalt.
- *Herz:* Der Herzschlag ist beschleunigt, das Herz pumpt intensiver, der Blutdruck steigt.
- *Lungen:* Man atmet schneller oder flacher.

- *Immunsystem:* Die weißen Blutkörperchen werden aktiviert, um Eindringlinge zu bekämpfen, und lösen eine Entzündungsreaktion aus.

MACHEN SIE DEN TEST

Finden Sie heraus, wie die Angstreaktion ganz konkret Ihren Körper beeinflusst. Folgen Sie dazu diesen Anweisungen:

- Schließen Sie die Augen.
- Denken Sie an eine belastende oder beunruhigende Situation und versuchen Sie sich in diese Situation hineinzuversetzen.
- Konzentrieren Sie sich auf Ihre Atmung.
- Dabei sollten Sie auf Folgendes achten:
  - Halten Sie den Atem an?
  - Atmen Sie flacher oder schneller?
  - Haben Sie das Gefühl, der Brustkorb wird enger?
  - Merken Sie, dass Ihre Schultern nach vorne sinken?
  - Haben Sie das Gefühl, dass es Ihnen die Brust oder die Kehle zuschnürt?

Wenn Sie danach die Augen wieder öffnen, nehmen Sie sich vor, in Ihrem Tagesablauf darauf zu achten, ob und in welchen Situationen Sie den Atem anhalten. Achten Sie in Ihrem Alltag auch auf andere körperliche Symptome oder Gefühle, die auftreten, wenn Sie unter Stress stehen.
Sie werden feststellen, dass Sie – wie die meisten Menschen – in stressigen Situationen den Atem anhalten, selbst wenn Sie an derartige Situationen nur denken. Vielleicht wird Ihnen nach diesem Test auch bewusst, dass Sie sehr häufig

Ihre Schultern anspannen oder sogar den Großteil des Tages den Atem anhalten. Wenn das so ist, dann ist es Zeit, aufzuwachen – oder wollen Sie sich umbringen?

ANGST UND GESUNDHEIT

Die Angstreaktion lässt sich mit einem Feuer vergleichen: Es ist nützlich, wenn man damit seine Mahlzeiten kocht, aber es kann verheerende Auswirkungen haben, wenn es außer Kontrolle gerät. Wenn die Angstreaktion nicht abgebaut wird und über zu lange Zeit anhält, verfestigt sich der Stress im Körper, und es kommt unvermeidlich zu gesundheitsschädlichen Auswirkungen. Der Blutdruck steigt, die Gefäßwände verdicken sich, entwickeln Risse, in denen sich Ablagerungen festsetzen, was letztlich zu Herzkrankheiten und zum Schlaganfall führen kann. Das Zusammenspiel von übermäßiger Adrenalin- und Kortisolproduktion und einem hohen Insulinspiegel, mit dem die Bauchspeicheldrüse einen erhöhten Blutzuckerspiegel senken will, kann mit der Zeit zu Diabetes und anderen Stoffwechselkrankheiten führen, vor allem wenn man zu viele Einfachzucker und schnell verdauliche Kohlenhydrate zu sich nimmt. Mit steigendem Kortisolspiegel wird im Körper an den unterschiedlichsten Stellen Fett eingelagert, um Energie zu speichern – und so entwickelt sich in der Körpermitte dieser kleidsame Rettungsring.

Die Angstreaktion ließ den Menschen der Vorzeit bei der Begegnung mit gefährlichen Tieren entweder kämpfen oder weglaufen. War die Gefahr vorüber, hatte sich durch die körperliche Aktion die Angstreaktion wieder abgebaut. Doch heute reagieren wir auf gesellschaftliche oder psychologische Stressauslöser meist mit passiver Ablenkung, wir sehen fern oder sitzen am Computer statt zum nächsten

Baum zu sprinten. Das heißt, die Energie, die von der Angstreaktion bereitgestellt wird, wird nicht zügig verbraucht, sondern nur langsam abgebaut – oder gar nicht, wenn wir häufig Stress haben bzw. in der Angstreaktion leben. Wir befinden uns ständig in Alarmbereitschaft mit all den beschriebenen körperlichen Folgen.

EINE ÜBERSCHIESSENDE ANGSTREAKTION HAT FOLGENDE AUSWIRKUNGEN [3]

- Bluthochdruck
- Herzkrankheiten und Schlaganfall
- Unfruchtbarkeit und Sexualstörungen
- Muskelverspannungen und Schmerzen
- Arthritis und andere Entzündungsreaktionen
- Fettleibigkeit
- Gedächtnis- und Konzentrationsstörungen
- Hoher Blutzucker- und Cholesterinspiegel
- Erhöhtes Osteoporose-Risiko
- Verdauungsprobleme
- Schwächung des Immunsystems

Chronisch erhöhte Spiegel von Kortisol und Adrenalin können auch im Gehirn zu Reaktionen führen wie:

- Anstieg der freien Radikalen mit der Folge von oxidativem Stress, der zu Gedächtnisstörungen führen kann
- Veränderungen in der Chemie des Gehirns wie ein Anstieg der Neuropeptide, was wiederum das Verlangen nach Essen steigert und das Verlangen nach körperlicher Aktivität vermindert
- Senkung des Serotoninspiegels, was wiederum das Verlangen nach Süßigkeiten, Fett und minderwertiger Kost (Junk Food) steigert

- Abnahme der Fähigkeit, Glukose zu nutzen, so dass die
  Leistungsfähigkeit des Gehirns nachlässt

Steht man ständig unter Stress, verbraucht der Körper hohe
Mengen von Serotonin, um die Stressreaktion aufrechtzuerhalten. Gleichzeitig wird durch den Stress Kortisol produziert, das die Aufnahme der Aminosäure Tryptophan,
der Vorstufe von Serotonin, verhindert, wodurch der Sero-
toninspiegel noch weiter absinkt. Und ein zu niedriger Se-
rotoninspiegel kann Depressionen oder auch Schlafstörungen auslösen und zu Heißhunger nach Junk Food als »Trost«
führen, womit sich der Teufelskreis fortsetzt.
Ist der Adrenalinspiegel andauernd erhöht, kann dies auch
ständige Muskelanspannung oder schmerzhafte Entzündungen zur Folge haben, die wiederum zu Krankheiten des
Bewegungsapparats führen. Eine schlechte Durchblutung
der Verdauungstrakts und Veränderungen in der Zusam-
mensetzung der Magensäure können Magengeschwüre,
Reizdarm und entzündliche Darmerkrankungen sowie andere Störungen des Magen-Darm-Trakts auslösen.
Je mehr der Körper geschwächt wird, umso größere Ängste
mit all ihren negativen Folgen entstehen – ein Teufelskreis,
in dem auch meine Patientin Cynthia gefangen war.

CYNTHIA: *Angst gebiert noch mehr Angst*

Cynthia, eine zweiundsechzigjährige, sehr aktive Frau,
kam zu mir und erzählte, dass sie an Herzrasen, an Kreuz-
und Nackenschmerzen und an Schlaflosigkeit litt. Sie bezeichnete sich selbst als »Macherin und Feuerwehr in allen Lebenslagen«. Ständig war sie im Einsatz; ihre Sach-
kenntnis und ihre Erfahrung waren immer gefragt. Sie
hatte wenig Geduld, wenn sie auf Unkenntnis traf, und
wenn sie etwas unbedingt erledigt haben wollte, machte

sie es lieber selbst. Sie befürchtete, wenn sie die Aufgaben an andere delegierte, würden sie nicht richtig ausgeführt werden. Inzwischen war sie frustriert, weil sie vieles nicht mehr tun konnte, was ihr früher Freude gemacht hatte, denn ihre Schmerzen oder ihr Herzrasen hinderten sie daran. Die Sorge um ihre Gesundheit und der Gedanke an all das, was am nächsten Tag zu erledigen war, ließen sie nachts nicht zur Ruhe kommen.

Cynthia musste zugeben, dass sie sich immer schon um alles gekümmert und gesorgt hatte, und war überzeugt, dass sie es dieser beständigen Umsicht und Wachsamkeit verdankte, dass sie erfolgreich war. Ihr Leben lang hatte sie sich ständig Sorgen gemacht, was »passieren könnte«, und alles in ihrer Macht Stehende getan, damit es nicht dazu kam. Nun war die Gesundheit in das Zentrum ihrer Aufmerksamkeit gerückt. Doch darüber hatte sie keine Kontrolle. Und nicht nur das, je mehr sie sich über ihre Gesundheit Gedanken machte, umso mehr verstärkten sich ihre Symptome. Ihre Angst wurde immer größer, ihr Herzrasen verschlimmerte sich, und sie konnte nicht schlafen. Das ständige Schlafdefizit ließ ihre Schmerzen heftiger werden. Ich zeigte Cynthia die Techniken, die ich Ihnen in diesem Buch vorstellen werde. Sie lernte, bewusst und gezielt ihre Angstreaktion zu dämpfen. Ihr Herzrasen besserte sich, ihre körperlichen Schmerzen nahmen ab, und sie konnte besser schlafen. Sie war auf dem besten Weg, wieder gesund zu werden.

RUND UM DIE UHR AUF WACHE: DAS IMMUNSYSTEM

Wird die Angstreaktion nicht in Schach gehalten, muss der Sicherheitsdienst des Körpers das ausbaden, vor allem das

Immunsystem. Solange die Angstreaktion aktiv ist, bleiben die Kortisol- und Adrenalinspiegel auf hohem Niveau, und das Immunsystem schaltet sich ab. Als Folge ist man nicht nur anfälliger für Infektionen, sondern möglicherweise auch für die Entstehung von Tumoren. Gleichzeitig spielen sich im Körper Entzündungsreaktionen ab, die entsprechende Erkrankungen verursachen können. Neuere Forschungen haben gezeigt, dass bei fast allen Krankheiten, die die Schulmedizin kennt, entzündliche Vorgänge eine Rolle spielen; das reicht von Arthritis, Autoimmunkrankheiten und Allergien bis zu Diabetes, Fettleibigkeit, Depressionen und Herz-Kreislauf-Erkrankungen. [4]

Was Sie über das Immunsystem wissen sollten

Das Immunsystem besteht aus zwei Elementen, die zusammen unser 24-Stunden-Sicherheitssystem ergeben: ein Teil arbeitet vorwiegend am Tag, der andere ist vorwiegend nachts aktiv. Tages- und Nacht-Wachdienst kommunizieren miteinander über Boten, die sogenannten Zytokine. Die Zytokine des einen Systems benachrichtigen die des jeweils anderen, wenn sie eine Pause machen sollen, weil das andere System gerade arbeitet.

Was folgt daraus?

Während der Nacht ist der Kortisolspiegel normalerweise niedrig. Wenn die Angstreaktion aber zu lange anhält, dann sind die Kortisolwerte auch während der Nacht stark erhöht, vor allem wenn man nicht gut schläft. Der Nacht-Wachdienst reagiert sehr empfindlich auf Kortisol, so dass hohe Werte den Nacht-Wachdienst beeinträchtigen und damit auch die Abwehr schwächen. Zudem wird die Produktion von Botenzellen eingestellt, so dass der Tages-Wachdienst nicht die Nachricht bekommt, sich abzuschalten. In der Folge kann es sein, dass der Tages-Wachdienst zu heftig auf Substanzen in der Umgebung reagiert und Allergien ausgelöst werden. Oder er entwickelt eine so übersteigerte Wachsamkeit, dass er den eigenen Körper angreift und Entzündungen oder Autoimmunerkrankungen hervorruft.

Burn-out

Manchmal kommt es zu einer Überlastung des Immunsystems, so dass es überempfindlich reagiert. Die Kommunikation zwischen Körper und Geist ist gestört, so als spielte man »Stille Post« – Botschaften werden verzerrt und sogar verändert. Dies passiert dann, wenn die Angstreaktion über einen langen Zeitraum aktiv ist, so dass der Organismus einen Burn-out erleidet.

Stellen Sie sich ein Auto vor, das über längere Zeit mit überhöhter Drehzahl fährt. Was passiert mit dem Motor? Er überhitzt und brennt durch. Alle technischen Systeme im Auto versagen und kommunizieren nicht mehr miteinander. Das Gleiche kann im Körper passieren. Aus irgendeinem Grund – und da gibt es unterschiedliche Theorien – brennt der Motor, der die Körperfunktionen in Gang hält, durch. Statt extrem wachsam zu werden, geschieht genau das Gegenteil: tiefe Erschöpfung und ein niedriger Aktivitätszustand. Das Gehirn verliert die Verbindung zu den Immunzellen, Reizbarkeit und Entzündungsreaktionen verstärken sich. Die Nebennieren sind von der Überlastung erschöpft und können nicht mehr genug Kortisol produzieren. Und der Hypothalamus hat nicht mehr genug Energie, um eine angemessene Angstreaktion auszulösen.

Es gibt verschiedene Anzeichen, die auf eine geschwächte Angstreaktion hinweisen: das chronische Müdigkeitssyndrom, ein früher Eintritt der Wechseljahre, Schilddrüsenunterfunktion, Fibromyalgie und rheumatoide Arthritis. Zeigen sich diese Symptome, dann lässt das meist auf einen niedrigen Kortisolspiegel schließen und darauf, dass die Immunzellen außer Kontrolle geraten sind. Viele Menschen entwickeln dabei eine Überempfindlichkeit gegenüber Nahrungsmitteln, chemischen Stoffen und anderen Dingen, die eigentlich zum täglichen Leben gehören. Für viele dieser Symptome gibt es keine logische Erklärung, und sie stellen die Schulmedizin vor ein Rätsel.

TYPISCHE ANZEICHEN EINES BURN-OUT-SYNDROMS [5]

- Chronische Müdigkeit
- Rheumatoide Arthritis
- Autoimmunerkrankungen
- Überempfindlichkeit/Allergien
- Verstärkung der Wechseljahrsbeschwerden (Hitzewallungen, schwache Libido, Schlaflosigkeit, Gedächtnis- und Konzentrationsstörungen etc.)
- Fibromyalgie
- Depressionen

✿ HELEN: *Ausgebrannt und erschöpft*

Als Helen zu mir in die Sprechstunde kam, war sie siebenunddreißig. Sie litt an Schilddrüsenunterfunktion und Depressionen und hatte leichtes Übergewicht. Vor kurzem hatte man bei ihr das chronische Müdigkeitssyndrom diagnostiziert. Zwar war sie froh, endlich eine Diagnose zu haben, dennoch war sie sehr beunruhigt, dass man eine Krankheit festgestellt hatte, für die es keine »Behandlung« gibt und deren Ursache man nicht kennt. Helen war frustriert, denn bis vor kurzem hatte sie immer alles im Griff gehabt: Sie war beruflich sehr erfolgreich, hatte ein striktes Fitness-Training durchgezogen und ihre Wohnung immer penibel sauber gehalten. Vor einigen Jahren hatte sie sich scheiden lassen, und in dieser Zeit hatte sie eine Grippe bekommen, von der sie sich »nie erholt« hatte.

Heute litt sie unter anderem unter Gelenk- und Muskelschmerzen und fühlte sich ständig total erschöpft. Bei jeder Herausforderung verschlechterte sich ihr Zustand, und auch auf sportliche Betätigung reagierte ihr Körper mit verstärkten Beschwerden. Terminvorgaben an ihrem Arbeitsplatz verschlimmerten ihre Erschöpfung. Sie hatte Heißhunger auf Kohlenhydrate, aß und schlief immer mehr, vernachlässigte ihr Training, setzte einige Kilos an, die sie nicht mehr loswurde, und kam mit ihrem Haushalt nicht mehr zurecht.

Ich bat Helen, mir etwas über ihre Kindheit zu erzählen. Es stellte sich heraus, dass ihr Vater Alkoholiker gewesen war und sie den Kontakt zu ihm verloren hatte, als sich ihre Eltern scheiden ließen. Damals war sie ein Teenager. Ihre Mutter war liebevoll und bemühte sich um sie, obwohl sie unter Depressionen und Ängsten litt.

Ich erklärte Helen, dass das Erlebnis, von ihrem Vater verlassen zu werden, viele Ängste bei ihr ausgelöst hatte. Dies hatte zusammen mit den von beiden Elternteilen geerbten Anlagen dazu geführt, dass ihre Angstreaktion schon in jungen Jahren überaktiv war. Kinder von Alkoholikern leben in ständiger Unsicherheit, was sie von dem Erwachsenen zu erwarten haben, da er in seinem Verhalten unberechenbar ist. Sie leben in einem Zustand der Angst, befinden sich immer in einem Alarmzustand und unternehmen jede Anstrengung, um möglichst perfekt zu sein, damit sie den alkoholkranken Elternteil nicht verärgern. Ich bat Helen, sich vor Augen zu führen, wie sie die Herausforderungen in ihrem Leben immer schon mit extremer Wachsamkeit bezwungen hatte.

Ich erklärte ihr, dass sie wahrscheinlich schon ihr ganzes Leben »auf Hochtouren« gelaufen war. Als dann noch ihre Scheidung und die Krankheit dazukamen, war ihre Angstreaktion zusammengebrochen – ein Burn-out. Nach wie vor empfand sie dieselben Dinge als bedrohlich, auch ihre Gefühle hatten sich nicht verändert, und ihre Angstreaktion war unvermindert aktiv. Doch statt dadurch wachsam und aktiv zu werden, fühlte sie sich krankhaft erschöpft.

Denn der Körper besteht aus Billionen von Zellen. Darunter auch kranke Zellen – Krebszellen, mutierte Zellen, erschöpfte Zellen usw. Wenn das Immunsystem gut funktioniert, dann beseitigt es diese »schlechten« Zellen oder schottet sie durch einen Sicherheitswall ab, damit sie dem Körper nicht schaden können. Doch die Wirksamkeit der Immunabwehr ist begrenzt, und die Immunzellen brauchen die richtigen Bedingungen für ihre Arbeit. Sie benötigen klare Anweisungen und Führung: Sie verändern sich, je nachdem was man isst, wie viel man sich bewegt und wie viel man schläft. Und sie verändern sich, je nachdem was wir denken, fühlen oder wie andere Menschen uns behandeln.

MARYBETH: *Angst tut weh*

Marybeth war vierundvierzig Jahre alt, als sie für die jährliche Routineuntersuchung zu mir kam. Sie klagte über Schlafprobleme, Hitzewallungen, häufige Spannungskopfschmerzen, Reizbarkeit und eine verminderte Libido. Dass sie depressiv sei, verneinte sie. Sie hatte eine Vorgeschichte mit Brustkrebs und nahm als Teil der chemotherapeutischen Langzeitbehandlung Tamoxifen. Das

Problem war, dass Tamoxifen, ein Medikament zur Behandlung von bestimmten Brustkrebsarten, viele Symptome, unter denen sie litt, als Nebenwirkungen hervorruft. Marybeth erwartete, »gesund gemacht« zu werden. Sie wollte wieder »wie früher« sein, »so wie ich vor dem Brustkrebs war«. Ich schlug ihr vor, an den Programmen des Mind/Body Medical Institute teilzunehmen. Dort könne sie Selbsthilfe-Techniken erlernen, die ihr dabei helfen würden, sich wieder besser zu fühlen. Aber sie weigerte sich, diese Angebote anzunehmen. Marybeth wollte von mir irgendein Medikament, das sie auf wundersame Weise von ihren Beschwerden befreien würde. Eine solche Wunderpille gibt es natürlich nicht, und ich versuchte ihr noch mal klarzumachen, dass die Lösung für ihre Probleme woanders lag. Doch sie wollte davon nichts hören.

Da für sie eine Hormonersatztherapie nicht in Frage kam, versuchte ich jede Behandlungsmöglichkeit, die die Schulmedizin bot, aber ohne Erfolg. Über einen Zeitraum von rund sechs Monaten kam sie alle vier Wochen in meine Sprechstunde, und mit jedem Besuch wuchs ihre Enttäuschung, weil kein Mittel helfen wollte. Auch weigerte sie sich, mit mir über den Brustkrebs zu reden, sondern bestand darauf, dass das »keine große Sache« sei. Stattdessen meinte sie: »Während meiner Behandlung bin ich nicht einen Tag von der Arbeit ferngeblieben. Die Diagnose jagte mir damals keine Angst ein, und auch jetzt habe ich keine Angst.«

Als Marybeth ungefähr sechs Monate später wieder einmal in meine Sprechstunde kam, begann sie plötzlich zu weinen. »Heute Morgen ist mir beim Aufwachen auf einmal klargeworden, dass ich Brustkrebs überstanden habe. Mit einem Schlag wurde mir die Tragweite der Diagnose bewusst«, gestand sie mir. »Jetzt habe ich große Angst.

Was kann ich nur tun?« Endlich! Die gesundheitlichen Probleme von Marybeth hatten sie in großen emotionalen Aufruhr gestürzt: Sie hatte Angst, fühlte sich isoliert und ohne Kontrolle über ihren Körper. Dies hatte ihre Symptome deutlich verschlimmert. Ich machte ihr erneut das Angebot, sie mit Techniken bekannt zu machen, von denen ich wusste, dass sie ihr helfen würden, und dieses Mal nahm sie das Angebot an.

Sechs Monate nach ihrem Gefühlsausbruch spazierte sie mit einem Lächeln auf dem Gesicht in mein Sprechzimmer und rief unter Freudentränen: »Vielen, vielen Dank! Sie haben mein Leben verändert. Ich fühle mich fantastisch. Ich leide nicht mehr unter Hitzewallungen. Ich schlafe wie ein Baby. Meine Kopfschmerzen sind verschwunden, und meine Libido ist großartig – übrigens möchte sich auch mein Ehemann bei Ihnen bedanken.«

Ich war gerührt, obwohl mir bewusst war, dass nicht ich es war, die Marybeth geheilt hatte. Weder hatte sie von mir ein Medikament bekommen, noch hatte ich sie operiert. Ich hatte auch nicht das Tamoxifen abgesetzt, das für die meisten ihrer Symptome verantwortlich war, denn ihre Brustkrebsbehandlung erforderte, dass sie es weiter nahm. Indem ich sie aber mit Techniken bekannt gemacht hatte, durch die sie ihre Angstreaktion kontrollieren konnte, hatte ich ihr einen Weg gezeigt, sich selbst zu heilen. Auf diese Weise konnte sie den negativen Kreislauf durchbrechen und wieder selbst die Kontrolle über ihre Gesundheit und ihr Wohlbefinden übernehmen.

WIE STEHT ES UM IHRE ANGSTREAKTION?

Genau wie Marybeth können auch Sie sich aus der Angstreaktion befreien und Ihren Gesundheitszustand verbessern.

Als ersten Schritt müssen Sie feststellen, ob Sie bei sich Symptome einer übersteigerten Angstreaktion entdecken. Je mehr Symptome Sie entdecken, umso wahrscheinlicher ist es, dass Ihr Leben aus dem Gleichgewicht geraten ist.

Der folgende Test soll Ihnen bei der Einschätzung helfen, ob und in welchem Ausmaß die Angstreaktion in Ihrem Leben außer Kontrolle geraten ist. Achten Sie darauf, wie oft Ihre Angstreaktion ausgelöst wird und wie gut Ihre Psyche und Ihr Körper damit umgehen.

Lesen Sie die Aussagen in Ruhe durch und vergeben Sie nach dem folgenden Schema Punkte. Seien Sie dabei so ehrlich wie möglich.

Trifft immer zu:	4
Trifft häufig zu:	3
Trifft manchmal zu:	2
Trifft nie zu:	1

1. Abends kann ich schlecht einschlafen, nachts wache ich häufiger auf. _____
2. Ich schlafe weniger als acht Stunden pro Nacht. _____
3. Wenn ich morgens aufwache, fühle ich mich nicht ausgeschlafen. _____
4. Wach und munter fühle ich mich erst nach einer oder mehreren Tassen Kaffee. _____
5. Die meiste Zeit fühle ich mich müde. _____
6. Ich habe keine Ausdauer. _____
7. Ich leide häufig unter Infektionen. _____
8. Ich erhole mich nur langsam von Infektionen. _____
9. Ich leide häufig unter Blähungen und Verdauungsstörungen. _____
10. Ich habe oft Verstopfung oder Durchfall. _____
11. Ich leide häufig unter Allergien, verstopfter Nase, verschleimten Bronchien oder Hautausschlägen. _____

12. Ich habe oft Kopfschmerzen. ____

13. Ich habe Muskelverspannungen im Rücken, im Schulter-
oder Nackenbereich. ____

14. Ich leide unter Schmerzen im Rücken, in den Knien, in den
Hüften, in den Schultern oder in anderen Gelenken. ____

15. Wenn ich mich körperlich bewege, fühle ich mich noch
schlechter. ____

16. Wenn ich mich nicht körperlich bewege, geht es mir noch
schlechter. ____

17. Ich habe kaum Zeit, um mich körperlich zu bewegen
und mich zu entspannen. Ich habe insgesamt wenig Zeit
für mich. ____

18. Ich habe Probleme mit meinem Blutdruck. ____

19. Ich komme schnell außer Atem oder leide unter
Brustenge oder Druckgefühl im Brustbereich. ____

20. Ich habe oft Herzrasen. ____

21. Ich bin schnell ärgerlich oder gereizt, werde schnell
wütend oder bin launisch. ____

22. Ich bin oft verärgert, aber zeige es nicht. ____

23. Wenn ich trinke, esse oder rauche, fühle ich mich besser. ____

24. Ich mache mir ständig Sorgen. ____

25. Ich helfe häufig anderen, bitte aber selten andere
um Hilfe. ____

26. Ich fühle mich oft allein oder einsam. ____

27. Ich bin oft niedergeschlagen und deprimiert. ____

28. Ich bin schnell verunsichert oder gerate seelisch aus
dem Gleichgewicht. ____

29. Ich fühle mich oft sehr angespannt, und es fällt mir
schwer, mich zu entspannen. ____

30. In meinem Kopf überschlagen sich oft die Gedanken,
und es fällt mir schwer, zur Ruhe zu kommen. ____

31. Ich habe Probleme, sexuell erregt zu werden oder diese
Erregung aufrechtzuerhalten. ____

32. Ich breche beim unbedeutendsten Anlass in Tränen aus. ____

33. Es fällt mir schwer, Entscheidungen zu treffen. ____

34. Ich habe Schwierigkeiten, mich zu konzentrieren, und vergesse häufig etwas. ____

35. In den Ferien oder bei Familienfeiern geht es mir noch schlechter. ____

Auswertung

Zählen Sie alle Punkte zusammen: ____

106 bis 140 Punkte: Ihre Angstreaktion befindet sich völlig außer Kontrolle. Wahrscheinlich haben Sie bereits massive körperliche Symptome. Sie müssen dringend etwas unternehmen.

71 bis 105 Punkte: Ihre Angstreaktion befindet sich außer Kontrolle. Tun Sie etwas, bevor die Auswirkungen noch schlimmer werden.

36 bis 70 Punkte: Ihre Angstreaktion befindet sich ein wenig außer Kontrolle. Ignorieren Sie die Symptome nicht, auch wenn Sie meinen, es seien nur Kleinigkeiten. Steuern Sie rechtzeitig dagegen.

35 Punkte: Sie könnten dieses Buch eigentlich selbst schreiben, denn Sie haben Ihre Angstreaktion gut unter Kontrolle.

Während Sie dieses Buch durcharbeiten, sollten Sie von Zeit zu Zeit erneut diesen Test machen, um Ihre Fortschritte festzustellen.

ANGST

Ein Mangel an Liebe

Es ist nicht so leicht, sich der Angstreaktion bewusst zu werden. Schließlich versucht man, etwas zu erkennen, von dessen Existenz man bis vor kurzem gar nichts gewusst hat.

Bei den meisten Menschen gehört die Angstreaktion so selbstverständlich dazu, dass sie sich an ein Leben ohne sie gar nicht mehr erinnern können. Sie haben vergessen, wie es ist, wenn man sich wohl fühlt und eine positive und optimistische Lebenseinstellung hat. Sie leben in der Angstreaktion, ohne es auch nur zu ahnen. Und nachdem sie monatelang zehn Stunden am Tag gearbeitet haben, können sie endlich in den wohlverdienten Urlaub gehen. Wenn sie dann am Strand liegen oder im Café sitzen, ohne Terminplan, ohne Handy und ohne fünfzig E-Mails am Tag, beginnt sich ihr Körper zu entspannen. Plötzlich merken sie, dass sie die ganze Zeit mit bis zu den Ohren hochgezogenen Schultern herumgelaufen sind und mit einem Energieniveau, das so niedrig war, dass sie es durch übermäßigen Koffeingenuss und Energieriegel puschen mussten. Jetzt, da sie endlich einmal eine ruhigere Gangart eingelegt und die Alltagsroutine hinter sich gelassen haben, da sie endlich einmal über genügend Muße verfügen, um den Umgang mit den Menschen in ihrem Umfeld zu genießen, wird ihnen klar: »Ich fühle mich großartig! Wenn ich mich doch nur jeden Tag so fühlen könnte.«

Sie werden es mir vielleicht nicht glauben, aber es ist eine Tatsache: Einer der wichtigsten Faktoren, warum Sie sich im Urlaub so großartig fühlen, liegt darin, dass Sie anders atmen, wenn Sie entspannt sind.

In der Angstreaktion atmen die meisten Menschen schnell und flach oder halten den Atem ganz an. Es ist wirklich so, dass wir mehrmals am Tag den Atem anhalten, ohne es zu bemerken. Durch die reduzierte Atmung verringert sich die Sauerstoffaufnahme des Körpers und signalisiert diesem, sich anzuspannen.

Ist man angespannt, atmet man in den Brustkorb statt in den Bauch. Unsere natürliche Atmung ist jedoch die Bauchatmung, was sich bei Babys sehr schön beobachten lässt: Ihr Bauch hebt und senkt sich mit jedem Atemzug. Bei der Bauchatmung dehnt sich die Bauchdecke beim Einatmen und wölbt sich vor. Das Zwerchfell wird nach unten gedrückt, die Brusthöhle weitet sich, und die Lungen können mehr Luft und damit mehr Sauerstoff aufnehmen. Nehmen die Lungen mehr Sauerstoff auf, wird die Ausatmung langsamer und die Atemfrequenz vermindert. Dies wiederum bewirkt einen langsameren Herzschlag und senkt den Blutdruck. Diese körperlichen Veränderungen bewirken – zumindest kurzfristig – eine Auflösung der Angstreaktion.

Die folgende Übung zeigt Ihnen, wie die Bauchatmung funktioniert. Achten Sie darauf, wie Ihr Körper reagiert.

Die Ballon-Atmung

- Setzen oder legen Sie sich bequem hin.
- Stellen Sie sich vor, in Ihrem Bauch befindet sich ein Ballon ohne Luft.
- Atmen Sie langsam und tief ein.
- Stellen Sie sich vor, wie der Ballon mit Ihrem Einatmen immer weiter aufgeblasen wird, bis er prall und rund ist.
- Achten Sie darauf, dass Ihre Bauchdecke sich hebt, wäh-

rend Sie atmen. Legen Sie zur Kontrolle eine Hand auf die Bauchdecke.

- Nun atmen Sie langsam und gründlich aus und lassen den Ballon wieder zusammenfallen.
- Die Bauchdecke wird jetzt wieder flach.
- Wiederholen Sie die Übung für mindestens zehn weitere Atemzüge.

Während Sie sich darauf konzentrieren, wie der Ballon aufgeblasen wird und wieder zusammenfällt, werden Ihre Atemzüge tiefer, die Atemfrequenz wird langsamer, und Sie empfinden ein Gefühl der Ruhe.

Das Ziel dieser Übung ist zu spüren – auch wenn es nur für kurze Zeit ist –, dass Sie mehr Energie und größere geistige Klarheit haben, wenn Ihre Angstreaktion abgeschaltet ist. Freuen Sie sich darauf: Die Phasen, in denen Sie dieses gute Gefühl haben, werden länger werden, je mehr Techniken der Liebesreaktion Sie im Verlauf dieses Buches lernen.

Die meisten Menschen achten nicht besonders auf ihren Körper, bis es dann zum Zusammenbruch kommt. So verschwenden sie zum Beispiel meist keinen Gedanken an den Vorgang des Gehens, bis sie sich das Knie auf der Skipiste verletzen oder es im Fitnessstudio überanstrengen und dann auf Krücken angewiesen sind.

Körper und Geist bilden ein komplexes System, das die meiste Zeit funktioniert, ohne dass wir ihm bewusst Aufmerksamkeit schenken oder es kontrollieren. Dieses System muss unablässig, Tag für Tag, Sekunde für Sekunde auf kleinste Veränderungen und Herausforderungen reagieren und sich ständig anpassen. Ist uns nicht klar, dass es diese

Herausforderungen gibt und wie man ihnen begegnet, dann führt das dazu, dass das System überstrapaziert wird. Und ehe Sie sich's versehen, sind Sie krank.

Wenn Sie gelernt haben, eine Angstreaktion bei sich zu erkennen, dann können Sie rechtzeitig Maßnahmen ergreifen und verhindern, dass kleine Herausforderungen zu großen Problemen werden. Um die Angstreaktion zu stoppen, genügt es aber nicht, zu erkennen, wann sie aktiv ist, sondern Sie müssen auch analysieren, was sie in Gang gebracht hat. Und darin liegt die größte Schwierigkeit. Will man herausfinden, wodurch die Angstreaktion ausgelöst wurde, muss man manchmal tief graben.

Stellen Sie sich vor, Sie unternehmen mit Freunden eine Wildwasserfloßfahrt. Die Stromschnellen sind reißend, und Sie und einer Ihrer Freunde paddeln angestrengt, um das Floß auf Kurs zu halten. Der dritte Freund jedoch schwingt große Reden, trinkt Bier und freut sich, dass andere die ganze Arbeit tun.

Sie versuchen sich auf die Strecke zu konzentrieren, aber Sie merken, dass Sie Kopfschmerzen bekommen – und zunehmend gereizt werden: »Das ist wieder typisch. Er lässt es sich gutgehen, und wir können uns abarbeiten. So ist es immer. Er lehnt sich zurück und erwartet, dass die anderen …« Plötzlich bemerken Sie, dass Ihr Floß auf einen im Wasser treibenden Baumstamm zusteuert. Sie reißen das Paddel zurück, um auszuweichen. Aber die plötzliche Bewegung bringt das Floß aus dem Gleichgewicht, und es schlägt um. Wie hätten Sie diese Situation vermeiden können?

Sie kennen Ihren Freund und wissen, dass er unzuverlässig ist. Sie hätten sich daher gedanklich auf sein Verhalten vorbereiten und beschließen können, sich einfach damit abzufinden. Oder Sie hätten Ihrem Freund rechtzeitig sagen können, dass Sie dieses Verhalten nicht in Ordnung finden, und dann schon vor dem Ausflug ein paar Grundregeln aufstellen können. Dann wären Sie ruhig – und trocken – geblieben.

In diesem Fall lag die Herausforderung nicht in den Stromschnellen oder dem treibenden Baumstamm, sondern im Konflikt mit Ihrem Freund. Der entscheidende Auslöser für Ihre Angstreaktion war Ihre Unfähigkeit, das auszusprechen, was Sie dachten, und zwar nicht nur in dieser Situation, sondern wahrscheinlich auch schon in der Vergangenheit.

KONKRETE UND DIFFUSE ÄNGSTE

Sie wären überrascht, wenn Sie wüssten, wie häufig Menschen – und das betrifft auch Sie! – dieselbe stressige Situation immer wieder erleben, ohne zu verstehen, was die eigentliche Ursache für diesen Stress ist. Dafür gibt es einen Grund: Die Herausforderung, die unser Organismus als Stress empfindet, läuft meist im Unterbewusstsein ab. In dem Beispiel der Floßfahrt war die greifbare Herausforderung der im Fluss treibende Baumstamm. Die nicht greifbare Herausforderung war die Unfähigkeit, Bedürfnisse auszudrücken.

Unbestimmte Herausforderungen belasten Ihren Körper ständig, ohne dass Sie davon etwas mitbekommen. Beispielsweise merken Sie es meistens nicht, wenn Ihr Blutzuckerspiegel absinkt, denn das ist eine nicht greifbare Herausforderung. Der niedrige Blutzuckerspiegel veranlasst aber den Körper, an das Gehirn ein Gefühl des Hungers oder der Schwäche zu melden. Der Hunger ist nun eine greifbare Herausforderung, er veranlasst Sie, etwas zu essen, und so normalisiert sich der Blutzuckerspiegel wieder. Körper und Geist signalisieren mit Empfindungen wie Hunger, Verspannungen, Frösteln, Müdigkeit, Reizbarkeit oder Frustration, dass etwas in Ihrem Inneren oder äußeren Umfeld nicht stimmt. Über diese Gefühle teilt Ihr Unterbewusstsein Ihrem Bewusstsein mit, dass seine Bedürfnisse nicht erfüllt werden und dass Handlungsbedarf besteht. In den meisten Fällen sind diese Gefühle relativ leicht zu deuten, so dass man darauf reagieren kann. Sind Sie hungrig, essen Sie. Sind Sie durstig, trinken Sie. Sind Sie müde, ruhen Sie sich aus.

Schwieriger ist es bei Herausforderungen, die auf der Ebene des Unterbewusstseins bleiben und nicht in bewusste Empfindungen umgesetzt werden. Diese Herausforderungen werden oft über lange Zeit nicht wahrgenommen, weil sie nicht greifbar sind, und gerade das macht sie so gefährlich. Verdrängte Erinnerungen können einen Abfall des Blutzuckerspiegels bewirken und in Ihnen Heißhunger auslösen, obwohl Sie gerade erst vom Mittagstisch aufgestanden sind. Die unbewusste Überzeugung, dass Sie sich in Gefahr befinden (oder mit Ihrer Arbeit nicht fertig werden oder sich der Arbeit des nächsten Tages oder einer Herausforderung nicht gewachsen fühlen), kann bewirken, dass Adrenalin in Ihren Blutkreislauf ausgeschüttet wird, und so Ihren Blutdruck erhöhen, Ihren Herzschlag beschleunigen und Sie vom Schlafen abhalten. In Verbindung mit Schamgefühlen und schlechtem Gewissen treten häufig vermehrt Entzündungen auf. Dabei spielt es keine Rolle, ob diese unbestimmte Herausforderung körperlicher, psychischer oder emotionaler Art oder auch nur eingebildet ist. Welcher Art die Bedrohung auch immer ist, das Gehirn überprüft, ob Sie genügend Ressourcen zu ihrer Bewältigung haben, und stellt diese Fragen:

»Bin ich gut genug?«
»Habe ich genug?«

Lautet die Antwort auf diese Fragen Nein, nimmt das Gehirn diese Situation als »Stress« wahr, und die Angstreaktion wird ausgelöst, erhöht den Blutdruck, beschleunigt die Atmung und pumpt Kortisol und Adrenalin in den Organismus, um den Körper darauf vorzubereiten, der Herausforderung zu begegnen.

DIE ANGSTREAKTION IST UNSER WARNSYSTEM

Unser Körper ist mit einer Reihe von automatischen und unbewussten Kontrollsystemen ausgestattet, die ohne Nachdenken oder Analyse funktionieren.

Wenn wir zum Beispiel aufstehen, vermindert sich der Blutdruck im Gehirn infolge der veränderten Körperhaltung und Schwerkraft. Damit wir nicht ohnmächtig werden, reagiert der Körper automatisch mit einer Beschleunigung des Herzschlags und erhöht somit den Blutfluss zum Gehirn. Oder wenn wir zu dünn angezogen in die Kälte gehen, dann beginnen wir zu frieren, wir zittern und bekommen eine Gänsehaut. Dies passiert automatisch und unbewusst und signalisiert dem Bewusstsein, dass es zu kalt ist und dass wir einen Mantel anziehen sollten.

Ob Atmung, Augenzwinkern, Tränenproduktion, Verdauung oder das Wachsen der Haare – die Mehrzahl der alltäglichen körperlichen Vorgänge wird automatisch gesteuert. Für uns ist es selbstverständlich, eine Treppe hinaufzusteigen, doch in Wahrheit ist das ein äußerst komplizierter Vorgang, bei dem verschiedene Körpersysteme – Muskeln, Gleichgewichtssinn, Beweglichkeit und einige Sinnesorgane – exakt zusammenarbeiten müssen. Wir denken nicht darüber nach, was unser Körper hier alles tun muss – sonst würden wir für zehn Stufen wahrscheinlich fünf Minuten brauchen statt fünf Sekunden. Doch wenn Sie nach einem Unfall an Krücken gehen müssen, dann wird das Treppensteigen eine Herausforderung für Sie. Ihr Gehirn durchforstet die zur Verfügung stehenden Mittel und fragt sich: »Kann ich das? Habe ich die Mittel dazu?« Es stellt fest, dass die Antwort darauf Nein lautet – und ruft die Angstreaktion zu Hilfe.

Natürlich können die Krücken Ihnen helfen, die Treppen hochzusteigen. Und vielleicht gibt es ja einen Aufzug. Doch diese Überlegungen sind eine Funktion des logischen Denkens. Und die rationale Hirnfunktion setzt erst nach einer gewissen Zeit ein, nachdem der Instinkt bereits die Angstreaktion ausgelöst hat.

IHR ERFAHRUNGSSCHATZ

In den meisten Fällen begegnen wir einer Herausforderung mit Mut und Zuversicht statt mit Besorgnis, weil wir überzeugt sind, über die notwendigen Ressourcen zu deren Bewältigung zu verfügen. Diese Ressourcen haben Sie seit dem Tag, als Sie gezeugt wurden, angesammelt. Dazu gehören Ihre Erbinformationen, das Immunsystem, die Muskulatur, die Erziehung, die Erfahrungen, alle körperlichen und geistigen Fähigkeiten etc. – alles, was Sie zu dem Menschen gemacht hat, der Sie heute sind. Die Vergangenheit ist das Fundament, auf dem sich jeder Ihrer Gedanken bildet. All diese gesammelten Erfahrungen werden in der Datenbank Ihres Gehirns gespeichert, und dieser Fundus ermöglicht es Ihnen, in der jeweiligen Situation angemessen zu reagieren. Sie müssen nur die richtige Datei in Ihrer Datenbank anklicken, und schon erhalten Sie alle Informationen, die Sie brauchen, um eine vertraute Aufgabe auszuführen. Um sich anzuziehen, klicken Sie auf die Datei, die Ihnen sagt, welche

Kleidung für einen bestimmten Anlass oder für eine bestimmte Wetterlage angemessen ist. Die Informationen in Ihrer Datenbank sind einzigartig, denn sie sind auf Sie und Ihre Erfahrungen zugeschnitten und sie verändern sich ständig, in jedem Augenblick Ihres Lebens.

KONDITIONIERUNG UND VORHERSAGEN

Wenn wir auf die Welt kommen, ist unsere Datenbank noch fast leer. Doch die Angstreaktion funktioniert bereits. All unsere Sinne sind aufs Äußerste aktiv und zur Reaktion bereit, sobald wir das Licht der Welt erblickt haben. [1] Wir hören ein lautes Geräusch und wir weinen. Es kommt jemand, um uns zu helfen, und er tut etwas, das für uns angenehm ist. Diese Erfahrung ist die erste Datei auf unserer Festplatte. Mit der Zeit lernen wir, dass unser Hunger weggeht, wenn wir etwas zu essen bekommen, dass Kleidung uns warm hält. Wir lernen, wie man kommuniziert, krabbelt, läuft und rennt. Unsere Erziehung und Bildung wird bestimmt von den Menschen, die uns umgeben, von der Kultur, der Religion und den Medien. Wir erfahren, was Liebe, Unterstützung und Trost ist, und lernen zu unterscheiden, was bedrohlich ist und was nicht. Unser Gehirn erstellt eine Liste von positiven und negativen Erfahrungen und von Verhaltensweisen und Handlungen, die automatisch damit verknüpft sind. Das alles sind Dateien auf unserer Festplatte, auf deren Grundlage unser Gehirn beurteilt, ob wir eine Herausforderung höchstwahrscheinlich meistern werden oder nicht.

Denken Sie an etwas, das Sie viele Male erfolglos probiert haben – vielleicht das Skifahren. Als Sie es das letzte Mal versucht haben, waren Sie anschließend auf Krücken angewiesen. Nun stellen Sie sich vor, dass ein Mensch, an dem Sie romantisch interessiert sind, sich mit Ihnen zum Skifahren verabreden möchte. Welche Gefühle löst das bei Ihnen aus? Sind Sie voller Zuversicht, oder steigen Ängste in Ihnen auf? Nach Ihren bisherigen Erfahrungen mit dem Skifahren wird Ihnen Ihr Gehirn wahrscheinlich vorhersagen, dass das Skifahren auch dieses Mal wieder böse enden wird, und in Vorwegnahme eines Sturzes wird es Ihre Angstreaktion auslösen. Was würde aber geschehen, wenn Sie nun Skiunterricht nehmen, sich einige Techniken aneignen und ein gewisses Selbstvertrauen entwickeln? Nachdem Sie neue Daten in die Datenbank eingespeist und Ihre Mittel aufgestockt haben, prophezeit Ihr Gehirn Ihnen jetzt vielleicht ein anderes Ergebnis. Generell kann man sagen: Je mehr Ressourcen Ihre Datenbank enthält, umso seltener wird Ihre Angstreaktion Sie beherrschen.

Doch unabhängig davon, über wie viele Ressourcen Sie verfügen – die wichtigste Maßnahme besteht darin, auf die Warnsignale der Angstreaktion zu achten. Diese Warnungen bestehen nicht nur aus körperlichen Signalen, oft zeigen sie sich als Gefühle des Unbehagens.

Gefühle geben unserem Körper Signale, damit er in bestimmten Situationen angemessen handelt. Mit zunehmendem Lebensalter haben Gefühle eine immer nachhaltigere Auswirkung auf unsere Fähigkeit, den Herausforderungen des Lebens zu begegnen. [2] Sie beeinflussen maßgeblich unsere Lernfähigkeit und unser Gedächtnis. Umgekehrt beeinflussen unsere Erfahrungen, und hier ganz besonders die Kindheitserlebnisse, unsere Gefühle.

DIE BEDEUTUNG DER KINDHEIT

Wenn Babys gut versorgt werden, fällt es ihnen später im Leben leichter, die Häufigkeit und die Intensität der Angstreaktionen zu begrenzen, wie neurobiologische Forschungen gezeigt haben. Dagegen können frühkindliche Erfahrungen von Vernachlässigung die Aktivität der Angstreaktion verstärken. [3, 4] So können intensive negative emotionale Erfahrungen im Kindesalter zu Veränderungen der Angstreaktion führen. Diese Veränderungen beeinträchtigen stark die Fähigkeiten, mit den Herausforderungen des Lebens adäquat umzugehen. Weitere Studien lassen darauf schließen, dass Menschen, die in »Hochrisiko«-Familien aufgewachsen sind – Familien, in denen die Kinder vernachlässigt oder misshandelt werden –, mit größerer Wahrscheinlichkeit psychische Probleme wie Angststörungen und Depressionen [5] entwickeln und auch besonders häufig körperliche Probleme [6] bekommen.

NEGATIVE GEFÜHLE UND GESUNDHEIT

Wir wissen, dass negative Emotionen die Angstreaktion auslösen können. Beispielsweise glaubt Dr. Candace Pert, eine Pionierin auf dem Gebiet der Psychoneuroimmunologie, dass Traurigkeit biochemische Veränderungen hervorruft, die eine schädliche Wirkung auf jede Zelle des Körpers haben, so dass jeder Teil von uns »traurig« ist – von den Haarwurzeln bis zu den Zehenspitzen. Andere Studienergebnisse weisen einen unbestreitbaren Zusammenhang zwischen Depressionen oder Einsamkeit und einem erhöhten Risiko von Herzerkrankungen [7], Diabetes [8] und Immunstörungen [9] auf. Ebenso zeigte sich, dass Ängste mit einem höheren Risiko von Herzerkrankungen und verzögerter Genesung nach Operationen [10] verknüpft sind. Schließlich identifizierte man Wut und Feindseligkeit als Risikofaktor für Herzerkrankungen [11], Entzündungen und Schmerzen [12]. Es gibt in der wissenschaftlichen Forschung immer mehr Hinweise darauf, dass über lange Zeit anhaltende negative Emotionen und negative Gemütszustände krank machen.

MARK: *Deprimiert und einsam*

Der dreiundfünfzigjährige Mark kam in meine Sprechstunde, weil er sich nach innerem Frieden sehnte. Er fühlte sich depressiv und ängstlich. Zudem litt er an Bluthochdruck, Sodbrennen und hatte ständig Bauchschmerzen. Seit einiger Zeit nahm er gegen jede dieser Beschwerden Medikamente. Zudem klagte er, dass er sich kraftlos fühle und sehr schlecht schlafe. Normalerweise wache er mitten in der Nacht auf und könne nicht mehr einschlafen. Oft verordne er sich Alkohol und wache dann morgens in Panik auf.

Ich fragte Mark, ob in jüngster Zeit etwas geschehen sei, das seine Symptome verschlimmert habe. Er erzählte mir, dass er gerade seine Scheidung hinter sich habe, nachdem er zwanzig Jahre verheiratet gewesen war. Er habe zwei Kinder, die er schmerzlich vermisse, und leide darunter, nicht mehr Teil der Familie zu sein. Es sei schwer für ihn, niemanden mehr zu haben, um den er sich kümmern könne. Das Schlimmste sei, erzählte er, dass seine Kinder sich ihm gegenüber abweisend und wütend verhielten. Er fügte hinzu, dass seine Eheprobleme begonnen hätten, als es beruflich mit ihm bergab ging. Als seine Beratungsfirma in Schwierigkeiten geriet, habe seine Frau das Interesse an ihm verloren und sei ungeduldig und abweisend ihm gegenüber geworden.

Inzwischen fühlte er sich als Außenseiter, isoliert von seiner Familie und der Welt. Er hatte das Gefühl, wenn ihm irgendetwas passierte, dann würde das keinen interessieren. »Warum sollte jemand in meiner Nähe sein wollen?«, meinte er. »Ich fühle mich elend und ich bin einsam.« Je einsamer er sich fühlte, umso depressiver und unsicherer wurde er. Je negativer seine Emotionen waren, umso schlechter fühlte er sich körperlich und umso mehr trank er. Je schlechter er sich fühlte, umso mehr zog er sich zurück und verstärkte so seine Einsamkeit.

Werden Sie sich bewusst, was negative Emotionen in Ihnen auslösen

Schließen Sie die Augen und denken Sie intensiv an etwas, das Sie wütend oder traurig macht. Dann achten Sie auf folgende Empfindungen:

- Verändert sich Ihr Atemmuster?
- Spannen sich Muskeln an? Wenn ja, welche?
- Welche Gefühle steigen in Ihnen auf?
- Welche Gedanken gehen Ihnen durch den Kopf?

Sie werden feststellen, sobald Sie anfangen, an etwas zu denken, was Sie aufregt, können Sie die Gedanken nicht mehr abstellen.

Überlegen Sie, warum diese spezielle Situation Sie so aufregt und ob sie Sie an eine Situation Ihrer Vergangenheit erinnert.

Machen Sie die Übung mit verschiedenen Situationen und achten Sie darauf, ob Sie in Ihren Reaktionen ein Muster erkennen.

PROGRAMMIERT AUF EIN NEGATIVES SELBSTBILD

Stellen Sie sich einmal folgende Fragen:
- Ist Ihnen bewusst, wie häufig Ihnen negative Gedanken durch den Kopf gehen?
- Sind Sie sich darüber im Klaren, welche negativen Gefühle diese negativen Gedanken auslösen?
- Kennen Sie den Ursprung dieser Gedanken und Gefühle?
- Verbinden Sie diese negativen Emotionen mit einem Vorfall, einer Erfahrung oder einer bestimmten Person?
- Ist Ihnen bewusst, dass Sie jedes Mal, wenn Sie sich wertlos fühlen, die Angstreaktion auslösen?
- Haben Sie eine positive oder eine negative Meinung von sich?
- Steigen in Ihnen positive oder negative Emotionen auf, wenn Sie über sich nachdenken?

Wie viele Menschen schauen wohl morgens nach dem Aufwachen in den Spiegel und sagen: »Oh ja, ich liebe meine Figur!« oder: »Was bin ich doch schön!«? Die meisten entdecken an sich nur Fehler oder Dinge, die sie ändern wollen. Wie oft am Tag schimpfen Sie mit sich, weil Sie etwas nicht richtig gemacht haben, oder tadeln sich, weil Sie dies oder jenes »hätten tun sollen«? Jedes Mal, wenn Sie sich so verhalten, aktivieren Sie die Angstreaktion. Denn Sie sagen sich damit, dass Sie einfach nicht gut genug sind, sich irgendwie nicht richtig verhalten haben und dass Sie an sich arbeiten müssen, um besser zu werden – als Mensch und in dem, was Sie tun.

Wie die meisten Menschen machen Sie sich sehr wahrscheinlich die meiste Zeit automatisch unbewusst nieder. Ihr Unterbewusstsein kann gar nicht anders, denn es ist perfekt darauf programmiert, dass Sie sich selbst in einem schlechten Licht sehen. Wenn die Information in Ihrer Ressourcen-Datenbank auf ein negatives Selbstbild hinweist, dann wird jede Situation, die Ihr Selbstwertgefühl oder Ihr Selbstvertrauen herausfordert, eine Angstreaktion auslösen, bevor Ihr Bewusstsein überhaupt merkt, was los ist.

DAS GEFÜHL HABEN, GUT GENUG ZU SEIN

In der Kindheit beginnt man damit, sich selbst einzuschätzen, sich Fragen zu stellen wie: »Werde ich geliebt? Bin ich gescheit? Werde ich mit Situationen allein fertig? Bekomme ich Unterstützung? Welche Position und welche Bedeutung nehme ich in meiner Welt ein?«

Die meisten Menschen haben gelernt, sich über die Rolle zu definieren, die sie in ihrem Umfeld innehaben – als Ehefrau oder Ehemann, als Arzt, Hausmeister, Lehrer oder Manager, als Moslem, Christ oder Buddhist usw. Sie haben gelernt, ihr Selbstbild zu festigen, indem sie den Regeln folgten, die die jeweilige Kultur oder Gesellschaft vorgegeben hat. Sie haben sich über äußere Attribute kategorisiert und definiert – wie viel Geld man hat, auf welche Schule man geht, welchen Beruf man ausübt, welche sexuellen Vorlieben man hat, welche Figur man hat, ob man verheiratet ist etc. Doch all dies sind Dinge, die sich ändern können. Verliert man dann etwas, von dem man glaubt, dass es den eigenen Wert bestimmt, fühlt man sich verloren, und es macht einem Angst. Man stellt fest, dass man im Grunde gar nicht weiß, wer man ist. Daraus entspringt dann das Gefühl, nicht zu genügen, nicht »gut genug« zu sein, und als Folge wird die Angstreaktion ausgelöst.

Umgekehrt haben wir das Gefühl, unser Leben unter Kontrolle zu haben, je mehr wir darauf vertrauen zu wissen, wer wir sind.

Fühlen wir uns unterstützt und geliebt für das, was wir sind, dann sind wir auch in der Lage, den Herausforderungen des Lebens zu begegnen, und erleben seltener Angstreaktionen.

Als kleines Kind sprühten Sie wahrscheinlich vor Energie. Sie hatten Ihren Spaß daran, laut zu schreien, herumzurennen, alles zu untersuchen und zu erkunden – die Kleiderschränke, die Küchenschränke, den Müll, die Toilette. Und wahrscheinlich hat Sie jemand die ganze Zeit »überwacht« und ständig ermahnt und getadelt für Ihre Handlungen, manchmal unnötig und vielleicht auch sehr scharf. Erwachsene sind manchmal so gestresst und frustriert, dass sie ihre Kinder anmeckern, anschreien oder sogar schlagen, um sie unter Kontrolle zu bekommen. Dadurch lernen Kinder, dass es nicht erlaubt ist, die Umwelt zu erforschen oder seine Gefühle auszudrücken. Auf diese Weise lernten auch Sie, dass die Welt kein Ort ist, an dem man sich geborgen und sicher fühlen kann. Als Sie dann älter wurden, wurde Ihnen von der Gesellschaft, der Schule, den Medien und unserer Kultur beigebracht, wie man sich »angemessen« verhält, wie man auszusehen und zu sein hat, und dies verstärkte das von früher Gelernte.

Manche Kinder wachsen in einer Familie auf, in der Vernachlässigung und Misshandlung an der Tagesordnung sind. So machen sie die Erfahrung, dass sie nichts wert sind, dass sie weder auf Liebe noch auf Unterstützung zählen können und an keinem Ort sicher sind. Die Erinnerung an die Misshandlung und die Vernachlässigung prägt sich ihrem Körper und ihrer Seele so tief ein, dass jede Belastung diese Erinnerung lebendig werden lässt, besonders wenn das Selbstverständnis des Betreffenden in Frage gestellt wird.

Andere wiederum haben durch Familie und Freunde erfahren dürfen, dass sie geliebt werden und so, wie sie sind, in Ordnung sind. Sie wurden unterstützt, unabhängig davon, ob sie besondere Leistungen zeigten oder nicht. Sie haben gelernt, dass sie ihr inneres Gleichgewicht aufrechterhalten können, auch in Situationen, die ihre äußere Identität in Frage stellen.

❀ JANE: *Im Stich gelassen*

Jane war fünfunddreißig Jahre alt, als sie wegen ihrer jährlichen Routineuntersuchung zu mir kam. Sie hatte Angstzustände, ein Reizdarm-Syndrom und versuchte seit drei Jahren vergeblich, schwanger zu werden. Vor vier Jahren hatte man bei ihr eine Schilddrüsenüberfunktion diagnostiziert. Damals war sie mit Panikattacken, Herzklopfen, Kurzatmigkeit und Brustschmerzen in die Notaufnahme eingeliefert worden, nachdem sie vom plötzlichen Herztod ihres Vaters erfahren hatte. Sie bekam Medikamente für die Schilddrüse, die Angstzustände hielten aber an. In ihrem Job als leitende Angestellte arbeitete Jane sechzig bis achtzig Stunden in der Woche, absolvierte ein strenges Fitnessprogramm und bezeichnete sich selbst als Perfektionistin sowohl am Arbeitsplatz als auch im Haushalt und in Bezug auf ihre körperliche Fitness.

Weder die körperliche Untersuchung noch die Laborergebnisse der Blutuntersuchung ergaben irgendwelche Krankheitshinweise. Also fragte ich Jane nach ihrer Kindheit: Als sie vier Jahre alt war – damals lebte sie in Hongkong –, reiste ihre Mutter in die Vereinigten Staaten, um dort eine Existenz für die Familie aufzubauen. Jane blieb bei ihrem Vater, einem sehr beschäftigten und erfolgreichen Geschäftsmann, der so gut wie nie zu Hause war. Die Trennung von ihrer Mutter dauerte eineinhalb Jahre. Jane konnte sich gut daran erinnern, wie verlassen sie sich damals gefühlt hatte und wie wunderbar es war, als sie wieder mit ihrer Mutter zusammen sein konnte, aber auch wie wütend sie über die Abwesenheit ihrer Mutter gewesen war.

Ich fragte Jane, ob sie eine Therapie gemacht habe, um die Probleme aufzuarbeiten, die durch das Verlassenwerden und den Verlust entstanden seien. Sie verneinte das. Psychologisch gesehen hatte die Trennung von ihrer Mutter in diesem frühen Alter, noch dazu ohne ausreichende Unterstützung, mit der sie diese Trennung hätte verarbeiten können, zu einer hyperaktiven Angstreaktion geführt. Der Verlust ihres Vaters, auch wenn er erst sehr viel später in ihrem Leben eintrat, ließ all die schrecklichen Gefühle, von einem Elternteil getrennt zu sein, wieder aufleben. Jane war nicht in der Lage, mit dem Tod ihres Vaters fertig zu werden, ihre Angstreaktion geriet völlig außer Kontrolle und führte zu Panikattacken. Dass sie nicht schwanger wurde, war zum einen wohl ein Nebeneffekt der übersteigerten Angstreaktion, zum anderen eine Folge ihrer Erfahrung, in der frühen Kindheit von der Mutter verlassen zu werden.

Ich sagte Jane, sie müsse lernen, mit Herausforderungen besser fertig zu werden, und sie müsse an ihren psychischen Problemen arbeiten. Dann würden wahrscheinlich ihre körperlichen Beschwerden und auch ihr Reizdarm-Syndrom verschwinden, sie könnte sich von ihren Angstzuständen befreien und vielleicht auch schwanger werden. Ich machte ihr klar, dass die Erfahrungen ihrer Kindheit zwar nicht mehr rückgängig zu machen sind, dass wir aber versuchen könnten, etwas daran zu ändern – daran, wie sie sich damals fühlte und wie sie mit ihren Gefühlen umging. Auf diese Weise wäre es ihrem Gehirn möglich, ein anderes Handlungsmuster zu entwickeln, wenn es darum ging, einen Verlust zu verarbeiten oder Mutter zu werden. Ich empfahl ihr, Entspannungsübungen zu machen und einen Therapeuten für kognitive

Verhaltenstherapie aufzusuchen, der mit ihr an ihren verzerrten Überzeugungen, Gedanken und Gefühlen arbeitete. Zudem riet ich ihr, sich eine Sportart auszusuchen,
die ihrem Gehirn nicht die Botschaft übermittelte, sie
müsse vor einem Löwen davonlaufen.

Einige Monate später bekam ich eine E-Mail von Jane.
Sie hatte sich eine Auszeit von ihrem Job genommen,
eine Therapie begonnen und Kurse in Bauchtanz und
Yoga belegt. Und: Sie war seit einem Monat schwanger.
Ein Jahr danach besuchte sie mich in der Praxis und zeig-
te mir ein Bild ihrer neugeborenen Tochter.

ES IST NIE ZU SPÄT, ETWAS ZU ÄNDERN

Auch Sie können lernen, Ihre Angstreaktion zu kontrollieren, unabhängig davon, in welchem familiären Umfeld Sie
aufgewachsen sind. Die wenigsten Menschen sind in der
perfekten Familie groß geworden. Genau genommen kenne
ich keinen, dem das vergönnt war, selbst jenen nicht, die aus
»geregelten« Familienverhältnissen kommen. Wer hatte
schon die »ideale« Kindheit, in der man fortwährend grenzenlose Liebe und Unterstützung durch Familie und Lehrer
erfuhr; in der man keinen negativen Einflüssen durch die
jeweilige Kultur und die Medien ausgesetzt war; und in der
man weder finanzielle Unsicherheit erlebte noch sich durch
Ereignisse, die in der Welt passierten, bedroht fühlte.

Auch Sie können lernen, ein positives Leben zu führen und
Ihr inneres Gleichgewicht selbst angesichts großer Herausforderungen aufrechtzuerhalten. Dabei helfen Ihnen exter-
ne Faktoren wie die Fortschritte in der Medizin und in der
Entwicklung von Möglichkeiten der Selbstfürsorge, aber
Sie müssen auch Ihre inneren Ressourcen ausbauen, besonders Eigenschaften wie Anpassungsfähigkeit, Flexibilität

und Widerstandsfähigkeit. Dann können Sie Herausforderungen mit Mut und Zuversicht begegnen, und die Angstreaktion dauert nicht länger als notwendig an. Das Gute an der Angstreaktion ist, dass sie sich von selbst begrenzt, sofern das Leben im Gleichgewicht ist. Dann treten ihre physiologischen Veränderungen nur kurzfristig auf und sind damit nützlich.

WIDERSTANDSFÄHIGKEIT UND ANPASSUNGSFÄHIGKEIT

Stellen Sie sich eine Firma vor, in der die Mehrzahl der Mitarbeiter dasselbe Geschlecht und Alter haben. Es ist Grippezeit, und die Hälfte der Mitarbeiter ist krank. Warum erkrankt die andere Hälfte nicht? Warum können diese Menschen ganz normal weiter ihrer Arbeit nachgehen, Sport machen, und – besonders wichtig – warum fühlen sie sich nicht einmal elend? Was haben sie den Erkrankten voraus? Sie haben genügend Hilfsmittel in Gestalt eines starken Immunsystems. Ihr Immunsystem ermöglicht es ihnen, sich in dem kranken Umfeld zu behaupten und gegenüber den Viren widerstandsfähig zu bleiben.

Anpassungsfähigkeit und Widerstandsfähigkeit ermöglichen es Ihnen, Ihr Gleichgewicht und Ihren Lebensfluss aufrechtzuerhalten. »Im Fluss« zu sein bedeutet, sich in Harmonie mit den Herausforderungen des Lebens zu bewegen, statt sich ihnen entgegenzustemmen; sich anzupassen, sich nicht überrollen zu lassen und dabei im Gleichgewicht und stark zu bleiben, trotz der Hindernisse und Widrigkeiten. Anpassungsfähigkeit und Widerstandsfähigkeit sind die beiden wichtigsten Eigenschaften, wenn es darum geht, die Angstreaktion zu vermeiden.

Ihre Anpassungsfähigkeit und Widerstandsfähigkeit hängen

von vielen Faktoren ab, unter anderem von den genetischen Anlagen, der Ernährung, der körperlichen Fitness, den kulturellen Einflüssen, davon, welche Unterstützung Sie bekommen und welchen Umwelteinflüssen Sie ausgesetzt sind, sowie von Ihrer Lebensgeschichte, vor allem von Ihren frühkindlichen Erfahrungen. Sind diese Faktoren eher positiv, dann wirken sie verstärkend auf Ihre Anpassungsfähigkeit und Widerstandsfähigkeit. Sind sie aber eher negativ, dann tragen sie dazu bei, dass sich mit der Zeit immer mehr Stress ansammelt. Und wenn die Ressourcen zur Stressbewältigung nicht mehr ausreichen, dann übernimmt die Angstreaktion die Kontrolle, und damit verringern sich Flexibilität, Anpassungsfähigkeit und Widerstandsfähigkeit.

Sie können den Kurs Ihrer frühkindlichen Erfahrungen verändern und sich ein Leben schaffen, in dem Anpassungsfähigkeit und Widerstandsfähigkeit zunehmen. Sie können dafür sorgen, dass Ihre Anpassungsfähigkeit und Widerstandsfähigkeit mit der Zeit größer werden und nicht kleiner. Sie müssen nur lernen, wie das geht.

Spüren Sie die Liebesreaktion

- Machen Sie es sich bequem und schließen Sie die Augen.
- Stellen Sie sich das Gesicht eines geliebten Menschen vor.
- Stellen Sie sich vor, wie dieser geliebte Mensch Sie anlächelt.
- Betrachten Sie das Gesicht, achten Sie auf alles, auf jede Kleinigkeit.
- Welche Gefühle steigen in Ihnen auf?
- Atmen Sie tief ein und aus und achten Sie darauf, wie Sie sich fühlen.

Dieses Gefühl ist ein kurzes Aufflammen der Liebesreaktion, die Ihre Angstreaktion ausschaltet.

DAS HEILMITTEL GEGEN DIE ANGST

Die Liebesreaktion

DEN TEUFELSKREIS DURCHBRECHEN

Ein Leben ohne Angst und Stress – was für ein schrecklicher Gedanke! Doch im Ernst: Wenn wir nicht für oder gegen etwas kämpfen müssten oder keine wichtigen Dinge zu erledigen hätten, dann würden wir morgens nie aus dem Bett kommen. Wir würden uns zu Tode langweilen.

Wir brauchen den Wechsel zwischen Stress und Entspannung, um unser Leben voranzubringen. Wir brauchen diesen Anreiz. Wir müssen herausfinden, was wir nicht wollen, um bestimmen zu können, was wir wollen. Wir brauchen die Angstreaktion, damit wir in die Gänge kommen und etwas schaffen. Die Angstreaktion wird nur dann zum Problem, wenn sie zu häufig auftritt und über zu lange Zeit anhält. Dann kann sie unser Leben zerstören.

Ihre Aufgabe liegt nun darin, die Angstreaktion zu kontrollieren, sie also nur dann zu aktivieren, wenn es notwendig ist, und sie auf möglichst kurze Zeit zu begrenzen. Dann werden Sie auf die Herausforderungen des Lebens weniger empfindlich und abwehrend reagieren und bis ans Ende Ihrer Tage fröhlich und vergnügt leben.

Wie Sie das erreichen können? Indem Sie die Liebesreaktion aktivieren.

DIE LIEBESREAKTION

Die Liebesreaktion ist die kontrollierte Verschmelzung einer Vielzahl von Gefühlen, Gedanken, positiven Verknüpfungen der Nervenbahnen im Gehirn und Belohnungsmechanismen, die letztlich Körper, Geist und Seele erlauben, die Balance aufrechtzuerhalten, auch wenn man mit Stress konfrontiert wird. Dazu gehört auch die Ausschüttung von Hormonen und Peptiden, die die Stressantwort abmildern, besonders wenn negative Emotionen den Stress ausgelöst haben. Die Liebesreaktion reguliert die Stressreaktion des Körpers und verhilft zu körperlicher, geistiger und emotionaler Gesundheit und einem Leben im Gleichgewicht.

Indem Sie lernen, mit Hilfe der Techniken, die ich Ihnen zeigen werde, die Liebesreaktion zu aktivieren, werden Sie mehr Selbstvertrauen bekommen, geselliger und anpassungsfähiger sein. Sie werden es selbst in der Hand haben, ob Sie sich wohl fühlen und zum Sachwalter Ihrer Gesundheit werden. Sie bekommen Strategien an die Hand, die Sie stärken und es Ihnen ermöglichen, der natürlichen Fähigkeit Ihres Körpers zur Selbstheilung zu vertrauen. Wenn Sie die Liebesreaktion einsetzen, werden Sie vielleicht sogar feststellen, dass Sie seltener zum Arzt gehen.

LIEBE UNTERSTÜTZT, ANGST SCHADET

Im Grunde ist die Angstreaktion nützlich, da sie dafür sorgt, dass wir gefährliche Situationen meiden und das Leben bewältigen. Dennoch sind die mit ihr verbundenen Verhaltensweisen, Gedanken und Einstellungen oft negativ und schädlich, und zwar nicht nur für den Betroffenen, sondern auch für andere. So klammert sich ein Ertrinkender an alles, was in seiner Nähe ist. Das könnten Sie sein, und als Folge werden Sie ebenfalls unter Wasser gezogen. Will dieser Mensch Ihnen schaden? Sicherlich nicht. Er versucht nur, sein Leben zu retten. Die Angst treibt ihn zu dieser Handlung.

Im Gegensatz dazu schädigt Liebe Sie oder andere Menschen nur selten – wenn überhaupt. Handlungen, die ihren Ursprung in Liebe haben, wirken meist unterstützend, bringen Freude und verbinden Menschen. Absichten, Überzeugungen und Emotionen, die der Liebe entspringen, sind positiv und wohlmeinend. Sie lösen keine Angstreaktion mit ihren belastenden körperlichen und seelischen Wirkungen aus und sind daher gesünder für Sie, aber auch für die Menschen in Ihrem Umfeld. Außerdem erzeugt jede Handlung aus Liebe weitere auf Liebe gründende Handlungen, und das sozusagen automatisch.

Wenn beispielsweise jemand Sie in einer langen Schlange vorlässt, dann sind auch Sie geneigt, dasselbe zu tun. Das Gleiche gilt für das Gegenteil: Wenn jemand Sie im Straßenverkehr schneidet, dann ärgern Sie sich, und die Wahrscheinlichkeit steigt, dass auch Sie einen anderen schneiden. Sowohl Handlungen, die aus Liebe, als auch Handlungen, die aus Angst begangen werden, unterliegen dem Schneeballeffekt, sie bauen aufeinander auf, verstärken sich und bekommen immer mehr Schwung. Am Ende erklären Sie, Sie hätten einen schlechten Tag, eine schlechte Woche, einen schlechten Monat, ein schlechtes Jahr, viele schlechte Jahre gehabt. Aber Sie können ebenso gut – in nur wenigen Minuten, wenn nicht Sekunden – die Stoßrichtung des Schwungs verändern in einen Tag, eine Woche, einen Monat, ein Jahr und viele Jahre des Wohlbefindens.

WIE DIE LIEBESREAKTION FUNKTIONIERT:
HORMONE UND PEPTIDE

Mit der Liebe untrennbar verbunden ist eine biochemische Reaktion, die Bindung, Zuneigung und angenehme Gefühle auslöst. Wenn man Liebe empfindet und Zuneigung empfängt, laufen in unserem Körper und unserem Gehirn bestimmte physiologische Prozesse ab. Und das Endresultat all dieser Prozesse ist die Liebesreaktion.

Aus neurobiologischer Sicht sind offenbar bestimmte Schaltkreise im Gehirn in Verbindung mit der Ausschüttung von Hormonen und Peptiden (das sind chemische Verbindungen aus mehreren Aminosäuren) verantwortlich für unsere Fähigkeit zu lieben und Bindungen einzugehen. Sie beeinflussen die Bindung zwischen zwei Menschen, die ein Paar sind, und die Bindung zwischen Eltern und ihren Kindern. Liebe und Zuneigung (und dazu gehört die liebevolle Berührung) führen zur Ausschüttung dieser Hormone und Peptide. Diese wiederum lösen angenehme Empfindungen und positive Gefühle in uns aus, die unseren Wunsch verstärken, zusammenzubleiben und füreinander da zu sein.

Die Peptide und Hormone, die im Zustand der Liebe ausgeschüttet werden – dazu gehören Endorphine, Oxytozin, Dopamin, Vasopressin und Stickoxide –, haben noch eine andere Funktion: Sie helfen dabei, die Angstreaktion abzuschalten, lösen die Entspannungsreaktion aus und haben so einen positiven Einfluss auf den Organismus. [2]

Endorphine zum Beispiel können Gefühle der Euphorie auslösen und Schmerzen abschalten. Dopamin arbeitet den Auswirkungen der Angst entgegen, indem es die Durchblutung und die Stimmung verbessert. Vasopressin und Stickoxide normalisieren unseren Blutdruck und die Blutzirkulation, die infolge von Angst in Aufruhr geraten sind. Während der Angstreaktion produziert der Körper automatisch Adrenalin. Während der Liebesreaktion baut der Körper das ausgeschüttete Adrenalin ab.

DIE BIOCHEMIE DER ZUNEIGUNG

Oxytozin hat in Hinsicht auf die Liebesreaktion mehrere Funktionen. Es löst nicht nur ein angenehmes Gefühl aus, sondern stärkt darüber hinaus die Bereitschaft zu sozialen Bindungen und generell soziales Verhalten. Das Hormon wird durch Zuneigung – die liebevolle Berührung in all ihren Erscheinungsformen – im Körper ausgeschüttet.

Besonders gut ist das bei der Entwicklung der Bindung zwischen Mutter und Kind zu erkennen. [3] Wenn sich eine Mutter um ihr Baby kümmert, produziert ihr Körper Oxytozin, sie fühlt sich also gut. Auf diese Weise belohnt er sie und verbessert damit die Überlebenschancen des Kindes. Die Berührung durch die Mutter wiederum beruhigt das Kind. Genau genommen bewirkt die Mutter noch viel mehr: Studien haben gezeigt, dass ihre Berührung die Körpertemperatur des Säuglings, seinen Energiehaushalt, seinen Säure-Basen-Haushalt und seine Atemfrequenz stabilisiert. Die liebevolle Zuwendung der Mutter reguliert nicht nur die Stressreaktion des Babys, sondern auch die Stressreaktion der Mutter. Der Austausch von Liebe und Zuneigung setzt einen Kreislauf in Gang, der positive Auswirkungen sowohl auf den Gebenden als auch auf den Empfänger hat. [4]

Bei Erwachsenen trägt Oxytozin zur Bindung zwischen Sexualpartnern bei. Es wird während des Geschlechtsverkehrs ausgeschüttet, so dass sich die Partner tief verbunden fühlen und damit die Wahrscheinlichkeit steigt, dass beide das nächste Mal wieder dieselbe Wahl treffen. Sowohl Oxytozin als auch Vasopressin sind am Aufbau von sozialen Bindungen beteiligt und tragen dazu bei, dass soziale Kontakte im Gedächtnis verankert werden (d. h. man erkennt die Menschen, die man liebt). Beides spielt eine Rolle in der Regulierung der Angstreaktion.

Es wurde mehrfach wissenschaftlich nachgewiesen, dass liebevolle Zuwendung die Ausschüttung von Hormonen und Peptiden stimuliert, die die Gemütslage verbessern, den Wunsch nach sozialen Kontakten stärken, die Bindungsfähigkeit fördern und letztlich die Angstreaktion abschalten. [5] Selbst eine so simple Zuwendung wie eine Umarmung führt bei Männern wie Frauen zur Oxytozin-Ausschüttung. Eine Studie der Universität von North Carolina zeigte, dass bei Frauen nach einer Umarmung durch den Ehemann der Blutdruck und der Kortisolspiegel deutlich niedriger waren als vorher. [6] Eine andere Studie, an der 366 Männer und Frauen teilnahmen, untersuchte den Zusammenhang zwischen einem kurzen, liebevollen sozialen und physischen Kontakt von zusammenlebenden Paaren und der Herz-Kreislauf-Reaktion auf Stress. Wenn sie Stress ausgesetzt waren, zeigten die Probanden, die an dem Partnerkontakt beteiligt waren, einen niedrigeren Blutdruck und eine geringere Beschleunigung der Herzfrequenz gegenüber der Vergleichsgruppe ohne Kontakt. [7]

DIE BIOCHEMIE DER LIEBE: HIRNFUNKTIONEN UND BELOHNUNG

Liebe hat positive Auswirkungen auf uns, sie gibt uns inneren Frieden, fördert das seelische Gleichgewicht und lässt uns im Rhythmus des Lebens mitschwingen. Diese deutliche Belohnung führt dazu, dass unser Gedächtnis die Erfahrung als angenehm abspeichert. Je mehr positive Erfahrungen wir in unserem Gedächtnis speichern, desto eher wird unser Unterbewusstsein uns suggerieren, dass auch in Zukunft alles gut sein wird.

Wenn Sie für eine Aufgabe, die Sie gut bewältigt haben, eine Belohnung bekommen, dann werden Sie sehr wahrscheinlich die Handlung wiederholen, die zu diesem positiven Ergebnis geführt hat. Jüngste Studien verbinden Liebe mit den Hirnrealen, die Verhalten verstärken. Diese Bereiche im Gehirn bilden eine Rückkopplungsschleife: Jedes Mal, wenn wir etwas tun, das zu angenehmen Erfahrungen führt, sendet das Gehirn Signale aus, die uns dazu anzuregen, diese Handlungen zu wiederholen. [8] Hormone und Peptide wie Oxytozin und Vasopressin spielen eine wichtige Rolle bei dieser Rückkopplung. Ein Beispiel: Wenn Sie Liebe empfinden, werden Endorphine und morphinähnliche Substanzen ausgeschüttet, daher nehmen Sie nun auch Schmerzen nicht mehr so intensiv wahr. Dieselben chemischen Stoffe können Ihre Energie verstärken und in Ihnen das Gefühl auslösen, »high« zu sein. Dies ist das genaue Gegenteil von dem, was Sie erleben, wenn Sie in einem ständigen Angstzustand leben.

DIE GROSSE BEDEUTUNG DES BONDING

Mit »Bonding« bezeichnet man die Phase, in der sich die Bindung zwischen einem Neugeborenen und seiner Mutter entwickelt. Im Idealfall bestimmen das Bonding, Zuwendung und Belohnungsmechanismen die gesamte Entwicklung eines Kindes, bis es zu einem gut in die Gesellschaft eingebundenen, selbstbewussten, kontaktfreudigen und liebevollen Individuum geworden ist. Während der Kindheit wächst das Gehirn ständig, und es bilden sich immer neue Verbindungen zwischen den Nervenzellen als Reaktion auf die unterschiedlichen Reize der Umwelt. Das Gehirn des

Kindes wird von Veränderungen in seiner Umgebung und von all den neuen Informationen, die es aufnimmt, stark beeinflusst. Die Nervenverbindungen im Gehirn verlagern sich, verändern sich und wechseln die Richtung während der gesamten Periode des Heranwachsens.

Je mehr positive Bestärkungen wir als Kind erfahren, desto mehr Eindrücke wirken auf das Gehirn ein und desto mehr Nervenverbindungen werden geschaffen. Das ist die Grundlage dafür, dass wir im weiteren Leben in der Lage sind, neue Erfahrungen zu bewältigen und Informationen zu verarbeiten. Wenn wir viele positive Bestärkungen erfahren, kann unser Gehirn besser mit neuen Ideen umgehen, klar denken und intellektuelle Fähigkeiten entwickeln.

Je häufiger ein Kind hingegen schmerzlichen Erfahrungen ausgesetzt ist, desto mehr verfestigt sich im Gehirn die Erinnerung an die negativen Erlebnisse, und es bildet sich eine negative Rückkopplungsschleife. Wird dieses Kind erwachsen, wird es auf Herausforderungen mit Angst oder Wut reagieren und weniger gut dazu in der Lage sein, klar und rational zu denken und lösungsorientiert zu handeln.

Aus diesem Grund können Kinder, die genügend elterliche Zuneigung erhalten haben, sich besser anpassen. Ihre Angstreaktion springt nicht so häufig an. Und wenn sie abläuft, ist sie von kürzerer Dauer. Kein Elternteil kann einem Kind pausenlos bedingungslose Liebe zukommen lassen, denn auch Eltern sind gestresst und erleben die Angstreaktion. Doch je mehr elterliche Fürsorge, Zuwendung und Liebe einem in der Kindheit zuteil wird, desto wahrscheinlicher ist es, dass man sich die emotionale Gesundheit ein Leben lang bewahren kann.

Besiegeln also die frühen Kindheitserfahrungen unser Schicksal? Nein. Die Liebesreaktion ermöglicht Ihnen, eine negative frühe Prägung zu verändern, und zwar indem Sie Ihre Physiologie ändern.

BONDING UND KÖRPERLICHE ZUWENDUNG

Körperliche Nähe und körperliche Zuwendung spielen eine besonders wichtige Rolle beim Aufbau einer Bindung und den sich daraus ergebenden positiven Wirkungen. Es ist ein schönes Gefühl, körperliche Zuwendung zu empfangen oder zu geben. Solche Erfahrungen stimulieren die Ausschüttung der Peptide und Hormone, die euphorische Gefühle und angenehme Empfindungen auslösen und das Bestärkungszentrum des Gehirns aktivieren, das Sie ermutigt, dasselbe wieder und wieder zu tun. Das ist der Prozess des Bonding.

Interessanterweise scheint es so zu sein, dass der Prozess des Bonding nicht nur auf der körperlichen Ebene abläuft, sondern auch auf zellulärer Ebene.

In seinem 1992 erschienenen Buch »Der nächste Schritt der Menschheit« beschreibt Pearce, wie Herzzellen die Verbindung untereinander erzwingen: »Wenn man eine Zelle des Herzens isoliert, am Leben hält und unter dem Mikroskop betrachtet, kann man feststellen, wie sie ihren synchronen Rhythmus verliert und anfängt zu zerfransen, bis sie stirbt. Wenn man eine zweite ausgesonderte Herzzelle auf die Mikroskopplatte legt, wird sie ebenfalls zerfasern. Wenn man beide Zellen jedoch in eine bestimmte Nähe zueinander bringt, stimmen sie sich aufeinander ein und schlagen synchron zusammen.« [9] Mit anderen Worten, Zellen benötigen die Nähe anderer Zellen, um fortbestehen zu können und in Harmonie oder im Gleichgewicht zu leben. Das »Zerfasern« der Herzzelle, wenn sie allein ist, kann mit der Aktivierung unserer Angstreaktion verglichen werden. Die »Synchronisation« der Zelle, wenn sie mit anderen Zellen zusammen ist, lässt sich mit dem Auslösen der Liebesreaktion vergleichen.

Der Aufbau der seelischen Verbundenheit, das Bonding,

beginnt sehr früh. Wenn Mütter ihre Neugeborenen an die Brust legen, dann sind ihre Herzen sehr nah beieinander. Das Herz produziert ein bestimmtes Peptid, das Hormon ANF (Atrialer Natriuretischer Faktor), das jedes größere System unseres Organismus wesentlich beeinflusst, unter anderem auch das Gehirn als Teil des zentralen Nervensystems. Während die Mutter das Neugeborene an ihrem Herzen hält, synchronisiert sich der Herzschlag des Babys mit dem der Mutter. »Alle Anzeichen deuten darauf hin, dass das entwickelte Herz der Mutter das Herz des Neugeborenen stimuliert und dadurch im Kind den Dialog zwischen Gehirn-Geist-System und Herz in Gang bringt«, schreibt Pearce. »Wenn die Mutter ihr Kind in der Position an der linken Brust mit dem Herzkontakt im Arm hält, wird in ihr ein größerer Block von bisher schlummernden Intelligenzen aktiviert, der präzise Umschwünge der Hirnfunktion und dauerhafte Verhaltensänderungen bewirkt.« So, schreibt Pearce, veranlasse der Kontakt mit dem Neugeborenen anhaltende Veränderungen in der Gehirnfunktion der Mutter und stimuliere das instinktive mütterliche Verhalten.

Beide, Mutter wie Kind, profitieren von dieser wunderbaren Dynamik.

WER GLÜCKLICH IST, IST AUCH GESÜNDER

Positive Gemütszustände und positive Gedanken, Einstellungen und Überzeugungen gehen meist mit einer besseren Gesundheit einher. Bei Menschen, die eine positive Lebenseinstellung haben, stellte man fest, dass sie sich nach lebensgefährlichen Erkrankungen schneller erholten. [10] Menschen, die psychisch sehr ausgeglichen sind, neigen dazu, niedrigere Kortisolspiegel aufzuweisen, seltener unter Entzündungen zu leiden und über eine bessere Immunantwort

zu verfügen. [11] Generell kann man sagen, dass bei glück-
lichen Menschen Angstreaktionen seltener auftreten. [12]
In meiner klinischen Praxis konnte ich immer wieder feststellen, dass zwischen der positiven Ausrichtung von Gedanken, Emotionen und Einstellungen und körperlichem
Wohlbefinden eine enge Verbindung besteht. Ebenso gilt
umgekehrt: Je besser sich unser Körper fühlt, umso glücklicher sind wir.

ELISABETH: *Das Gebet*

Elisabeth war eine achtzigjährige Patientin, die über Depressionen und Angstzustände klagte. Sie hatte noch eine
ganze Reihe anderer medizinischer Beschwerden, darunter eine Herzerkrankung, Asthma, Diabetes und Arthritis. Die Depressionen und Angstzustände waren aufgetreten, nachdem ihr Ehemann vor einem Jahr verstorben
war. Sie erzählte, dass sie jeden Morgen darum bete, den
Tag zu überstehen.

Mir tat das Herz weh, als ich ihre Geschichte hörte, und
besonders nach ihrer letzten Bemerkung dachte ich:
»Wenn schon ihre Worte dazu führen, dass ich mich elend
fühle und mein Herz schmerzt, was bewirkt dies erst bei
ihr, in ihrem Körper?« Ich sprach sie auf ihr Morgenge-
bet an und machte sie darauf aufmerksam, dass ihrem
Gebet eine negative Haltung zugrunde lag, nämlich die
von Angst geprägte Vorstellung, den Tag nicht bewältigen zu können. Ich erklärte ihr auch, dass Überzeugungen, die auf Ängsten gründen, eine Stressreaktion auslösen, die wiederum ihre körperlichen und psychischen
Beschwerden verschlimmert. Dann fragte ich sie: »Sind
Sie Hellseherin? Wissen Sie mehr als ich? Schließlich bin
ich Ihre Ärztin, und es gibt keinerlei Hinweise darauf,
dass Sie den Tag nicht überleben werden.«

Sie musste lächeln, schüttelte den Kopf und antwortete: »Nein, hellseherische Fähigkeiten habe ich nicht. Ich nehme das nur an, weil mein Leben so schwierig ist.« Also fragte ich sie, ob es irgendetwas in ihrem Leben gebe, das ihr wichtig sei. Ihr Gesicht und ihre Augen begannen vor Freude zu strahlen, als sie von ihren Enkeln erzählte. Auch mein Herz fühlte die Freude.

Also forderte ich sie auf: »Versuchen Sie doch einmal andere Worte in Ihrem Gebet zu sprechen. Worte, die die Wahrheit spiegeln, aber positiv sind und keinen Stress auslösen.« Dies sollten keine Worte sein, die Erwartungen ausdrücken, denn keiner kann wissen, was der Tag bringen wird. Ich bat sie: »Kneifen Sie sich doch mal – fühlen Sie jetzt, dass Sie am Leben sind?« Sie musste kichern und bejahte das. Also schlug ich ihr vor: »Wie wäre es mit diesem Gebet: ›Danke, Gott, dass ich heute leben darf.‹«

Was so ein kleiner Satz doch bewirken kann! Sie wiederholte das Gebet laut – und fühlte sich tatsächlich bereits besser. Ich wusste, dass sie dieses Gebet von nun an jeden Morgen sagen würde.

SPÜREN SIE DIE WIRKUNG DES GEBETS

Probieren Sie es aus! Testen Sie, wie Sie sich fühlen, wenn Sie die folgenden beiden Gebete sprechen:

1. Zuerst wiederholen Sie bitte dieses Gebet: »Gott, hilf mir, dass ich diesen Tag überstehe.«

- Achten Sie darauf, was mit Ihrem Atem geschieht: Atmen Sie tief oder nur flach?
- Achten Sie darauf, wie Sie sitzen: Sitzen Sie aufrecht oder in zusammengesackter Haltung?
- Achten Sie auf Ihren Brustkorb: Fühlt er sich offen und leicht an oder angespannt und schwer?

- Achten Sie auf die Gedanken, die in Ihnen aufsteigen: Sind sie angenehm oder setzen sie Sie noch mehr unter Druck?
2. Dann wiederholen Sie bitte dieses Gebet: »Danke, Gott, dass ich diesen Tag erleben darf.«
- Achten Sie wieder darauf, wie sich Ihr Herz fühlt, achten Sie auf Ihre Körpersprache und auf Ihre Gedanken.

Vielleicht haben Sie festgestellt, dass Sie beim Wiederholen des ersten Gebets das Gefühl hatten, unter einer schweren Last gebeugt zu sein. Möglicherweise sind Ihre Schultern nach vorne gesackt und Ihr Brustkorb eingesunken. Dagegen konnten Sie beim Nachsprechen des zweiten Gebets vermutlich spüren, wie frische Energie durch Ihren Körper fließt. Sie setzten sich unwillkürlich gerade und aufrecht hin, und Ihr Atem floss ungehindert und sanft durch Ihren Körper. Ihre Gedanken und Überzeugungen und die Worte, mit denen Sie diese ausdrücken, beeinflussen Ihre Physiologie – aber auch die von anderen. Positive Gedanken, Überzeugungen und Worte können daher auch heilen.

DIE LIEBESPYRAMIDE

Liebe kann Ihnen dabei helfen, gesund zu werden. Wahrscheinlich fragen Sie sich nun: Wie finde ich diesen Weg zum Wohlbefinden und wie schaffe ich es, darauf zu bleiben? Die Antwort lautet: Indem Sie Ihre ganz persönliche Liebespyramide aufbauen, die sich aus drei Bereichen zusammensetzt. Diese sind:

1. Soziale Liebe: jene Liebe, die man mit anderen austauscht
2. Selbstliebe: jene Liebe und Fürsorge, die Sie sich selbst zukommen lassen

3. Spirituelle Liebe: die Verbindung mit dem Geistigen oder etwas, das größer ist als man selbst; daraus entspringen selbstlose Handlungen

Die Liebespyramide kann Ihnen helfen, negative Prägungen und Erfahrungen der Kindheit hinter sich zu lassen und Ihre Angstreaktion im Griff zu behalten, so dass sie nur aktiv wird, wenn Sie sie wirklich benötigen.

TEST ZUR LIEBESPYRAMIDE

Als ersten Schritt zum Aufbau Ihrer Liebespyramide machen Sie bitte den folgenden Test. Lesen Sie die Aussagen in Ruhe durch, und vergeben Sie nach dem folgenden Schema Punkte. Seien Sie dabei so ehrlich wie möglich. Sie tun das nur für sich.

Trifft immer zu:	4
Trifft häufig zu:	3
Trifft manchmal zu:	2
Trifft nie zu:	1

1. Ich fühle mich von meinem Partner respektiert und unterstützt. _____
2. Ich fühle mich bei der Arbeit respektiert und unterstützt. _____
3. Ich kann Aufgaben an andere abgeben und muss nicht alles selbst machen. _____
4. Meine privaten Beziehungen sind vorwiegend harmonisch und nicht angespannt und dramatisch. _____
5. Die Beziehungen zu meinen Arbeitskollegen sind vorwiegend friedlich und sachlich und nicht angespannt und belastend. _____
6. Ich bin überzeugt, dass ich auf meine Freunde und meine

Familie zählen kann, wenn ich Unterstützung oder eine
Schulter zum Ausweinen brauche. _____

7. An meinem Arbeitsplatz habe ich genügend Möglichkeiten, Beschwerden anzubringen oder meine Bedürfnisse
zu äußern. _____

8. Ich fühle mich in meiner Haut wohl, ohne mich mit Essen
oder Alkohol belohnen zu müssen. _____

9. Ich fühle mich in meiner Gesellschaft wohl und genieße
es, allein zu sein. _____

10. Ich genieße es, mit anderen Menschen zusammen zu sein
und mit ihnen etwas zu unternehmen. _____

11. Ich fühle mich geborgen, auch wenn ich allein bin. _____

12. Es gelingt mir, mich selbst glücklich zu machen und mir
die Dinge zu geben, die ich brauche. _____

13. Ich mache mir oft kleine Geschenke, um mir zu zeigen,
dass ich mich liebe. _____

14. Ich zeige anderen häufig mit kleinen Aufmerksamkeiten,
dass ich sie liebe. _____

15. Ich bin mir selbst gegenüber aufrichtig und verständnis-
voll, wenn es um meine Fehler und Unvollkommenheiten
geht. _____

16. Ich habe viel Verständnis für die Fehler und Unvollkommenheiten anderer. _____

17. Ich bin fähig zu Intimität, ohne mich zu schämen oder
schuldig zu fühlen. _____

18. Ich kann gut Probleme lösen. _____

19. Meine Kollegen würden mich als jemanden beschreiben,
der gut darin ist, Probleme zu lösen. _____

20. Wenn etwas schiefgeht, mache ich mir nicht gleich
Vorwürfe. _____

21. Wenn etwas schiefgeht, gebe ich auch nicht anderen
die Schuld. _____

22. Ich kann Kritik ertragen, ohne gleich am Boden zerstört
zu sein. _____

23. Ich kann Kritik sachlich äußern, ohne verletzend zu sein. ____

24. Ich kann zuhören, ohne den Sprechenden zu unterbrechen oder mir schon meine Antwort zu überlegen, während der andere noch spricht. ____

25. Ich habe ein spirituelles Glaubenssystem und/oder fühle mich der Natur, Gott oder etwas Transzendentalem verbunden. ____

26. Ich unternehme häufig Spaziergänge oder Aktivitäten in der Natur. ____

27. Ich verwende viel Zeit und Mühe darauf, anderen zu helfen. ____

28. Ich habe das Gefühl, dass ich zu einer Gemeinschaft gehöre. Diese besteht aus meinen Freunden oder aus anderen Menschen, die meine Interessen teilen, beispielsweise die Liebe zu einem Sport oder einem Hobby, oder die dasselbe spirituelle oder religiöse Glaubenssystem haben. ____

29. Ich habe ein Hobby. ____

30. Ich ernähre mich gesund und betätige mich körperlich. ____

31. Ich habe das Gefühl, dass mein Leben einen Sinn hat. ____

32. Ich habe oft Spaß und lache viel. ____

33. Ich kann stolpern und auf die Nase fallen, ohne dass es mir allzu peinlich ist oder ich mich dafür schäme. ____

34. Ich kann über mich selbst lachen. ____

35. Ich denke, dass ich so, wie ich bin, vollkommen bin, auch mit all meinen Unvollkommenheiten. ____

Auswertung

Zählen Sie alle Punkte zusammen: ____

140 Punkte: Sie könnten dieses Buch selbst schreiben.

106 bis 139 Punkte: Lesen Sie weiter – das Buch wird Ihnen neue Erkenntnisse bringen und Sie unterstützen.

71 bis 105 Punkte: Lesen Sie das Buch gründlich durch. Machen Sie sich Notizen, arbeiten Sie mit dem Buch.

35 bis 70 Punkte: Lesen Sie das Buch gründlich durch und arbeiten Sie damit. Vielleicht müssen Sie es mehrmals lesen – doch am Ende werden auch Sie bei diesem Test über 100 Punkte erreichen.

Dieser Test kann Ihnen dabei helfen zu verstehen, welcher Teil Ihrer Liebespyramide die größte Aufmerksamkeit benötigt: die soziale, zwischenmenschliche Liebe, die Selbstliebe oder die spirituelle Liebe. Auch wenn Ihr Ergebnis nicht so gut ist, sollen Sie sich keineswegs schlecht oder schuldig fühlen. Denn dieser Test bereitet Sie auf den überaus wichtigen ersten Schritt in Ihrem Heilungsprozess vor: sich dessen bewusst zu werden, was in Ihrem Leben gut läuft und woran Sie noch arbeiten müssen.

DAS **SHIELD** ALS SCHUTZSCHILD

Ihr Rüstzeug für die Veränderung

Stellen Sie sich vor, Sie sind auf dem Weg ins Büro Ihres Chefs, um ihn um eine Gehaltserhöhung zu bitten. Ihr Herz rast. Ihre Stimme zittert. Ihre Hände sind feucht. Sie müssen Ihre Argumente vortragen, aber gerade jetzt können Sie sich kaum an Ihren zweiten Vornamen erinnern, und schon gar nicht an Ihre Verdienste für die Firma, die eine Gehaltserhöhung rechtfertigen. Kurz gesagt, Ihre Angstreaktion hat Sie im Griff.

Wie können Sie in einem solchen Augenblick Ihre Fassung wiedergewinnen, damit Sie nicht wie ein stammelnder Idiot vor Ihrem Chef stehen?

Dafür gibt es eine einfache Technik: das SHIELD. Damit schalten Sie augenblicklich Ihre Angstreaktion ab und werden wieder ruhig, selbst in der Hitze des Gefechts.

Das SHIELD können Sie überall und jederzeit einsetzen, auch in stark belastenden Situationen. Diese einfache und praktische Technik verwandelt Ihre Energie von stressig zu ruhig, von negativ zu positiv, von Angst zu Liebe, und das in Sekunden.

Das SHIELD schärft Ihre Wahrnehmung, so dass Sie sich auf die Quellen Ihrer Angstreaktion konzentrieren können. Es hilft Ihnen auch dabei, die Angstreaktion abzuschalten und die Liebesreaktion zu aktivieren. Es hat einen positiven Einfluss auf den gesamten Organismus und damit auf Ihre Gesundheit, Ihr Wohlbefinden und Ihre Lebensumstände.

WIE ICH DAS SHIELD ENTDECKTE

Spirituelle Führer wissen in ihrem tiefsten Innern, dass sie nicht allein sind, dass sie geliebt und beschützt werden. Natürlich haben viele von ihnen auch Hunderte von Menschen um sich, die sich um ihre täglichen Bedürfnisse kümmern und sie vor den Problemen des Alltags schützen.

Jeder verdient es, einen schützenden Schirm zu haben. Diese Erkenntnis kam mir an einem Freitagnachmittag, als ich mitten im Berufsverkehr steckte. Ständig schien sich jemand vorzudrängeln. Als ich so hinter dem Lenkrad saß, immer wütender wurde und lauthals über die rücksichtslosen Autofahrer schimpfte, merkte ich, wie vertraute Schuldgefühle in mir aufstiegen. Ich dachte: »Wie kannst du nur so reagieren! Gerade du, die anderen den Weg zur Spiritualität weist. Wie kannst du nur so fluchen?« Und ich schimpfte weiter mit mir: »Der Dalai Lama würde sich nie so aufführen!« Bei diesem Gedanken musste ich lachen. Natürlich würde sich der Dalai Lama nicht so benehmen, denn *er würde gar nicht am Steuer sitzen. Er hätte einen Chauffeur.*

Als mir das klar wurde, erkannte ich, dass jeder einen Schutzschirm zur Verfügung haben sollte. Nicht unbedingt in Form eines Gefolges von Menschen, die einem all die nervigen alltäglichen Dinge abnehmen, sondern einen spirituellen Schutzschirm, der einem hilft, sich aus Stress und Angst schnell zu befreien und öfter in einem Zustand der Freude und Liebe zu verweilen.

DAS SHIELD ALS GEDÄCHTNISSTÜTZE

Das SHIELD dient gleichzeitig als beruhigende Visualisierung und als Gedächtnisstütze, damit Sie sich in Zeiten, in denen der Stress Sie zu überwältigen droht, an die einzelnen Schritte dieses Prozesses leichter erinnern können.

Hier gebe ich Ihnen eine kurze Zusammenfassung des SHIELD, detaillierte Anweisungen kommen später. Zunächst möchte ich Ihnen erklären, dass jeder Buchstabe von SHIELD für eine Anweisung steht, der Sie folgen sollten. Da ich das SHIELD im englischen Sprachkreis entwickelt habe, steht jeder Buchstabe für einen englischen Begriff:

S Slow down: *Werden Sie ruhig.* Visualisieren Sie ein weißes oder goldenes Licht, das Sie liebevoll schützend umhüllt.

H Honor: *Respektieren* Sie Ihre Gefühle und Empfindungen. Vermeiden Sie es, Ihre Gefühle als schlecht oder falsch zu bewerten. Werden Sie sich dieser Gefühle nur bewusst.

I Inhale: *Atmen Sie ein …*

E Exhale: … und vergessen Sie nicht *auszuatmen.*

L Listen: *Hören* Sie auf sich. Achten Sie auf Ihre Gedanken, Ihre Gefühle und Empfindungen. Fragen Sie sich: Was erinnert mich gerade daran, dass ich nicht gut genug bin oder nicht genug habe? Hören Sie auf die Antwort.

D Decide: *Entscheiden* Sie sich dazu, gesund zu werden und aus der Angstreaktion in die Liebesreaktion zu wechseln.

WANN SIE IHR SHIELD EINSETZEN

Setzen Sie Ihr SHIELD immer dann ein, wenn Sie bei sich eine Angstreaktion wahrnehmen.

Vielleicht sind Sie noch nicht so weit, dass Sie es merken, wenn Sie in die Angstreaktion verfallen. Wie können Sie dann wissen, wann Sie Ihr SHIELD einsetzen sollen? Beginnen Sie mit Situationen, die unmissverständlich sind:

Wann immer Sie das Gefühl haben, Sie müssten jemanden anschreien, wann immer Sie müde oder gereizt sind oder aus irgendeinem Grund Schmerzen haben, dann setzen Sie Ihr SHIELD ein.

DIE POSITIVEN WIRKUNGEN DES SHIELD

Je häufiger Sie Ihr SHIELD einsetzen, umso besser werden Sie eine Angstreaktion erkennen können. Eigentlich ist es das wichtigste Ziel des SHIELD, Ihnen dabei zu helfen, eine schärfere Wahrnehmung zu entwickeln. Sie sollen lernen zu erkennen, was Sie fühlen und wie Sie sich fühlen, körperlich und seelisch. Das SHIELD hilft Ihnen, den ersten Schritt im Heilungsprozess zu machen: sich bewusst zu werden, wann Sie sich im Zustand der Angstreaktion befinden.

Auch wenn Ihnen zu Anfang nur ein Teil der SHIELD-Abfolge gelingt, und zwar das Erkennen Ihrer Angstreaktion, können Sie sich gratulieren. Sich dessen bewusst zu sein, dass man sich in einer Angstreaktion befindet, ist schon ein großer Fortschritt. Doch wenn Sie alle Schritte des SHIELD möglichst oft anwenden, werden Sie bald die Angstreaktion ganz automatisch erkennen, und Sie werden lernen, wie man in die Liebesreaktion wechselt, wann immer es notwendig ist. Dabei sollten Sie sich vor allem bewusst machen, dass Sie jedes Mal, wenn Sie einen der Schritte des SHIELD praktizieren, die Angstreaktion zu deaktivieren beginnen und einen Wechsel in die Liebesreaktion auslösen.

Wenn Sie einige Erfahrung mit dem SHIELD gemacht haben, wird es für Sie zur wichtigsten Methode werden, von der Angstreaktion in die Liebesreaktion zu wechseln.

ÜBER BEWUSSTHEIT

Reaktionen laufen meist automatisch auf der Ebene des Unterbewusstseins ab, lange bevor das Bewusstsein die auslösende Situation begriffen hat. Daher können Sie sich bereits in einer Angstreaktion befinden, ohne dass Sie es bemerkt haben. Sie glauben vielleicht, Sie seien ausgeglichen, dabei haben Sie nur nicht wahrgenommen, dass Sie das Gleichgewicht längst verloren haben. Denken Sie daran: Gleichgewicht ist nicht gleichbedeutend mit Stillstand, denn im Leben gibt es nichts Statisches. Im Gleichgewicht zu sein bedeutet, im Inneren ruhig zu sein, so dass man kleine Veränderungen wahrnehmen und sich an diese gelassen anpassen kann.

Wenn es im eigenen Inneren still ist, ist es einem möglich, bewusst mit allen Sinnen wahrzunehmen – zu hören, zu sehen, zu spüren und zu riechen. So wie Tiere Gefahren spüren, bevor sie diese sehen, oder die Indianer einst wussten, dass es regnen würde, lange bevor der erste Tropfen fiel. Bewusstheit schärft die Aufmerksamkeit für das, was um einen herum geschieht, aber auch für das, was in einem geschieht, so dass wir angemessen darauf reagieren können.

Bewusstheitsübung

Mit der folgenden Übung bekommen Sie eine Ahnung dessen, welche Bewusstheit Sie mit dem SHIELD erleben können. Mit zunehmender Anwendung des SHIELD werden Sie Ihr Wahrnehmungsvermögen weiterentwickeln und Zugang bekommen zu den tiefsten Winkeln Ihres Kopfes und Ihres Herzens.

- Setzen oder legen Sie sich bequem hin und schließen Sie die Augen.
- Konzentrieren Sie sich auf das untere Ende der Wirbel-

säule. Wie fühlt sich die Stelle an – angespannt, entspannt, schmerzt sie usw.?

- Stellen Sie sich vor, Sie sitzen an Ihrem Lieblingsplatz im Haus oder im Freien und sind umgeben von reichlich Essen, Geld, Freunden und geliebten Menschen.
- Achten Sie darauf, wie sich die Stelle am unteren Ende Ihrer Wirbelsäule anfühlt.
- Nun stellen Sie sich das Gegenteil vor: Sie sitzen allein auf einer Bank, sind mittellos, haben fast nichts zu essen, kaum Geld und nur wenig Unterstützung von anderen.
- Haben sich die Empfindungen am unteren Ende Ihrer Wirbelsäule verändert?

WIE SIE IHR SHIELD EINSETZEN

Nun kommen wir zu den einzelnen Schritten, wie man das SHIELD einsetzt. Stellen Sie sich vor, Sie sind wütend, frustriert oder haben Schmerzen. Sie stecken mitten in der Angstreaktion. Was machen Sie jetzt?

Sagen Sie innerlich das Wort SHIELD, während Sie …

SLOW DOWN: STILL WERDEN

Halten Sie einen Moment inne und visualisieren Sie Ihren Schutzschild aus heilendem Licht. Versuchen Sie ruhig zu werden und stellen Sie sich eine goldene Sonne über Ihrem Kopf vor. Malen Sie sich aus, wie die göttlichen Strahlen auf Sie herunterscheinen und jeden Teil Ihres Körpers erfüllen, zuerst den Kopf, dann Nacken, Schultern, Arme und Rumpf, schließlich Beine und Füße. Sehen Sie dieses goldene Licht, wie es sich ausbreitet, Sie umschließt, einen Schutz-

schild aus gleißendem Licht bildet. Innerhalb dieses Schutz-
schilds befinden sich all jene, die Ihnen in Liebe verbunden
sind. Stellen Sie sich beispielsweise vor, dass Ihre geliebte
Großmutter Teil dieses Lichts ist, Sie in den Arm nimmt.
Das ist Ihr Schutzschild aus Liebe, Trost und Geborgenheit.
Sobald Sie damit anfangen, Ihr SHIELD zu visualisieren,
fangen Sie auch an, Ihre Angstreaktion zu deaktivieren.
Je öfter Sie Ihr SHIELD aufbauen, umso wirksamer wird es
werden. Auch wenn es Ihnen am Anfang schwer fällt, den
Lichtkörper, die Strahlen oder geliebte Menschen zu visualisieren – mit zunehmender Übung werden diese Bilder von
selbst auftauchen.

HONOR YOURSELF: SICH RESPEKTIEREN

Würden Sie ein Baby dafür schimpfen, dass es weint, weil
ihm etwas weh tut? Sicher nicht. So wie Sie ein weinendes
Baby in den Arm nehmen und trösten würden, so sollten
Sie auch mit sich selbst umgehen. Wenn Sie negative Gefühle haben, akzeptieren Sie diese einfach, ohne sie zu bewerten, ganz gleich wie irrational oder kindisch sie Ihnen erscheinen mögen. Diese Gefühle sind die negativen Erinnerungen des Kindes, das Sie waren, und die Angstreaktion ist
die einzige Methode, die Ihr Kind-Ich kennt, um sich auszudrücken. Im Grunde schreit es: »Etwas tut mir weh. Ich
weiß nicht genau, was es ist, aber es tut einfach weh. Mach,
dass es aufhört.«
Wenn Ihre Angstreaktion nicht angemessen ist, wenn Ihre
Wut, Angst, Scham oder anderen negative Gefühle in keinem Verhältnis mehr stehen zu der aktuellen Situation – wie
es bei Kindern der Fall ist –, dann wissen Sie, dass eine ver-
steckte Wunde aufgerissen wurde. Und diese Erkenntnis
gibt Ihnen die Möglichkeit, die Wunde zu heilen.

Über verborgene Wunden

Stellen Sie sich vor, Sie sitzen am Steuer eines Autos. Ihr Freund auf dem Beifahrersitz klopft Ihnen auf die Schulter, weil er Ihnen etwas Interessantes zeigen will. Sie bitten ihn, Sie nicht beim Fahren zu stören, Sie würden sich das später anschauen.

Was wäre aber, wenn Sie an der Schulter eine klaffende, blutende Wunde hätten, und Ihr Freund klopft Ihnen wie beschrieben auf die Schulter? Wie würden Sie reagieren? Vielleicht schreien Sie auf! Sie sind möglicherweise sehr aufgebracht. Wie konnte Ihr Freund nur so rücksichtslos sein? Wie konnte Ihr Freund es wagen, Ihre Bedürfnisse so zu ignorieren? Sie reagieren vielleicht übertrieben heftig, weil Sie diese Wunde haben. Das Schulterklopfen ist jetzt nicht mehr bloß eine unnötige Ablenkung. Nun tut es weh.

Jeder hat Wunden. Jeder hat schmerzliche Erfahrungen gemacht, die im Gedächtnis lebendig sind. Das ganze Leben lang lassen belastende Vorkommnisse diese Erinnerungen wieder lebendig werden, stochern in den alten Wunden, lösen bei uns automatisch Angst, Wut, Scham oder andere negative Gefühle aus. Unser Bewusstsein mag diese Wunden vergessen haben. Oder wir haben uns weisgemacht, dass sie keine Rolle mehr spielen. Was jedoch bleibt, ist die Schlussfolgerung, die wir aus dieser Erfahrung gezogen haben. Nehmen wir beispielsweise an, ein Mitschüler hat Sie in der dritten Klasse immer »dumm« genannt. Auch wenn das vor sehr langer Zeit war und Sie inzwischen Ihr Studium an einer Elite-Universität abgeschlossen haben, tragen Sie im Unterbewusstsein immer noch die Überzeugung mit sich herum, Sie seien nicht intelligent genug. Und jedes Mal, wenn jemand Ihre Befähigung anzweifelt, reagieren Sie sofort mit Abwehr oder Wut. Und dieses Gefühl wird immer von einer automatischen körperlichen Reaktion begleitet.

Wenn Sie sich schämen, beginnen Sie zu essen. Wenn Sie wütend sind, greifen Sie wahllos an.

Machen Sie sich deshalb keine Vorwürfe, wenn Sie gereizt, frustriert, müde, schlecht gelaunt sind, Schmerzen haben oder was auch immer. Beobachten Sie diese Gefühle, werden Sie sich Ihrer Wunden bewusst und respektieren Sie sie. Sie wissen, dass es immer einen Grund gibt, wenn Ihr Körper in die Angstreaktion verfällt.

Woher wissen Sie, dass Sie sich in der Angstreaktion befinden?

Wenn Sie sich schlecht fühlen, dann befinden Sie sich in der Angstreaktion. So einfach ist das.

Doch in einer Welt, in der Frustration und Druck die Norm sind, kann bereits die Unterscheidung, wann man sich gut oder schlecht fühlt, eine gewisse Übung erfordern. Dabei hilft es, wenn man es schafft, sein Leben aus einer gewissen Distanz zu betrachten. Werden Sie ein stummer Zeuge dessen, was in Ihnen und um Sie herum geschieht. Wie das geht? Eine einfache Möglichkeit sind Übungen, die die Bewusstheit verbessern.

Denn eine gut entwickelte Bewusstheit verbessert Ihre Fähigkeit, zuzuhören und dem alltäglichen Leben Aufmerksamkeit zu schenken. Bewusstheit bedeutet, den gegenwärtigen Moment ganz zu erfassen, als ob Sie Ihre Umgebung durch ein Weitwinkelobjektiv sehen und so den gesamten Schauplatz überblicken.

Beginnen Sie damit, Ihre Bewusstheit an einfachen, alltäglichen Verrichtungen zu üben.

Trainieren Sie die Bewusstheit ...

- **... wenn Sie unter der Dusche stehen:** Nehmen Sie bewusst wahr, wie die Seife oder das Shampoo duftet, wie sich der Schaum anfühlt, wie sich das fließende Wasser anhört, wie sich die Wassertropfen auf Ihrer Haut anfühlen.

- **... beim Spazierengehen:** Achten Sie auf die Farbe des Himmels oder der Blumen, das Rascheln der Blätter im Wind, das Geräusch eines vorbeifahrenden Autos.
- **... beim Essen:** Genießen Sie die Farben der Speisen auf Ihrem Teller, Konsistenz und Geschmack des Essens.
- **... beim Zuhören:** Achten Sie auf den Klang der Stimme Ihres Gesprächspartners. Nehmen Sie nicht nur die Wörter wahr, die gesprochen werden, sondern auch die Gefühle, die durch diese Wörter ausgedrückt werden.
- **... beim Sprechen:** Achten Sie auf den Klang Ihrer eigenen Stimme. Welche Wörter benutzen Sie? Welche Botschaft steht hinter Ihren Wörtern? Was fühlen Sie, während Sie sprechen?
- **... beim Atmen:** Achten Sie auf die Empfindungen in Ihrem Körper beim Ein- und Ausatmen.

Mit Bewusstheit essen

- Nehmen Sie sich etwas Leckeres zu essen, etwa ein Stück Schokolade, eine Weintraube – was Sie wollen.
- Schauen Sie sich das Gewählte genau an, so als ob Sie es durch das Objektiv einer Kamera betrachten. Was sehen Sie?
- Führen Sie es an Ihre Nase. Was riechen Sie?
- Schließen Sie die Augen und umschließen Sie es mit Ihrer Hand. Was fühlen Sie?
- Nehmen Sie es in den Mund. Was schmecken Sie? Was für eine Beschaffenheit hat es? Welchen Geschmack entwickelt es beim Kauen, wie fühlt es sich dabei an?
- Schlucken Sie es hinunter. Wie fühlt es sich nun an?
- Steigen Gedanken oder Gefühle in Ihnen auf? Wenn ja, welche?

Weiter unten ist eine Reihe von Begriffen aufgeführt. Bei dieser Übung geht es darum, sich auf die Empfindungen zu konzentrieren, die in Ihrem Körper aufsteigen, wenn Sie die Wörter sprechen.

Sie können die Übung mit einem Partner machen, der die Wörter spricht, oder Sie sprechen selbst jedes dieser Wörter ein paar Mal laut aus, eines nach dem anderen. Während Sie das jeweilige Wort hören oder aussprechen, achten Sie z. B. darauf:

- Wie fühlt sich Ihre Brust an?
- Was geschieht mit Ihrem Atem? Wird er flacher oder eher tiefer?
- Bemerken Sie ein Engegefühl oder Schmerzen in der Brust?
- Bei welchen Wörtern fühlen Sie sich gut? Bei welchen schlecht?

Führen Sie die Übung nicht zu schnell durch. Geben Sie sich Zeit, um bei jedem Wort Ihre Gefühle und körperlichen Empfindungen zu erkunden. Hier sind die Wörter:

- Traurig
- Fröhlich
- Keine Zeit
- Alle Zeit der Welt
- Offen
- Geschlossen
- Ich bin böse/Sie sind böse
- Ich bin gut/Sie sind gut
- Weißer Sandstrand

- Müllhalde
- Ungerechtigkeit
- Triumph

Lillys Geschichte

Viele meiner Patienten kommen mit Beschwerden in meine Sprechstunde. Ich zeige ihnen, dass diese Beschwerden nicht das eigentliche Problem sind. Indem ich sie durch die Übungen der Bewusstheit führe, lernen sie, sich ohne Bewertung zu betrachten. Sie lernen, sich auf ihre Angstreaktion einzustellen, und beginnen damit, deren wahre Ursache herauszufinden.

Das folgende Beispiel beschreibt, wie ich eine Bewusstheitsübung einsetzte, um bei meiner Patientin Lilly an ihre tiefer liegenden Probleme heranzukommen.

LILLY

Lilly war eine fünfundvierzigjährige Frau mit chronischen Nacken- und Rückenschmerzen, die in den letzten Monaten ständig stärker geworden waren. Sie klagte über Schlafprobleme, Erschöpfung, Depressionen und Ängste, die sich bei Stress noch verschlimmerten.
Lilly stand tatsächlich unter großem Stress. Da sie arbeitslos war, machte sie sich Sorgen um ihre Finanzen. Der Gedanke, dass sie vielleicht ihre Wohnung aufgeben und in eine kleinere ziehen musste, belastete sie. Sie fühlte sich als völliger Versager. Sie tröstete sich mit kalorienreichem Essen, was nur dazu führte, dass sie sich noch schlechter fühlte. Sie nahm zu, fand sich unattraktiv und

befürchtete, kein Mann würde sich für sie interessieren. Sie war sehr einsam.

Lilly hatte eine schwierige Kindheit. Ihr Vater war an Multipler Sklerose erkrankt und starb, als sie noch ein Kind war. Ihre Mutter, eine Alkoholikerin, heiratete nie wieder, sie vernachlässigte und beschimpfte Lilly. Es gab noch eine ältere Schwester, die gegen die Mutter rebellierte und es Lilly überließ, »sich um den Haushalt zu kümmern«. Als Kind dachte Lilly, wenn sie sich nur möglichst unauffällig verhielt und das tat, was man ihr sagte, würden ihre Mutter und ihre Schwester sie freundlicher behandeln und nicht immer so wütend auf sie sein.

Lilly hatte nie die Unterstützung und Liebe von ihren Eltern erhalten, die sie gebraucht hätte. Sie fühlte sich nie geborgen, weder als Kind noch als Erwachsene. Und jedes Mal, wenn in ihrem Leben etwas wegbrach, warf sie dies aus dem Gleichgewicht, sie fühlte sich unter Druck, und ihre körperlichen Probleme verstärkten sich. Jedes Mal, wenn sie einen Verlust erlitt, fühlte sie sich leer und einsam, hungerte nach Liebe und Aufmerksamkeit. Um diese Leere zu füllen, begann sie zu essen, was vorübergehend Trost spendete.

Ich führte Lilly durch eine Übung, die ihr helfen würde, die Ursache ihres Problems zu erkennen. Zunächst sollte sie sich auf den Schmerz in ihrem Rücken konzentrieren. Sie beschrieb ihn als ein Gefühl von Steifheit, das von ihrem Kreuzbein ausging; dabei gab es zwei besonders schmerzhafte Punkte an der Basis der Wirbelsäule. Das Ganze fühlte sich an wie ein verspannter Muskel, der sie zwang, den Rücken steif zu halten. Die weitere Sitzung lief so ab:

Ich: Können Sie sehen, was dieses Gefühl der Starre in Ihrem Rücken verursacht?

Lilly: Ich sehe ein graues Gummiband, das straff gespannt ist.

Ich: Können Sie sich in diesem Gummiband sehen? Und wenn ja, wie fühlt sich das an?

Lilly: Ja, ich sehe mich in diesem Gummiband. Ich bekomme kaum Luft. Als ob eine Panikattacke sich ankündigt.

Ich: Können Sie dem Verlauf des Gummibands folgen bis zu seinem Ursprung?

Lilly: Es entspringt meinem Kreuzbein.

Ich: Können Sie das Gummiband durchschneiden?

Lilly: Ja! Wunderbar, ich empfinde Frieden und Sicherheit. Und überall sehe ich die Farbe Lila.

Ich: Versuchen Sie jetzt, in diesem Raum zu bleiben, atmen Sie dort hinein, bis es sich anfühlt, als ob dieser Raum sich erweitern würde.

Lilly: Es fühlt sich großartig an. Es ist nur noch ein Schmerzpunkt übrig. Der will einfach nicht verschwinden.

Ich: Können Sie Ihre Wahrnehmung auf diesen schmerzenden Punkt lenken?

Lilly: Ja. Ich habe das Gefühl, zerdrückt zu werden, ich habe Angst und kann nicht atmen. Es fühlt sich an wie eine Faust. Ich sehe mich als Kind. Ich habe Angst. Ich sehe meine Mutter. Sie befiehlt mir, in den Keller zu gehen. Ich will nicht in den Keller gehen. Ich habe Angst vor den Mäusen und Ratten, die es dort gibt.

Lilly wurde hier klar, dass sie Probleme hatte, anderen zu vertrauen, und zum größten Teil war die Beziehung zu ihrer Mutter die Ursache dafür. Nun konnte sie das Rüstzeug an die Hand bekommen, mit dem sie dieses mangelnde Vertrauen heilen konnte. Unser Dialog ging folgendermaßen weiter:

Ich: Lilly, Sie werden geliebt und unterstützt. Wenn es im

95

Keller Mäuse oder Ratten gibt, werden sie Ihnen nichts tun. Sie sind in Sicherheit und geborgen. Bitte wiederholen Sie diese Worte: »Ich vertraue darauf, dass ich unterstützt und geliebt werde.« Atmen Sie in die Lendenwirbelsäule, während Sie diese Worte weiterhin wiederholen: »Ich vertraue darauf, dass ich unterstützt und geliebt werde.« – Wenn Sie dazu bereit sind, erzählen Sie mir, was Sie fühlen.

Lilly: Ich fühle mich leicht und entspannt. Aber es fällt mir schwer, dieses Gefühl aufrechtzuerhalten. Ich werde unsicher. Ich kann spüren, wie die Angst einsickert.

An diesem Punkt hatte ich das Gefühl, Lilly würde sich sicherer fühlen, wenn sie ihre Bewusstheit auf einen »höheren« oder göttlichen Einfluss verlagern würde.

Ich: Lilly, richten Sie nun bitte Ihre Bewusstheit auf den Scheitel Ihres Kopfes und stellen Sie sich ein wundervolles Licht vor, das von der Sonne ausstrahlt und durch Ihren Scheitel dringt. Wiederholen Sie weiterhin die Worte: »Ich vertraue darauf, dass ich unterstützt und geliebt werde.«

Lilly: Mein Kopf fühlt sich an, als sei er von Licht erfüllt. Ich fühle mich ruhiger. Es fühlt sich an, als sei es derselbe offene Raum, den ich zuvor in meinem Rücken gefunden habe.

Ich: Versuchen Sie in diesen Raum zu atmen. Sie sind geborgen und geliebt. Nun transportieren Sie dieses Gefühl und dieses Licht bis an das untere Ende Ihrer Wirbelsäule. Stellen Sie sich vor, dass sich dieses Licht weiter nach unten ausbreitet, vom Ende Ihrer Wirbelsäule ausstrahlt bis tief in die Erde, durch die Felsen, durch das Wasser und bis ins Zentrum der Mutter Erde. Dort angelangt, können Sie sich von Mutter Erde noch mehr Unterstützung und Fürsorge holen. Diese Unterstützung und Fürsorge bringen Sie dann zurück zum Ende Ihrer Wirbelsäule.

Lilly: Ich fühle mich ruhig und entspannt. Ich fühle mich geerdet. Dieses Gefühl hält an.

Ich: Nun bringen Sie das Licht hinauf in Ihre Brust, in Ihr Herz, atmen in Ihren Brustkorb, atmen in Ihr Herz und sprechen die Bestärkungsformel: »Ich vertraue darauf, dass ich unterstützt und geliebt werde.« Wiederholen Sie das zehn Mal. Wenn Sie damit fertig sind, verteilen Sie das Licht und Ihren Atem in Ihrem ganzen Körper, während Sie diese Bestärkungsformel wiederholen, und zwar so oft Sie wollen.

Ich wies Lilly an, diese Visualisierung mindestens einen Monat lang täglich zu wiederholen. Bei ihrem nächsten Besuch erzählte mir Lilly, dass sie jetzt besser schlafen könne und ihre körperlichen Schmerzen verschwunden seien. Und sie hatte an jenem Abend sogar eine Verabredung!

Was können Sie aus Lillys Erfahrung lernen?

Lilly konnte bei der Bewusstheitsübung körperliche Beschwerden als Wegweiser zu ihren verschütteten emotionalen Ursprüngen einsetzen. Ihr körperlicher Schmerz führte sie zu ihren verborgenen Wunden. Meine Gegenwart half ihr, ein sicheres Umfeld zu schaffen, und sie wandte die SHIELD-Vorstellungsbilder an. So konnte Lilly in ihrem Innern still genug werden, um zuzuhören, über das Erfahrene nachzudenken und ihre Wunden zu heilen.

INHALE: EINATMEN UND *EXHALE:* AUSATMEN

Die Angstreaktion lässt sich nicht ausschalten, wenn man nicht atmet. Nehmen Sie sich daher einen Moment Zeit und achten Sie darauf: Atmen Sie richtig?

Richtig zu atmen bedeutet, tief und regelmäßig zu atmen. Dies gelingt ganz einfach, wenn Sie sich zuerst auf das Einatmen und dann auf das Ausatmen als unterschiedliche Vorgänge konzentrieren:

- Atmen Sie tief ein, bis keine Luft mehr in Ihren Brustkorb passt.
- Atmen Sie vollständig aus, bis alle Luft aus Ihren Lungen gewichen ist.
- Wiederholen Sie das zehnmal.

Wenn Sie auf diese Weise ein paar Mal ein- und ausatmen, werden Sie feststellen, dass Körper und Geist still werden und Sie ein Zustand der Ruhe und des Friedens überkommt.

Durch Atmen zur Ruhe kommen

Wenn Sie sich überfordert, ängstlich oder aus dem Gleichgewicht gebracht fühlen, können Sie Folgendes versuchen:

- Schließen Sie die Augen, wenn Sie möchten.
- Atmen Sie bewusst und ruhig ein und aus.
- Achten Sie darauf, wie Ihr Atem beim Einatmen in Sie hineinfließt und wie er beim Ausatmen wieder hinausfließt.
- Zählen Sie bei jedem Atemzug rückwärts von zehn bis eins. Oder wiederholen Sie einen Ausdruck wie »Ruhe und Frieden« oder »Ich bin ruhig und entspannt«. Oder rufen Sie sich ein Bild vor Augen, etwa das Lächeln oder die Umarmung eines geliebten Menschen.
- Stellen Sie sich Ihr SHIELD aus Licht vor, das auf Sie scheint, Sie tröstet und wärmt.
- Wenn Sie die Übung beendet haben, spüren Sie nach. Wie fühlen Sie sich?

Wiederholen Sie diese Übung ruhig mehrmals, bis Sie sich besser fühlen. Diese Übung lässt sich überall, zu jeder Zeit und unter allen Umständen ausführen. Sie wird Ihnen immer helfen.

LISTEN: ZUHÖREN

Nachdem in Ihrem Innern Stille herrscht, können Sie hinter Ihre Angstreaktion schauen und die verborgene Wunde finden, die sie ausgelöst hat. Um diese alte Verletzung zu finden, müssen Sie sich Fragen stellen, und zwar die folgenden »Vier großen Fragen«, und auf die Antworten *hören*. Dabei sollten Sie daran denken, dass es nicht einer Person oder einer Situation angelastet werden kann, dass Sie sich elend fühlen. Sie fühlen sich bereits schlecht, und diese Person oder Situation erinnert Sie lediglich daran.

Die »Vier großen Fragen« lauten:

- Warum reagiere ich so und nicht anders?
- Welche Wunde aus der Vergangenheit wird durch die aktuelle Situation wieder aufgerissen?
- Warum fühle ich mich in dieser Situation so unwohl?
- Auf welche Weise erinnert mich diese Situation an das Gefühl, nicht gut genug zu sein oder nicht genug zu haben?

Meist enthüllen die Antworten, dass man aus einem konkreten Grund das Gefühl hat, nicht zu genügen, nicht gut genug zu sein. Etwas in Ihrer Lebenssituation gibt Ihnen das Gefühl, nicht respektiert zu werden oder als selbstverständlich genommen oder als unwichtig angesehen zu werden.

Machen Sie sich keine Gedanken, wenn Sie die passenden

Antworten nicht gleich finden. In dem Maße, in dem Sie beim Lesen dieses Buches weitere Techniken lernen und diese häufiger üben, wird Ihnen das leichter fallen. Vielleicht gibt es eine ganz einfache Antwort auf Ihre Frage: Sie haben das Gefühl, nicht genug geliebt und unterstützt zu werden. Dagegen hilft die Visualisierung, die Sie gerade gelernt haben – umgeben Sie sich mit Ihrem Schutzschild aus göttlichem Licht –, während Sie die Bestärkungsformel wiederholen: »Ich vertraue darauf, dass ich geliebt und unterstützt werde.«

Längst vergessene Erinnerungen tauchen wieder auf

Vor vielen Jahren ging ich mit ein paar Kolleginnen und Kollegen aus. Ich hatte mich aufwendig zurechtgemacht, Make-up, Stöckelschuhe, alles was dazugehört. Ein Mann, den ich weder attraktiv noch interessant fand, redete mit allen am Tisch, nur nicht mit mir. Ich wusste, dass ich attraktiv und interessant war. Und mir war klar, dass ich diesen Mann nicht im Entferntesten ansprechend fand. Dennoch empfand ich es als verletzend, dass er mich ignorierte. Es war mir unbegreiflich.

Ich durchlief die Schritte des SHIELD, beruhigte mich und visualisierte meinen Schutzschild aus weißem Licht. Ich respektierte meinen Ärger und meine Unsicherheit, atmete ein und atmete aus. Dann fragte ich mich: »Warum geht es mir so schlecht? Wieso kommt in dieser Situation das Gefühl in mir auf, dass ich nicht gut genug bin oder nicht genug habe? Welche Wunde aus meiner Vergangenheit wird von der gegenwärtigen Situation wieder aufgerissen?«

Ich sah mich wieder als junges Mädchen, das sich zu dick und hässlich fühlte und von den Jungs in der Schule ignoriert wurde. Inzwischen hatte ich eine gute Figur und wirkte auf viele Männer sehr anziehend. Doch alle männliche Aufmerksamkeit, die ich erhielt, änderte nichts daran, dass tief in meinem Innern immer noch dieselbe Unsicherheit herrschte. Immer noch war ich dieses unattraktive, dicke Mädchen aus der Schulzeit. Tief in meinem Innern hatte ich immer noch das Gefühl, nicht gut genug zu sein.

Indem ich die Schritte des SHIELD absolvierte, entdeckte ich in meinem Unterbewusstsein eine negative Einschätzung meiner selbst, eine Meinung, von der ich dachte, sie hätte seit langem keine Bedeutung mehr für mein Leben. Um diese verdrängte Meinung zu heilen, visualisierte ich mich als Jugendliche, umgeben von einem Schutzschirm aus bedingungsloser Liebe und Licht. Ich umarmte sie tröstend und erzählte ihr, wie wunderschön und großartig sie war. Ich stellte mir vor, dass wir beide folgende Worte sprachen: »So wie ich bin, werde ich geliebt und bin liebenswert und vollkommen.« Je öfter ich mir diese Bilder vor Augen rief, umso seltener spürte ich diese Unsicherheit.

Das SHIELD ermöglicht es Ihnen, negative Überzeugungen, die sich in Ihrem tiefsten Innern verbergen, ans Licht zu bringen. Sobald Sie dies tun, können Sie diese negativen Meinungen bewusst und aktiv verändern durch den nächsten und abschließenden Schritt.

DECIDE: ENTSCHEIDEN

Sobald Sie sich einer verborgenen Verletzung bewusst geworden sind, haben Sie die Möglichkeit, sich zu entscheiden: Wollen Sie in Ihrer Angstreaktion bleiben und das damit verbundene Verhaltensmuster und Ihre negative Meinung immer wieder aufs Neue durchleben? Oder wollen Sie damit anfangen, all das zu tun, was notwendig ist, um sich selbst zu heilen und in die Liebesreaktion zu wechseln?

Wenn Sie sich für Letzteres entscheiden, dann entscheiden Sie sich dafür, Ihre Physiologie und Ihr Leben zu verändern. Sie entscheiden sich dafür, Ihre negativen Einstellungen durch positive zu ersetzen. Ich nenne das Ihr »Aktives Überzeugungssystem«.

Ihr Aktives Überzeugungssystem ist eine Ansammlung von positiven Gedanken und Annahmen über Sie selbst und Ihr Leben, die Sie ganz bewusst und gezielt aufbauen. Sie erschaffen Ihr Aktives Überzeugungssystem, indem Sie Ihr Unterbewusstsein neu programmieren. Sie pflanzen eine neue Überzeugung, und dieses zunächst kleine Pflänzchen wird mit der Zeit immer größer und mächtiger, bis es die alte Überzeugung entwurzelt und ersetzt, so dass es diese nicht mehr gibt. Sie müssen Ihre tief sitzenden negativen Überzeugungen ersetzen, um emotional und auch körperlich positiv zu werden und zu bleiben. Wenn Sie Ihre passiven negativen Überzeugungen und Einstellungen in ein positives Aktives Überzeugungssystem verwandeln, dann wird auch Ihre Physiologie dieser Entwicklung folgen.

Bestärkungsformeln

Die wichtigsten Elemente für den Aufbau Ihres Aktiven Überzeugungssystems sind Bestärkungsformeln. Das Sprechen von Bestärkungsformeln ist eine Technik, mit der Sie Ihr Gedächtnis umprogrammieren, also positive Einstellungen und Überzeugungen erschaffen und damit die negativen überschreiben. Denken Sie daran: Das Unterbewusstsein hat kein Eigenleben. Die in ihm versammelten Überzeugungen sind nur das Resultat Ihrer lebenslangen Erfahrungen. Wenn Sie dem Unterbewusstsein eine neue Überzeugung oft genug übermitteln, dann wird es diese am Ende als Tatsache sehen.

Dabei genügt es nicht, diese Bestärkungsformeln einfach

nur zu wiederholen. Sie wirken im Zusammenhang mit dem SHIELD: Wenn Sie Bestärkungsformeln mit positiver Physiologie kombinieren, dann geht es nicht mehr nur um Worte, sondern um eine positive *Erfahrung*, die Ihr Körper und Ihr Geist in ein neues System von positiven Verhaltensweisen einbauen kann.

An Erfahrungen erinnern wir uns viel besser als an Worte, und auf dieselbe Weise funktioniert das Unterbewusstsein. Die Erfahrung, geliebt zu werden, ist überzeugender, als wenn wir es einfach nur gesagt bekommen. Vor allem wenn diese Erfahrung häufiger vorkommt. Indem Sie die Bestärkungsformel zusammen mit Ihrem SHIELD einsetzen, wird die Erfahrung, geliebt zu werden, Teil Ihrer Neuprogrammierung.

Am Anfang brauchen Sie nicht einmal an die Worte zu glauben, die Sie zu sich sagen. Falls Sie den Bestärkungsformeln gegenüber sogar Widerstand entwickeln, dann wissen Sie, dass Sie ins Schwarze getroffen haben! Denn dies heißt, Sie sind auf eine alte Wunde in Ihrem Innern gestoßen, die verborgen bleiben möchte. Sie widersetzt sich der Veränderung. Dann ist es umso wichtiger für Sie, dieses Problem anzugehen.

Das Wiederholen der Bestärkungsformeln hat zum Ziel, Ihre gegenwärtige negative Überzeugung aufzuheben, damit Sie mit der Zeit anders reagieren, anders denken und sich anders verhalten können. Bestärkungsformeln funktionieren, weil sie auf Ihre unbewussten Überzeugungen einwirken, während Sie sich in einer positiven Physiologie befinden, die vom SHIELD hergestellt wird – oder von jeder Übung oder Tätigkeit, die bei Ihnen die Entspannungsreaktion auslöst.

Sie können die Entspannungsreaktion auch durch die Bestärkungsformeln selbst auslösen, indem Sie sie als gezielte Wiederholung oder »Mantra« einsetzen, während Sie bewusst atmen. Zum Beispiel sagen Sie jeweils beim Einatmen und beim Ausatmen: »Ich vertraue darauf, dass ich geliebt und unterstützt werde.« Wenn Sie irgendeine Form der Meditation ausüben, wie Tai-Chi, Yoga oder transzendentale Meditation, dann können Sie Ihre Bestärkungsformel in die letzten Minuten Ihrer Meditation einbauen.

Ich musste lernen, mich selbst zu lieben

Weiter vorne erzählte ich Ihnen, wie ich damit anfing, mich selbst zu heilen, indem ich sagte: »Ich liebe mich.« Damals wusste ich es nicht, aber das war der Beginn meines eigenen Aktiven Überzeugungssystems. Anfangs habe ich mit mir selbst darüber gestritten:

Bestärkungsformel: »Ich liebe mich.«
Unterbewusstsein: »Nein, das stimmt nicht.«
Bestärkungsformel: »Doch, es stimmt, ich liebe mich.«
Unterbewusstsein: »Nein, in Wirklichkeit tust du es nicht.«
Bestärkungsformel: »ABER ES STIMMT DOCH, ICH LIEBE MICH WIRKLICH. ICH LIEBE MICH!«

Und so ging es immer weiter, hin und her. Doch mit der Zeit wurde die Stimme des Unterbewusstseins immer leiser, unsicherer. Heute meldet sie sich nur noch selten, und dann als kaum vernehmliches Flüstern, aber nicht mehr als die allwissende Stimme der Vergangenheit.

Zudem fand ich heraus, dass ich mich ruhiger und weniger ängstlich fühlte, wenn ich die Bestärkungsformeln sprach. Ich spürte, wie sich meine Physiologie veränderte, zunehmend entspannter und positiver wurde. Mit der Zeit reagierte ich anders in der Begegnung mit anderen Menschen, was wiederum die Art und Weise, wie andere Menschen auf mich reagierten, veränderte.

Die Bestärkungsformel aktivieren

- Wählen Sie eine Bestärkungsformel aus. Für den Anfang eignet sich: »Ich bin gut genug, ich habe genug.« (Im Folgenden werde ich noch eine ganze Reihe von Bestärkungsformeln vorschlagen, die Sie in den unterschiedlichsten Situationen einsetzen können.)

- Das erste Mal sollten Sie die Bestärkungsformel sprechen, nachdem Sie sich etwas Gutes getan haben, nach einer liebevollen oder positiven Erfahrung. Also beispielsweise direkt nach einer Meditation, nach einem gemütlichen Essen mit einem guten Freund oder einem netten Einkaufsbummel, nachdem Sie mit dem Haustier gespielt haben, mit geliebten Menschen zusammen waren oder auch nach einem lustigen Kinofilm. Auf diese Weise verbinden Körper und Geist die Bestärkungsformel mit der positiven Erfahrung. Und wenn Sie dann die Bestärkungsformel wiederholen, dann werden die Worte die positiven Gefühle wieder heraufbeschwören.

- Wiederholen Sie Ihre Bestärkungsformel so oft wie möglich, beim Spazierengehen, beim Zähneputzen, beim Einschlafen oder wenn Sie Auto fahren.

Setzen Sie Bestärkungsformeln ein, wenn Sie sich
- deprimiert,
- ängstlich,
- überfordert,
- wütend,
- schuldig,
- beschämt,
- beunruhigt oder
- unzufrieden mit sich oder anderen fühlen.

Dies sind nur Vorschläge, Sie können die Bestärkungsformeln jederzeit einsetzen – auch wenn Sie sich wohl fühlen!

WIRKUNGSVOLLES UMPROGRAMMIEREN
DURCH DIE ENTSPANNUNGSREAKTION

Das SHIELD ist am wirkungsvollsten, wenn Sie es möglichst häufig einsetzen, also die Liebesreaktion möglichst regelmäßig auslösen. Dazu visualisieren Sie entweder Ihr SHIELD und atmen für längere Zeit konzentriert ein und aus, etwa zehn bis zwanzig Minuten. Oder Sie bringen Körper und Geist mit einer anderen Meditationsmethode zur Ruhe. Wenn Sie sich während der Entspannung Bilder von Liebe und Heilung vorstellen, verstärken Sie die Liebesreaktion.

In den letzten Minuten Ihrer Entspannung wiederholen Sie Ihre Bestärkungsformel. Anschließend wiederholen Sie die Bestärkungsformel während des ganzen Tages. Diese Bestärkungsformel wird so zum Stichwort, bei dem sich Ihr Körper entspannt, was wiederum Ihre Physiologie positiv beeinflusst.

Ich gehöre zu den Menschen, die immer sehr beschäftigt sind, und weiß, wie schwierig es ist, sich zwanzig Minuten pro Tag zum Meditieren freizuhalten. Falls Sie kein Problem damit haben – umso besser. Andernfalls sollten Sie zumindest das SHIELD praktizieren, auch wenn es immer nur für zwei oder drei Minuten sein sollte. Üben Sie, so oft es Ihnen möglich ist, und steigern Sie die Zeit allmählich.

Vielen meiner Patienten fällt die Meditation in einer Gruppe leichter. Sie können mit einem Therapeuten arbeiten, sich einer Meditationsgruppe anschließen oder mit einem Freund Yoga üben. Sie können auch eine Entspannungs-CD anhören oder mit offenen Augen durch die Natur spazieren. Das alles sind Erfahrungen, die dazu beitragen können, dass Sie eine Angstreaktion schneller erkennen und Ihr SHIELD wirkungsvoll einsetzen.

DER EINSATZ DES SHIELD

Ich persönlich habe das SHIELD in meinen Alltag integriert und weiß, dass diese Methode funktioniert. Vor nicht allzu langer Zeit hatte ich einen Disput mit meiner Schwester. Wir stehen uns sehr nahe, aber auch unsere Beziehung ist nicht verschont geblieben von Rivalitäten und Streitereien. Der Streit war eigentlich lächerlich, aber meine Schwester stürmte schließlich aus dem Zimmer und ließ mich aufgebracht zurück. Mir ging nur ein Gedanke im Kopf herum: »Was ist bloß los mit ihr?« Ich hätte in diesem Zustand verharren können, stattdessen entschied ich mich aber dafür, das SHIELD zu praktizieren. Ich begann mich mit bedingungsloser Liebe und Licht zu umgeben. Ich atmete bewusst ein und aus und respektierte meine Gefühle. Und als ich dann ruhiger wurde, wurde mir klar, dass dieser Streit Schuldgefühle aus meiner Kindheit aufgewühlt hatte – Schuldgefühle, weil ich Aufmerksamkeit von meiner älteren Schwester abgezogen hatte. Mir war klar, dass ich mir Mitgefühl geben musste. Ich begann damit, meine Bestärkungsformel zu sprechen: »So wie ich bin, bin ich liebenswert und vollkommen.« Und bereits wenige Minuten später war mein Ärger verflogen. Meine negativen Gedanken verwandelten sich in mitfühlende. Nachdem ich mich mit Mitgefühl erfüllt hatte, öffnete ich die Augen und bezog meine Schwester in dieses Mitgefühl mit ein. Und in diesem Moment kam meine Schwester zur Tür herein und entschuldigte sich dafür, dass sie so wütend geworden war. Auch ich entschuldigte mich, und wir konnten unseren Streit beilegen, ohne weitere harte Worte und feindselige Gefühle.

DAS SHIELD – EIN ÜBERBLICK

SLOW DOWN: Still werden. Versuchen Sie ruhig zu werden und visualisieren Sie Ihren Schutzschild aus liebevollem, heilendem weißem Licht.

HONOR: Respektieren Sie Ihre Gefühle, Erfahrungen, Empfindungen, Einstellungen und Verhaltensweisen, ohne sie zu bewerten. Sie sollen Ihre Gefühle lediglich beobachten, als wären Sie ein stummer Zeuge. Denken Sie daran, dass in ihnen Hinweise auf verborgene Wunden enthalten sind.

INHALE/EXHALE: Atmen Sie ein und vergessen Sie nicht auszuatmen. Damit deaktivieren Sie die Angstreaktion und bewirken eine Veränderung in Ihrer Physiologie, so dass Sie ruhig genug werden, um zu verstehen, welcher Quelle Ihre Angstreaktion entspringt.

LISTEN: Hören Sie Ihren Gedanken, Gefühlen und Empfindungen zu, während Sie die »Vier großen Fragen« stellen:

- Warum reagiere ich so und nicht anders?
- Welche Wunde aus der Vergangenheit wird durch die aktuelle Situation wieder aufgerissen?
- Warum fühle ich mich in dieser Situation so unwohl?
- Auf welche Weise erinnert mich diese Situation an das Gefühl, nicht gut genug zu sein oder nicht genug zu haben?

Achten Sie auf die Antworten und darauf, was Ihr Unterbewusstsein Ihnen zu sagen versucht.

DECIDE: Entscheiden Sie sich dafür, sich zu heilen und Ihre Physiologie zu verändern. Benutzen Sie Bestärkungsformeln, um Ihre negativen Überzeugungen zu überwinden und Ihr aktives Überzeugungssystem an deren Stelle zu setzen.

ÜBUNG, NICHTS ALS ÜBUNG

Ich empfehle Ihnen dringend, das SHIELD so oft wie nur möglich durchzuführen. Je öfter Sie das tun, umso nachhaltiger ist die Umprogrammierung. Praktizieren Sie das SHIELD zu Hause, im Büro oder im Auto, wenn Sie irgendwo warten müssen, während Sie irgendeiner Alltagstätigkeit nachgehen. Führen Sie es immer dann durch, wenn Sie sich unsicher, unwohl oder herausgefordert fühlen. Nach wenigen Tagen werden Sie feststellen, dass Sie sich in stressbelasteten Situationen anders verhalten und sich generell viel besser fühlen. Je häufiger meine Patienten ihr SHIELD einsetzen, umso schneller sehen sie Ergebnisse.

Wenn Sie das SHIELD über längere Zeit praktizieren, werden Sie feststellen, dass sich Ihr gesamtes Lebensumfeld zum Besseren wendet. In den unterschiedlichsten Bereichen können ganz wunderbare Dinge geschehen, deshalb sollten Sie vorsichtig sein, worum Sie bitten!

Der Methode liegt die Prämisse zugrunde: Wenn Sie überzeugt sind, dass Sie geliebt werden, dann werden Sie Liebe anziehen. Wenn Sie überzeugt sind, nicht geliebt zu werden, dann werden Sie Liebe auch nicht anziehen, und selbst wenn die Liebe zu Ihnen kommen sollte, erkennen Sie sie nicht, selbst wenn sie direkt vor Ihnen steht.

Das betrifft Sie nicht, denken Sie? Denn Sie sind davon überzeugt, geliebt zu werden, auch wenn Sie zurzeit in keiner guten oder in gar keiner Beziehung leben. Oder Sie glauben, dass Sie geliebt werden, aber Sie hassen Ihre Arbeit, leiden an Schlafstörungen oder sind mit Ihrem Leben oder Ihrem Körper unzufrieden. In all diesen Fällen sollten Sie die Überzeugungen, die in Ihrem Unterbewusstsein vergraben sind, genauer untersuchen. Dann werden Sie zweifellos herausfinden, dass Sie in Wirklichkeit überzeugt sind, nicht gut genug zu sein oder nicht genug zu haben.

Um ein verlässliches Fundament von positiven Überzeugungen und Annahmen zu schaffen, um auf lange Sicht gesünder und glücklicher zu werden, brauchen Sie eine neue Struktur für Ihr Leben. Ich nenne diese neue Lebensstruktur die Liebespyramide. Im Folgenden werden Sie erfahren, wie das funktioniert.

DIE BASIS DER LIEBESPYRAMIDE

Soziale Liebe

Stellen Sie sich vor, Sie leben in einem Haus, das genau nach Ihren Vorstellungen von Glück, Komfort und Wohlbefinden gebaut wurde. Die Wände sind dick genug, um Sie zu schützen, aber mit Fotos Ihrer Lieben geschmückt sowie mit Kunst, die Ihr Auge erfreut. Die Böden sind mit dicken Teppichen belegt, die Ihren Schritt abfedern. In der Dachschräge ist ein großes Fenster eingebaut, das tagsüber das Haus mit Sonne erfüllt und nachts einen Blick auf die Sterne und das Universum gestattet.

Seien Sie herzlich willkommen in der Liebespyramide, einer Lebensstruktur, die Sie dabei unterstützt, mit den Belastungen des Lebens fertig zu werden, die Ihre Bedürfnisse erfüllt und Ihnen hilft, sich weiterzuentwickeln. Wie bereits erwähnt, setzt sich die Liebespyramide aus drei Elementen zusammen:

1. **Soziale Liebe:** Das ist jene Liebe, die Sie den Mitmenschen geben oder die Sie von anderen bekommen.
2. **Selbstliebe:** Dazu gehören die Fürsorge, der Respekt und die Liebe, die man sich selbst zukommen lässt.
3. **Spirituelle Liebe:** Das ist Ihre Verbindung zum Leben als solchem, zum Universum und zu allem, was ist, ob sichtbar oder unsichtbar.

Jeder Aspekt Ihrer Liebespyramide ist wichtig. Jeder Aspekt der Liebe nährt und stärkt die anderen. Je besser Sie einen Aspekt Ihrer Liebespyramide ausbauen, umso belastbarer und stärker wird Ihre Lebensstruktur werden.

SOZIALE LIEBE: DIE BASIS DER PYRAMIDE

Die Basis Ihrer Liebespyramide ist soziale Liebe. Denn die Beziehung zu anderen Menschen ist maßgeblich für das, was es bedeutet, ein Mensch zu sein. Überlegen Sie einmal: Wie würde es Ihnen gefallen, ganz allein auf der Welt zu sein? Ohne Freunde. Ohne Familie. Es gäbe niemanden, mit dem Sie ausgehen können. Niemanden, den Sie anrufen können, wenn Sie deprimiert sind oder etwas Spannendes zu erzählen haben. Sie wären ganz allein, ohne jeden Menschen.

Trostlos.

Die Liebe zwischen Ihnen und anderen Menschen hält Sie am Leben und gibt Ihrem Leben Sinn. Die Liebe zwischen Ihnen und anderen gibt Ihnen das Gefühl, lebendig zu sein. Ohne die intime Begegnung zweier Menschen gäbe es Sie gar nicht.

Dass die soziale Liebe die Basis der Liebespyramide ist, hat einen wichtigen Grund: Anderen Liebe zu geben und Liebe zu empfangen, dient als Vorbild dafür, sich selbst Liebe zu geben, von sich selbst Liebe zu empfangen und spirituelle Liebe zu empfinden. Wenn wir geboren werden, wissen wir nicht, was das Ich ist. Das erfahren wir ausschließlich durch andere Menschen, aus der Art und Weise, wie sie mit uns umgehen.

Wir lernen, dass wir etwas wert sind, wenn sie uns mit Güte und Respekt behandeln. Wir lernen, dass wir etwas gut können, wenn uns jemand auf die Schulter klopft, nachdem wir etwas gut gemacht haben. Wir lernen etwas über Selbstvergebung und Selbstbejahung, indem wir anderen vergeben und sie bejahen. Wir lernen, dass wir Teil eines größeren Ganzen sind, wenn wir Zeit mit Freunden und geliebten Menschen verbringen, die uns daran erinnern, dass wir nicht allein sind. Wir gewinnen an Kraft und fühlen uns intensiver verbunden, wenn wir uns um andere kümmern und ihnen helfen.

Vor allem aber gewährt uns soziale Liebe Zuwendung – gehalten und umarmt zu werden, sanfte, liebevolle Berührungen –, was eine große Rolle spielt, will man die Angstreaktion unter Kontrolle halten. Wenn Sie Ihre Angstreaktion in Schach halten können, dann ist Ihre Liebesreaktion in der Lage, Schmerz und Grenzen zu überwinden, und stützt und stärkt Sie auf allen Ebenen.

GLORIA: *Angst vor Zuneigung*

Gloria, eine attraktive Frau Mitte dreißig, kam in meine Sprechstunde und klagte über Rückenschmerzen, Kraftlosigkeit und fühlte sich von emotionalen Problemen ausgelaugt. Sie lebte allein und befürchtete, zu einer engen Beziehung nicht fähig zu sein; dafür gab sie ihrem Übergewicht die Schuld. Ihr Körper verunsicherte sie, sie glaubte, niemand wolle mit ihr zusammen sein, von körperlichem Kontakt ganz zu schweigen. Sie fühlte sich oft unsicher und unwohl, sowohl in ihrem Körper als auch in ihrem Umfeld.

In solchen Phasen hatte sie das Gefühl, zu ernst und zu verschlossen zu sein; sie konnte dann nicht auf andere zugehen und ließ auch keinen an sich heran. Sie erzählte, dass sie nur selten zuließ, dass jemand sie berührte, auch nicht die Familie, und sie sorgte sich, dass sie niemals einen zuverlässigen Partner finden, heiraten und eine eigene Familie haben würde.

Ich befragte Gloria zu ihrer Kindheit. Sie erzählte mir, sie sei in einer männlich dominierten Familie aufgewachsen. Ihr Vater war eine wunderbare, starke Persönlichkeit und hatte immer das letzte, entscheidende Wort. Er hatte immer recht, und alle anderen, einschließlich ihrer Mutter, lagen immer falsch. Sie gab zu, dass sie vor ihm Angst hatte und deshalb immer zurückwich, wenn er sie umarmen wollte. Dazu kam, dass ihre Mutter ihre Gefühle nicht offen zeigte. Sie umarmte Gloria nicht, sagte ihr nicht, dass sie sie liebe, stattdessen hatte sie immer etwas an ihr auszusetzen.

Einerseits, so Gloria, war es wunderbar zu wissen, dass ihr Vater sie unterstützte. Andererseits hatte sie ständig Angst, dass sie etwas falsch machen könnte. Daher lernte sie, sich von seiner Anerkennung und seiner Bestätigung abhängig zu machen, statt an sich selbst zu glauben. Und obwohl sie sich nach seiner Anerkennung sehnte, hörte sie nie richtig zu, wenn ihr Vater ihr etwas sagte. Sie stritten ständig, wie zwei Stiere, die mit gesenkten Köpfen aufeinander losgingen, weil jeder beweisen wollte, dass er stärker und besser und im Recht sei.

Für Gloria schien es klar, dass sie ihre Ansichten heftig äußern musste, wenn sie gewinnen, recht haben, besser sein wollte – so wie sie es von ihrem Vater kannte. Um Erfolg zu haben, schien ihr, musste sie männliche Eigenschaften zeigen, denn ihre Mutter »gewann« niemals. Gloria entwickelte eine verzerrte Vorstellung davon, was es hieß, eine starke Frau zu sein, und was es bedeutete, eine gleichberechtigte Beziehung zu einem Mann zu haben. Da sie nie erlebt hatte, dass ihre Mutter liebevoll ihre Gefühle zeigte, kam sie zu dem Schluss, dass Umarmungen und jede andere Form von liebevoller Berührung unnötig waren. Ebenso entwickelte sie die Überzeugung, dass sie, um in einer männlich dominierten Welt erfolgreich zu sein, ihr Herz panzern musste und keinen hereinlassen durfte. Das wiederum führte dazu, dass sie sich isoliert und einsam fühlte. Um diese negativen Gefühle zu kompensieren, aß sie – und zwar eine ganze Menge.

Beim Erzählen ihrer Geschichte wurde Gloria selbst klar,

dass in ihrer Kindheit die Zuneigung gefehlt hatte. Obwohl ihre Eltern sie liebten und sich um sie kümmerten, hatten sie es versäumt, ihr diese Liebe durch Zuwendung und liebevolle Gesten zu zeigen. Sie hatten ihr auch nicht das Gefühl gegeben, eine liebenswerte Person zu sein, die so, wie sie war, vollkommen war. Ich erklärte Gloria, dass sie diese Erfahrung nachholen müsse. Ich riet ihr, zunächst damit zu beginnen, in einer sicheren Art und Weise Berührung zu empfangen, zum Beispiel durch Massage, Reiki oder andere Formen energetischen Heilens. Ich instruierte sie, sich jeden Tag vor dem Spiegel selbst zu umarmen und sich dabei zu bestätigen, dass sie geliebt werde, liebenswert sei und vollkommen, so wie sie war. Dasselbe sollte sie auch jedes Mal tun, wenn sie das unwiderstehliche Verlangen überkam, etwas zu essen.

Zwei Wochen später kam Gloria wieder. Sie erzählte mir von einem heftigen Streit, den sie mit ihrem Vater gehabt hatte, weil der sie drängte, endlich zu heiraten und Kinder zu bekommen. »Ich fühlte mich wie ein verängstigtes kleines Mädchen, das nur in den Arm genommen werden wollte, aber dennoch schrie ich meinen Vater an«, sagte sie. Sie war drauf und dran, aus dem Haus zu rennen, nur um ihren seelischen Schmerzen zu entgehen. In dem Moment kam ihre Schwester von einer Besorgung zurück und fragte, was denn los sei. Gloria erklärte, was geschehen war, und ihre Schwester nahm sie in den Arm. Und Gloria ließ das geschehen, was für sie eine ganz neue Erfahrung war. Nun kam ihr Vater ins Zimmer. Es tat ihm leid, Gloria so aufgewühlt zu sehen. Auch er kam zu ihr, umarmte sie und sagte: »Ich hatte keine Ahnung, dass dich das so aufregt. Ich wollte dir nie weh tun. Ich liebe dich, das weißt du doch? Ich bin so stolz auf dich. Bitte, vergiss das nie.« Gloria ließ zu, dass er sie im Arm hielt, und ließ sich trösten. Sie versuchte, nicht auf die Stimme in ihrem Innern zu hören, die fortwährend sagte: »Du bist eine schreckliche Person.« Stattdessen hörte sie den Worten ihres Vaters zu. Sie gestattete sich, sich in seiner Umarmung zu entspannen und sich sicher und geliebt zu fühlen.

Nachdem sie entdeckt hatte, wie gut sich eine liebevolle Umarmung anfühlt, konnte Gloria nicht genug davon bekommen. Sie begann ihre Freunde und ihre Familie regelmäßig zu umarmen. Es waren aber nicht nur die Umarmungen, die Gloria halfen, sich besser zu fühlen. Es war der gesamte Prozess: zu erkennen, dass sie sich im Unterbewusstsein wertlos gefühlt hatte, zu lernen, dass man verwundbar werden muss, um sich jemandem zu öffnen und darüber zu sprechen und Liebe und Unterstützung zu bekommen. Gloria begann zu begreifen, dass sie es wert war, Liebe zu bekommen, und dass sie sich, wenn sie diese Liebe zuließ, auch besser um sich selbst kümmerte – sich gesünder ernährte, mehr Sport trieb, auf genügend Schlaf achtete und mehr Zeit mit Menschen verbrachte, denen sie wichtig war. Mit der Zeit begann sie abzunehmen, sie fühlte sich weniger ängstlich, und ihre Rückenschmerzen verschwanden.

SOZIALE LIEBE UNTERSTÜTZT SELBSTLIEBE

Wenn wir wiederholt die Erfahrung machen, dass andere uns Liebe und Zuneigung schenken, lernen wir, dass wir liebenswert sind. Und wenn wir uns respektiert fühlen, wird die Angstreaktion nicht aktiv. Statt uns selbstzerstörerisch zu verhalten, achten wir darauf, dass es uns gutgeht.

Was geschieht aber, wenn Ihr Leben keineswegs reich an Liebe, Zuneigung und Wertschätzung war? Oder wenn Sie zurzeit emotional so belastet sind, dass Sie vergessen haben, wie sich Zuneigung anfühlt? Wenn Sie sich gerade in einem heftigen Scheidungskrieg befinden oder sich nach dem Verlust eines geliebten Menschen völlig allein fühlen, können Sie sich vielleicht gar nicht mehr vorstellen, wie es ist, geliebt und unterstützt zu werden.

Das Fantastische an der Liebesreaktion ist, dass sie die Erfahrung von Liebe und Zuwendung in Ihrem Unterbewusstsein verankert. Selbst wenn Sie für das, was Sie sind, nie Wertschätzung empfangen haben, wird die Liebesreaktion dies in Ihnen erschaffen. Wenn Sie dieses Programm absolviert haben, dann wird Ihnen die Erfahrung, zu lieben und geliebt zu werden, nicht mehr fremd sein.

EINE SCHULTER ZUM ANLEHNEN

Die wohltuenden Belohnungen der sozialen Liebe sind in Ihrem Gedächtnis gespeichert. Nach wiederholten positiven Erfahrungen von sozialer Liebe entwickeln Sie die Selbstsicherheit, dass es jemanden geben wird, an den Sie sich anlehnen können und der Sie unterstützt, wenn Sie das brauchen. Je häufiger das vorkommt, umso wahrscheinlicher werden das Reptilienhirn und andere Hirnregionen, die an der Angstreaktion beteiligt sind, passiv bleiben, bis sie wirklich benötigt werden. Je seltener die Angstreaktion aktiv ist, umso gesünder und glücklicher sind Sie und umso wahrscheinlicher ist es, dass Sie anderen in Liebe verbunden sind. Und dann sind Sie auch in der Lage, tragfähige Beziehungen einzugehen.

Wissenschaftliche Studien haben ergeben, dass Menschen, die in stabilen Beziehungen leben, besser mit Problemen umgehen können, körperlich und psychisch gesünder sind und eine höhere Lebenserwartung haben. [1] In einer Studie mit älteren Menschen, die an Diabetes erkrankt waren, fand man einen deutlichen Zusammenhang zwischen Eingebundenheit in ein soziales Netzwerk und der Sterblichkeitsrate. Senioren mit einem mittelmäßigen sozialen Umfeld hatten eine um 41 Prozent geringere Sterblichkeitsrate, bei Senioren mit hoher Unterstützung durch das soziale Umfeld war das Sterblichkeitsrisiko sogar um 55 Prozent geringer. [2] Andererseits besteht ein Zusammenhang zwischen dem Fehlen zwischenmenschlicher Beziehungen und Kontakte und körperlichen sowie psychischen Krankheiten. Studien zeigen, dass einsame Menschen mit den gleichen Stresssituationen schlechter umgehen können als gesellige Menschen. In anderen Studien wurde herausgefunden, dass kontaktfreudige, gesellschaftlich aktive Menschen eher um Unterstützung bitten, Stress als weniger bedrohlich empfinden und in dem Geschehen eher einen Sinn sehen. Darüber hinaus sind diese Menschen auch tendenziell gesünder als einsame Menschen. [3] Wieder eine andere Studie untersuchte soziale Isolation bei älteren Menschen und den Einfluss von integrierenden Maßnahmen auf ihre Gesundheit. Die Ergebnisse zeigten, dass soziale Unterstützung bei älteren Menschen nicht nur deren Depressionen deutlich verbessern konnte, sondern auch ihre Gesundheit generell. Zudem fanden Forscher heraus, dass die Wundheilung bei Patienten, die mit einem geliebten Menschen zerstritten waren, und bei verheirateten Paaren, die sich nicht gut verstanden, länger dauerte. [4] Auch ich stelle immer wieder fest, dass meine Patienten gesünder werden, sobald sie ihr soziales Umfeld verbessern.

SARAH: *Freunde finden*

Sarah war achtunddreißig, als sie das erste Mal in meine Sprechstunde kam. Sie klagte über Schlaflosigkeit, chronische Rückenschmerzen und Angstzustände und versuchte die Beschwerden oft mit Alkohol zu lindern. Unter den Symptomen litt sie schon seit Jahren, aber in letzter Zeit hatten sie sich verschlimmert, nachdem ihr langjähriger Freund beschlossen hatte, in einen anderen Bundesstaat zu ziehen, um seine Karriere voranzutreiben.

Sarah erzählte, dass sie früher viele Freunde gehabt hatte, aber im Laufe der Jahre hatte sie die Verbindung zu ihnen abreißen lassen. Sie konzentrierte sich auf ihren Freund und verbrachte selten Zeit mit anderen Menschen, obwohl ihr Freund selbst sich häufig mit seinen Freunden oder Kollegen traf. Sie klagte, dass sie Angst habe, allein zu leben, und auf sich selbst wütend sei, weil sie alles aufgegeben habe, um mit diesem Mann zusammen zu sein, der sie jetzt im Grunde wegen seiner Karriere im Stich ließ.

Ich ermutigte Sarah, die Verbindung zu alten Freunden wieder aufzunehmen und sich der örtlichen Synagoge anzuschließen, die von jüngeren Leuten besucht wurde. Sie stellte fest, dass ihre Freunde sie vermisst hatten und dass viele Leute ihres Alters in der Synagoge ihre Interessen teilten. Sie fühlte sich wieder »lebendig«, war wieder ihr »altes Selbst«. Schon bald bewegte Sarah sich in einem funktionierenden sozialen Umfeld, und als ihr Freund schließlich wegzog, nahm sie das weniger mit, als sie befürchtet hatte. Sie begriff jetzt, dass sie ihr Glück von ihrem Freund abhängig gemacht hatte. Ihr war nicht klar gewesen, dass Glücklichsein davon abhing, wie sehr man sich mit sich selbst wohl fühlte und ob man von Menschen (und nicht nur einer Person) umgeben war, die einen liebten und sich um einen sorgten. Als Sarah sich mit sich selbst und ihrem Leben zunehmend wohler fühlte, stellte sie fest, dass sie besser schlafen konnte, ihre Rückenschmerzen verschwanden und sie keine Angstzustände mehr hatte. Und Alkohol brauchte sie auch nicht mehr.

FREUNDE FÜR DIE GESUNDHEIT

Warum wirkt es sich positiv auf die Gesundheit aus, wenn man Freunde hat? Soziale Kontakte geben uns das Gefühl, sicher und geborgen zu sein, sie vermindern unsere Angstreaktion und deren Symptome.

Stellen Sie sich Folgendes vor: Sie arbeiten erst seit kurzem in einer neuen Firma, und zum ersten Mal wollen Sie dort an einer geselligen Veranstaltung teilnehmen. Sie sind so neu, dass Sie noch nicht einmal die Namen aller Kollegen kennen, und Sie müssen allein zur Party gehen, da die einzige Kollegin, die Sie vom Arbeitsplatz kennen, nicht kommen kann.

Welche Empfindungen beobachten Sie in Ihrem Körper?

Welche Gedanken gehen Ihnen durch den Kopf?

Stellen Sie sich nun vor, Ihre Kollegin beschließt, doch zu der Veranstaltung zu gehen, und zwar in Ihrer Begleitung. Sie bietet Ihnen sogar an, mit Ihnen auf der Party herumzugehen und Sie persönlich den anderen Kollegen vorzustellen.

Welche Gefühle und Gedanken beobachten Sie jetzt bei sich?

Eine gute soziale Einbettung bietet uns Belohnung und Unterstützung, angenehme Erfahrungen und eine Grundlage, auf der wir uns geborgen genug fühlen, um Herausforderungen zu begegnen. Wenn Sie wissen, dass jemand in Ihrer Nähe ist, der in schwierigen Situationen ein Auge auf Sie hat, sind Sie eher in der Lage, sich zu entspannen und Ihre Wachsamkeit aufzugeben. Soziale Unterstützung und zwischenmenschliche Interaktionen dienen zudem als Anregung für die Persönlichkeitsentwicklung, für das Selbstverständnis und die Identitätsfindung. Sie stärken die Fähigkeit, auch in schwierigen Phasen in seinem Leben einen Sinn zu sehen. Im Gehirn entstehen dadurch neue Nervenverbindungen, es gibt mehr Erinnerungen an positive Erfahrungen und angenehme Erlebnisse, eine geringere Aktivität der Angstreaktion und mehr positive Emotionen, Gedanken, Überzeugungen und Einstellungen. All dies führt zu einer positiven Physiologie, deren unmittelbare Folge eine bessere Gesundheit und größeres Wohlbefinden sind.

Wenn Sie sich einsam oder angespannt fühlen, ist die Übung »Spüren Sie die Liebesreaktion« sehr effektiv (siehe Seite 64).

Je häufiger Sie diese Übung machen, umso besser können Sie das Gefühl von Liebe, das dieser Mensch Ihnen gibt, in sich aufnehmen, und umso weniger einsam werden Sie sich fühlen.

HAUSTIERE UND GESUNDHEIT

Emotionale Unterstützung bekommen Sie zum größten Teil von anderen Menschen, doch auch die Unterstützung, die Menschen von ihren Haustieren bekommen, hat sich als erstaunlich wirkungsvoll erwiesen und spiegelt Elemente zwischenmenschlicher Beziehungen, die zur Gesundheit und zum Wohlbefinden beitragen.

Studien haben ergeben, dass Haustiere die Angstreaktion vermindern. Dr. Johannes Odendaal fand zum Beispiel heraus, dass positive Kontakte zwischen einem Menschen und seinem Haustier zur Ausschüttung von chemischen Botenstoffen im Gehirn führen, und zwar sowohl bei den Menschen als auch bei den Haustieren. Darüber hinaus sanken die Kortisolspiegel bei Menschen, die Umgang mit Haustieren hatten, was darauf hinweist, dass Haustiere zur Stressminderung beitragen können. [5] Dr. Karen Allen untersuchte den Blutdruck und die Herzfrequenz von 240 Ehepaaren, von denen die Hälfte ein Haustier besaß.

Die Ergebnisse zeigten, dass Menschen mit Haustieren im Ruhezustand bessere Werte hatten als jene ohne Haustiere, unter Belastung stiegen die Werte weniger stark an, und sie erholten sich nach der Belastung schneller. [6]

Da Haustiere uns das geben, wozu viele Menschen nicht in der Lage sind – bedingungslose Liebe und Freundschaft –, überrascht es nicht, dass sie helfen können, die Angstreaktion bei Menschen zu regulieren, und auch zu einer besseren Stimmung beitragen. Ich habe die Erfahrung gemacht, dass sowohl mein Hund als auch meine Katze genau wissen, wann ich dringend Zuwendung brauche. Bevor andere auch nur merken, dass ich aufgewühlt bin, sind die beiden schon da, legen den Kopf in meinen Schoß und erinnern mich daran, dass ich geliebt und geschätzt werde.

Menschen, die Haustiere besitzen, sind nicht nur weniger einsam und deprimiert, sondern leben auch länger. Das trifft besonders auf ältere Menschen zu. Entsprechende Studien zeigen, dass Besitzer von Haustieren einen niedrigeren Blutdruck, höhere Endorphinspiegel und einen geringeren Bedarf an Schmerzmitteln haben. [7] Es gibt Projekte, bei denen Haustiere die Menschen in Pflegeheimen besuchen: Dies verbessert die Gemüts- und Geistesverfassung der Bewohner und sie haben mehr Energie. [8] Ältere Menschen, die ein Haustier haben, gehen viel seltener zum Arzt als Menschen ohne Haustier, ergab eine Studie der Universität von Kalifornien in Los Angeles an fast tausend Patienten. [9]

Haustiere geben uns nicht nur bedingungslose Liebe, sie geben uns auch Hoffnung und lassen uns an die Zukunft denken. Sie helfen uns, dass wir uns lebendig fühlen und uns auf das freuen, was noch auf uns wartet.

Lucy war achtundsiebzig, als sie und ihre Tochter Caroline in meine Sprechstunde kamen. Lucy war krank, und Caroline hatte Angst, ihre Mutter könnte sterben. Sie hatte das Gefühl, dass Lucys Ärzte nicht intensiv genug nach der Ursache ihrer Beschwerden suchten. Lucy hatte stark abgenommen, keinen Appetit, litt unter Kurzatmigkeit und sprach kaum. Alle diese Veränderungen machten Caroline Angst, sie wollte, dass ihre Mutter wieder so war wie früher.

Lucy machte in der Tat einen gebrechlichen und kraftlosen Eindruck. Sie musste beim Betreten meines Sprechzimmers gestützt werden und war von dem kurzen Weg ganz außer Atem.

Ich sah mir die medizinischen Unterlagen an, und es war offensichtlich, dass die Ärzte tatsächlich sehr gründlich vorgegangen waren und Lucy genauestens untersucht hatten. Den Berichten zufolge gab es keine medizinische Erklärung für ihren Zustand, abgesehen von einer möglichen Depression, weshalb sie Lucy auch seit kurzem mit einem Antidepressivum behandelten.

Ich fragte, ob Lucy im vergangenen Jahr einen geliebten Menschen verloren habe. Caroline erzählte mir, ihr Vater sei vor etlichen Jahren gestorben. Lucy lebe schon seit vielen Jahren allein, und es sei ihr immer gutgegangen. Ihr fiel niemand ein, der ihrer Mutter sehr nahe gestanden hatte und im letzten Jahr schwer krank geworden oder gestorben war. Ich formulierte meine Frage anders und fragte, ob Lucy irgendeine Art von schmerzlichem Verlust erlebt habe – etwa eine Freundin, die weggezogen sei, oder vielleicht sei Lucy selbst ja umgezogen. Oder war es vielleicht ein Hochzeitstag oder Todestag gewesen, als sich Lucys Symptome erstmals gezeigt hatten?

Diesmal antwortete Lucy und erzählte mir, dass sie vor etwa einem Jahr in ein Seniorenheim gezogen sei. Es war ihr zu beschwerlich geworden, sich um ihr Haus zu kümmern, aber sie wollte immer noch unabhängig sein. Caroline bestätigte nun, dass Lucys Symptome etwa um die Zeit ihres Hochzeitstages begonnen hatten. Genau genommen hatten sie begonnen, als Lucy den ersten Hochzeitstag außerhalb ihrer ehelichen Wohnung erlebte.

Bei den Worten der Tochter begann Lucy zu weinen.

Nachdem ich Lucy getröstet hatte, sprach ich allein mit Caroline und fragte sie, ob Lucy jemals einen Hund oder eine Katze gehabt habe. Als Caroline erzählte, dass sie ein Haustier gehabt hatten, als sie selbst noch klein war, ermutigte ich sie, für ihre Mutter einen Hund zu besorgen. Ich riet ihr, sie schrittweise an das Tier zu gewöhnen, den Hund anfangs nur bei Besuchen mitzunehmen, um erst einmal zu sehen, wie Lucy reagierte. Wenn alles gutging und das Seniorenheim das erlaubte, könnte Lucy den Hund als Haustier behalten.

Lucy verliebte sich sofort in Liza, eine Promenadenmischung, und freute sich sehr auf die Besuche. Sie begann wieder mehr zu essen, erreichte bald ihr altes Gewicht und, was noch wichtiger war, sie konnte wieder lächeln und hatte ihre Freude am Leben zurückgewonnen. Der Hund gab Lucys Leben wieder einen Sinn, sie konnte nun wieder bedingungslose Liebe bekommen und empfangen.

GEBEN UND NEHMEN

Zur sozialen Liebe gehört, dass man um Hilfe bittet und Hilfe annimmt, eine Gemeinschaft bildet und auf die Gemeinschaft vertraut, andere unterstützt und unterstützt wird, Liebe gibt und annimmt. Vielen fällt es leicht, andere zu unterstützen, sie haben jedoch Probleme, selbst Unterstützung von anderen anzunehmen. Irgendwie sind sie der Meinung, um Hilfe zu bitten sei »peinlich«, das zeige nur, dass man versagt habe und verletzlich sei. Die Wahrheit ist, wir Menschen können nicht leben, ohne Hilfe annehmen zu können. Sonst wäre es, als ob man der ganzen Gemeinschaft Wasser aus seinem Brunnen gibt, aber selbst nie einen Schluck trinkt.

Denken Sie einmal ganz in Ruhe über folgende Fragen nach:

- Wie häufig kommt es vor, dass ich jemanden um Hilfe bitte?
- Wäre ich bereit, Hilfe anzunehmen, selbst wenn man sie mir ungefragt anbieten würde?
- Bin ich so vertieft darin, ängstlich, wütend oder allein zu sein, dass ich nicht genug Ruhe finde, mir über meine Bedürfnisse klarzuwerden oder zu erkennen, dass ich auf Unterstützung bauen kann?
- Und umgekehrt: Bin ich so auf mich und meine eigenen Probleme fixiert, dass ich die Bedürfnisse anderer gar nicht mehr wahrnehme?
- Wie häufig befinde ich mich in Beziehungen und Situationen, die aus dem Gleichgewicht geraten sind?

Sie wünschen sich, dass Ihr Brunnen der Liebe übervoll ist, damit genug Liebe für Sie und alle anderen da ist? Vergessen Sie nicht, dass das Leben dynamisch ist – auf jedes Auf folgt ein Ab, auf jeden Tag eine Nacht, für alles, was Sie geben, wollen Sie etwas empfangen und umgekehrt. Auf diese Weise erschaffen Sie einen lebendigen Kreislauf.

Sie erschaffen damit einen »Kreislauf der Liebe«, wie ich es nenne.

DER KREISLAUF DER LIEBE

So wie Ihre Atmung aus Einatmen und Ausatmen besteht, so beinhaltet die soziale Liebe sowohl das Empfangen als auch das Geben von Liebe. Man bekommt Liebe und man gibt Liebe, der Kreislauf der Liebe ist so unendlich wie der Atemzyklus.

Auch wenn Sie noch so viel ausatmen, Ihr Körper weiß, dass er durch das Einatmen immer wieder Sauerstoff bekommen wird. Der Kreislauf der Liebe funktioniert ähnlich – es wartet immer neue Liebe auf uns.

Falls aus irgendeinem Grund der Fluss der Liebe in Ihrem Leben unterbrochen wird oder aus dem Gleichgewicht gerät, können Panik und Angst die Oberhand gewinnen, als ob Ihnen jemand die Luft abschnürt. Ein Leben ohne Liebe – ob sie gegeben oder empfangen wird – ist eine erschreckende Vorstellung, aber eines weiß ich genau: Solange Ihr Körper atmet, so lange können Sie Ihren Kreislauf der Liebe verstärken und ins Gleichgewicht bringen und die Angst abbauen, dass Sie zu wenig Liebe haben könnten.

Atmen Sie jetzt einmal ein und versuchen Sie den Atem anzuhalten.

Wie lange schaffen Sie das? Fünfundvierzig Sekunden? Neunzig? Nicht unendlich lange, das ist klar.

Sobald Sie den Atem wieder gehen lassen, kommt der nächste Atemzug. Einfach so, von selbst. Sie haben keine Angst, den Atem loszulassen, weil Sie wissen, dass der nächste Atemzug ihn rechtzeitig ersetzen wird.

Und wenn Sie dieselbe Einstellung gegenüber allem in Ihrem Leben einnehmen würden? Sie wissen, Sie können 100 Euro ausgeben, weil Sie bald erneut 100 Euro bekommen werden. Oder Sie wissen, Sie können die eine Arbeitsstelle aufgeben, weil danach eine andere Arbeitsstelle auf Sie wartet. Eine Ganzheit zu sein, ist nichts Statisches, sondern ein sich ständig verändernder Zustand, Geben und Nehmen, immer im Fluss und dennoch immer vollständig. So wie Ihr Atem.

Atemübung für den Kreislauf der Liebe

Der Fluss des Atemzyklus spiegelt den Fluss des Liebeskreislaufs.

- Machen Sie es sich bequem und richten Sie die Aufmerksamkeit auf Ihren Atem.
- Konzentrieren Sie sich auf das Einatmen.
- Atmen Sie tief ein. Achten Sie darauf, wie viel Luft Sie aufnehmen können, bevor Sie das Gefühl haben, dass Ihr Brustkorb gleich explodiert.
- Konzentrieren Sie sich jetzt auf das Ausatmen.
- Atmen Sie tief aus. Achten Sie darauf, wie einfach es ist, den Atem wieder herauszulassen.
- Achten Sie darauf, dass Sie es nicht schaffen, den Atem lange anzuhalten, selbst wenn Sie es versuchen. Es bleibt Ihnen nichts anderes übrig, als den Atem loszulassen.
- Achten Sie darauf, wie nach einem tiefen Ausatmen umgehend wieder die Einatmung beginnt. Es gibt keine Möglichkeit, diesen Zyklus anzuhalten. Werden Sie sich bewusst, wie jedes Mal, wenn Sie den Atem herauslassen, sofort ein neues Einatmen beginnt.
- Konzentrieren Sie sich auf Ihren Brustkorb, während der Atem herein- und hinausfließt.
- Stellen Sie sich vor, Sie atmen Liebe ein.
- Lassen Sie los. Stellen Sie sich beim Ausatmen vor, dass Sie diese Liebe mit jemandem teilen, der Ihnen wichtig ist. Wenn Sie ausatmen, atmet derjenige Ihre Liebe ein.
- Wenn derjenige ausatmet, atmen Sie seine Liebe ein.
- Führen Sie das mindestens zehn Atemzüge lang durch.

LIEBE IST ÜBERALL

Wir sind immer von Liebe umgeben. Sie ist die Energie des Universums, die Lebenskraft, die allen Lebewesen innewohnt, die Konstante in unserem Leben. Die Liebe zirkuliert ständig, sie fließt in Ihnen und um Sie herum, zwischen Ihnen und einem anderen Menschen, zwischen vielen Menschen, auf der ganzen Welt und letztlich im ganzen Kosmos. Die Liebe ist immer im Fluss.

Der Liebeskreislauf endet nie und ist immer eine Ganzheit, solange er im Gleichgewicht ist. Und das ist er, wenn die Liebe gleichmäßig fließt, wenn Empfangen und Geben ausgeglichen sind, wenn eine Balance besteht. So wie Sie ein- und ausatmen, so empfangen und verströmen Sie Liebe. Sie können sie nicht festhalten, auch wenn Sie es versuchen.

Wenn die Liebe aus Ihnen herausströmt, kann sie überall hingehen – zu einem anderen Menschen, zu einer Gemeinschaft, in die Natur oder zu einem göttlichen Geist. Anschließend kehrt die Liebe von dort wieder zu Ihnen zurück und vollendet den Zyklus. Der Kreislauf von Geben und Empfangen kann viele Formen annehmen, und die offensichtlichste, erfüllendste und herausforderndste ist die zwischenmenschliche Beziehung.

Tragfähige Beziehungen schaffen ein solides Fundament für unsere Liebespyramide und halten den Kreislauf der Liebe im Gleichgewicht. In den nächsten beiden Kapiteln werden Sie erfahren, was Sie davon abhalten kann, eine gute Beziehung zu führen, wie Sie diese Hindernisse überwinden können und wie Sie die Beziehungen aufbauen können, die Sie sich wünschen.

GRUNDREGELN DER SOZIALEN LIEBE

Liebe geben und empfangen

Soziale Liebe – jene Liebe und Zuneigung, die Sie Ihr ganzes Leben lang geben und empfangen – ist für Ihre Existenz unverzichtbar. Sie ist die Basis Ihrer Liebespyramide, Ihre Stütze, die Sie aufrechterhält, weil Sie wissen, dass Sie genug Liebe und Unterstützung haben und immer haben werden. Sie hilft Ihnen, die Vorstellung zu überwinden, es gäbe in Ihrem Leben zu wenig Liebe, sie gibt Ihnen die Sicherheit, dass Liebe in all ihrer Fülle immer für Sie verfügbar ist.

Sie können nicht leben, ohne ein- und auszuatmen, und genauso notwendig ist es für Sie, anderen Liebe zu geben und Liebe von anderen zu empfangen. Wenn Sie das nicht tun, ganz gleich aus welchem Grund, gerät Ihr Leben ins Ungleichgewicht und die Angstreaktion übernimmt die Kontrolle. Diese Basis Ihrer Liebespyramide muss solide und stabil sein. In diesem Kapitel können Sie herausfinden, welche Aspekte der sozialen Liebe in Ihrem Leben funktionieren und welche nicht. Dies sind Ihre Aufgaben und Ziele:

1. Schärfen Sie Ihre Wahrnehmung dafür, wann Sie in einer Beziehung zu viel geben oder zu viel nehmen.
2. Lernen Sie darauf zu vertrauen, dass genug Liebe für Sie vorhanden ist.
3. Verwandeln Sie Ihre Wut, indem Sie Mitgefühl für sich selbst haben.
4. Lassen Sie es zu, Liebe zu empfangen, damit Ihr Herz heilen kann.

Wenn Sie diese Ziele erreicht haben, dann werden Sie den Fluss der Liebe in Ihrem Leben wie ein schützendes Polster empfinden. Im Fluss der Liebe zu sein bedeutet, sich nicht in Abwehrhaltung zu befinden, das heißt, nicht im Stress zu sein, was wiederum heißt, ohne Angst zu leben. Angst kann bewirken, dass wir den Atem anhalten oder fast gar nicht mehr atmen. Dasselbe kann mit der Liebe geschehen. Sie können entweder zu viel geben oder nicht genug hereinlassen. Die Folge ist emotionale Erschöpfung, die zu körperlichem Unwohlsein und Krankheiten führt.

GEBER ODER NEHMER?

Ziel Nr. 1: Schärfen Sie Ihre Wahrnehmung dafür, wann Sie in einer Beziehung zu viel geben oder zu viel nehmen.

Fangen wir mit einem alltäglichen Beispiel an: Sie hatten im Büro einen harten Tag und sind erschöpft. Sie kommen nach Hause und möchten nichts lieber, als sich erst einmal auszuruhen. Doch kaum sind Sie zur Tür hereingekommen, als Ihr Mann schon fragt: »Was gibt es zum Abendessen?«
Sie verlieren die Nerven. »Warum bin ich eigentlich diejenige, die immer das Abendessen machen muss? Warum bleibt überhaupt immer alles an mir hängen? Warum kann sich nicht auch mal jemand um mich kümmern?« Ihr Mann beginnt sofort sich zu verteidigen, wird laut, er habe schließlich auch einen schweren Tag gehabt und sei jetzt nicht in der Lage, sich mit Ihren Launen auseinanderzusetzen. Sie beide stürmen wütend in unterschiedliche Ecken des Hauses, fühlen sich missverstanden, im Stich gelassen und sind hungrig.

Sind Sie ein Geber oder ein Nehmer?

In dem Beispiel haben Sie beide es nicht geschafft, über den Tellerrand Ihrer eigenen Ängste und Ihres eigenen Ärgers hinauszusehen, sonst wäre es Ihnen gelungen, auf eine Weise zu kommunizieren, die den anderen unterstützt und das Problem wahrscheinlich gelöst hätte. Beide wollten in dem Moment etwas bekommen, und keiner wollte etwas geben. Und da keiner etwas bekam, verloren beide das Vertrauen darauf, dass Liebe für sie verfügbar war, was den Ärger und die Angst vergrößerte. Jeder von Ihnen hatte die Vorstellung, dass er derjenige sei, der ständig gibt und nichts bekommt.

Beantworten Sie sich die folgenden Fragen. Sie helfen Ihnen dabei, ein Gefühl dafür zu bekommen, ob Sie eher ein Geber oder eher ein Nehmer sind.

- Wie häufig schaffen Sie es, anderen gegenüber Nein zu sagen?
- Liegt es in Ihrer Verantwortung, dafür zu sorgen, dass alle glücklich sind und im Haus Frieden herrscht?
- Haben Sie das Gefühl, es wirft ein schlechtes Licht auf Sie, wenn Sie andere nicht glücklich machen?
- Haben Sie den Eindruck, dass immer Sie es sind, der Hilfe braucht und darum bittet?
- Gehören Sie zu den Menschen, die immer zuhören, wenn ihre Freunde Probleme haben, aber selten von den eigenen Problemen erzählen?
- Genießen Sie es, wenn Sie die meiste Zeit im Zentrum der Aufmerksamkeit stehen, oder können Sie auch andere auf die Bühne lassen?

Möglicherweise ergeben Ihre Antworten kein eindeutiges Ergebnis, denn in unterschiedlichen Beziehungen haben wir unterschiedliche Rollen. Und auch in derselben Beziehung können wir mal der Geber und mal der Nehmer sein, je nach Situation.

Die Frage, ob man ein Geber oder Nehmer ist, stellt sich meist während einer Meinungsverschiedenheit in stressigen Zeiten. Denken Sie daher an eine Situation zurück, in der Sie aufgebracht waren oder einen Konflikt mit Ihrem Partner oder einem anderen Menschen hatten. Dann stellen Sie sich folgende Fragen:

- Waren meine Gedanken von Angst, Unwillen oder Ärger bestimmt?
- Auf welche Weise hat diese Situation in mir das Gefühl ausgelöst, dass ich nicht genug habe/haben werde? Wieso habe ich mich in dieser Situation so unsicher gefühlt?
- Was wollte ich von diesem Menschen?
- Was löste in mir die Überzeugung aus, dass meine Wünsche oder Bedürfnisse in dieser Situation nicht erfüllt werden?
- Was kann ich dagegen tun? Welche Ängste halten mich davon ab, etwas dagegen zu tun?
- Habe ich ein klares Bild von dieser Situation und dieser Beziehung?

Sich bewusst zu werden, ob man ein Geber oder Nehmer ist, hat nichts damit zu tun, über sich zu urteilen oder sich zu verurteilen. Es geht nur darum, wie Sie sich selbst sehen in Ihrer Welt. Als Gebender sind Sie überzeugt, dass Sie nur geliebt werden, wenn Sie geben. Und oft sind Sie unglücklich, weil Sie das Gefühl haben, Sie würden dennoch nicht genug geschätzt, unterstützt und geliebt. Als Nehmender sind Sie niemals wirklich überzeugt, dass Sie geliebt und unterstützt werden. Daher können Sie nicht darauf vertrauen, dass es Ihnen sowohl jetzt als auch in der Zukunft gutgehen wird. Und als Folge finden Sie sich in Beziehungen, in denen es kein Gleichgewicht gibt, in denen Sie das Gefühl haben, Sie seien nicht genug oder der andere sei nicht genug für Sie. Was müssen Sie tun, um ein solches Ungleichgewicht in Ihren Beziehungen zu beseitigen? Sie müssen lernen zu vertrauen.

LERNEN ZU VERTRAUEN

Ziel Nr. 2: Lernen Sie darauf zu vertrauen, dass genug Liebe für Sie vorhanden ist.

Stellen Sie sich vor, Sie sind ein Kind, das alles zum ersten Mal sieht, neugierig und ganz versunken in das Spielen, Zuhören, Fühlen, Schmecken und Riechen. Sie achten auf alles, was um Sie herum und in Ihnen vor sich geht. Sie leben in einem Raum, der noch nicht von menschlicher Erfahrung berührt wurde. Wie sind Sie von den sonnigen Wiesen der Kindheit in die stickigen, geschlossenen Räume des Erwachsenenlebens geraten? Beim Heranwachsen haben Sie, so wie die meisten Menschen, schmerzliche und enttäuschende Erfahrungen gemacht. Mit der Zeit haben Sie Grenzen und Mauern geschaffen, um sich vor weiteren Verletzungen zu schützen. Sie entwickelten bewusst und unbewusst Ängste vor Dingen, die Sie nicht verstehen oder kontrollieren konnten. Sie verloren das Zutrauen, dass Sie immer genug haben würden und immer genügen würden. Das Misstrauen wurde ein Teil Ihrer inneren Programmierung.

Wenn Sie lernen wollen zu vertrauen, besteht der erste Schritt in der Erkenntnis, dass Sie misstrauen. Sie müssen erkennen, dass Sie Angst haben und was diese Angst auslöst. Vielleicht sind Sie überzeugt, dass keiner Ihnen so richtig zuhört. Oder Sie glauben nicht daran, dass Sie jemals genug Geld haben oder die wahre Liebe finden werden.

DAVID: *Vertrauen entwickeln*

Als ich David das erste Mal traf, war er achtunddreißig und klagte über chronische Rückenschmerzen und Angstzustände. An keiner Arbeitsstelle hielt es ihn lange. Entweder wurde er entlassen, oder er kündigte selbst, weil er, wie er sagte, mit den Vorgesetzten nicht zurechtkam. Noch mehr Probleme hatte er, eine feste Beziehung zu führen. Jede Beziehung endete, weil er verlassen wurde. Später gab er zu, dass seine Partnerinnen ihn meistens verließen, weil er Affären mit anderen Frauen hatte. Und er meinte, dass all seine Freundinnen wirklich gute Menschen waren, die ihm immer alles gaben. Als ich ihn fragte, warum er sich dann so verhielt, erwiderte er: »Früher oder später hätten sie mich sowieso verlassen. Ich war für keine von ihnen gut genug. Deshalb dachte ich, da kann ich mich auch amüsieren, das Beste herausholen und ihnen zuvorkommen.«

Mir schien, als habe David seit frühester Kindheit die Überzeugung entwickelt, er sei nicht liebenswert und würde immer verlassen werden. Meiner Erfahrung nach manifestieren sich Ängste, die mit dem Überleben in Verbindung stehen, häufig als Rückenschmerzen. Ich vermutete, dass Davids Kindheitserfahrungen ihn gelehrt hatten, dass er nicht darauf vertrauen durfte, immer geborgen und sicher zu sein.

Davids frühe Kindheit war in der Tat traumatisch. Sein Vater ließ die Familie im Stich, als David noch ein Baby war. Seine Familie lebte von da an in Armut, und seine Mutter begann zu trinken, um sich von ihrem Kummer abzulenken. Oft kam sie gar nicht nach Hause, und David erinnerte sich daran, dass er sich als Fünfjähriger unter seinem Bett versteckt hatte, um auf seine Mutter zu warten. Wenn sie nicht kam, streunte er mit seinen

Geschwistern oft in der Nachbarschaft herum und suchte nach etwas zu essen. Schließlich griff das Jugendamt ein, und seine Geschwister und er verbrachten einen großen Teil ihrer Kindheit in unterschiedlichen Pflegefamilien. Jedes Mal, wenn David in eine neue Familie gebracht wurde, erfand er sich neu, gab vor, jemand anderer zu sein, damit er diesmal vielleicht gemocht wurde. Er war überzeugt, dass er in Wirklichkeit nicht gut genug war und es deshalb besser wäre, seine wahre Identität zu verstecken.

David hatte kein Vertrauen darauf, dass er jemals genug haben oder sein würde. Er wurde ein »Nehmender«. Um sich zu heilen, musste er ein Fundament an Liebe schaffen, das ihm dabei half, zu vertrauen und zu glauben, dass die Liebe bei ihm bleiben würde, dass er es wert war, geliebt zu werden.

Ich empfahl David, jedes Mal, wenn er sich schlecht fühlte, ob körperlich oder seelisch, das SHIELD durchzuführen. Dazu sollte er unter anderem visualisieren, dass er mit der Liebe der ganzen Welt verbunden ist und von den Menschen, die ihm wichtig waren, bedingungslose Liebe bekommt, besonders von seiner Großmutter, der er sehr nahe stand. Wir setzten Bestärkungsformeln ein, mit denen er sich besser unterstützt fühlte, beispielsweise: »Ich vertraue darauf, dass ich geliebt und unterstützt werde.« Ich empfahl David, anderen Menschen zuzuhören, ohne voreilige Schlüsse zu ziehen, und wenn er mit seinen Freunden sprach, sollte er es ihnen sagen, wenn es ihm schlechtging. Das waren seine ersten Schritte, um Vertrauen zu entwickeln und sein Fundament der Liebe zu schaffen. Schließlich fand er eine Arbeit, die er liebte, und baute sich einen Freundeskreis auf, der ihn beruflich und privat unterstützte.

Bewusstheitsübung

Sich des Vertrauens oder Misstrauens bewusst werden

Fragen Sie sich: Vertraue ich darauf, dass …

- … ich immer genug Geld haben werde?
- … ich immer genug zu essen haben werde?
- … ich immer gesund sein werde?
- … ich immer Freunde haben werde?
- … ich nie allein sein werde?
- … ich immer Erfolg haben werde?
- … ich immer das haben werde, was ich brauche?
- … ich immer geliebt werde, auch wenn ich nicht das tue, was von mir erwartet oder verlangt wird?

Wählen Sie nun eine dieser Fragen aus.

- Schließen Sie die Augen, wiederholen Sie die Frage und denken Sie über die Antwort nach. Wie fühlen Sie sich dabei?
- Welches Gefühl haben Sie in der Brust?
- Was geschieht mit Ihrem Atem?
- Achten Sie auf den übrigen Körper, besonders auf die Wirbelsäule. Stellen Sie ein unangenehmes Stechen fest?
- Achten Sie darauf, welche Emotionen in Ihnen aufsteigen – Unruhe, ein Gefühl der Ruhe, der Trauer, der Angst etc.
- Schreiben Sie sich Ihre Antworten auf.
- Wenn Sie mögen, wiederholen Sie diesen Prozess mit maximal zwei weiteren Fragen.

- Wählen Sie eine oder mehrere Fragen aus, auf die Sie mit Nein geantwortet haben.

- Stellen Sie einen Wecker auf fünf Minuten und schreiben Sie nun alles auf, was Ihnen zu Ihren Antworten einfällt. Setzen Sie sich nicht unter Druck, niemand urteilt über das, was Sie schreiben, und niemand außer Ihnen wird es lesen. Wenn Sie gerade im Fluss sind, wenn die Zeit abläuft, stellen Sie den Wecker neu und machen weiter.

- Vielleicht fällt Ihnen auf, dass das häufigste Wort, das Sie schreiben, »weil« ist. Versuchen Sie bei jedem Weil nachzuhaken, um alle Weils zu finden, die ihm vorausgegangen sind. (Beispiel: Weil mich das traurig macht; weil ich nicht gerne traurig bin.)

- Einige Antworten mögen Ihnen vielleicht schrecklich pubertär, einfältig oder weinerlich vorkommen. Aber das ist in Ordnung. Ganz gleich, was Sie schreiben, alles ist von Wert. Machen Sie einfach weiter. Nutzen Sie die Gelegenheit, einmal zu klagen und zu jammern! Dahinter steht nur Ihr Kind-Ich, das seine Bedürfnisse ausdrückt. Vielleicht stellen Sie fest, dass Ihre Gedanken in die Vergangenheit wandern, zu einer Erfahrung Ihrer Kindheit. Wenn der Wecker klingelt, hören Sie auf. Legen Sie die Hände auf das, was Sie geschrieben haben, und sagen Sie: »Ich entlasse euch jetzt aus meinem Körper.« Dann vernichten Sie die Blätter, indem Sie sie zerreißen oder verbrennen – als Symbol dafür, dass Sie die Vergangenheit loslassen. Wichtig ist, dass Sie Ihre Bindung an die Ängste und die Erinnerungen lösen, die für Sie keinen Wert mehr haben.

Ich hoffe, Sie haben den Ursprung Ihrer Ängste und Ihres Mangels an Vertrauen herausgefunden. Ihre nächste Aufgabe besteht nun darin, dieses Misstrauen zu heilen. Dazu müssen Sie es in Vertrauen umprogrammieren, dies gelingt mit der folgenden Technik.

Umprogrammierung – Vertrauen aufbauen

- Setzen oder legen Sie sich bequem hin.
- Schließen Sie die Augen.
- Atmen Sie tief ein.
- Atmen Sie tief aus.
- Atmen Sie während der gesamten Übung weiterhin tief ein und aus.
- Nach mindestens fünf Atemzyklen beginnen Sie Ihr SHIELD aufzubauen.
- Ein göttliches Licht umgibt Sie nun und hält Sie. Mit »göttlichem Licht« meine ich ein Licht, das alles beinhaltet, was rein, liebevoll und gütig ist. Das Licht kann von den goldenen Strahlen der Sonne kommen oder vom weißen Licht eines Sterns.
- Stellen Sie sich innerhalb des SHIELD von göttlichem Licht die Bilder einer göttlichen Mutter und eines göttliches Vaters vor, die direkt neben Ihnen stehen. Auch hier bezieht sich »göttlich« auf alles, was rein, liebevoll, warm und mitfühlend ist. Diese göttlichen Wesen verkörpern diese Tugenden. Sie können sie sich einfach als Bilder aus Licht vorstellen, die erfüllt sind von bedingungsloser Liebe, die nur für Sie da ist.
- Während Ihre göttlichen Eltern Sie im Arm halten, an sich schmiegen und Sie wiegen, sprechen sie das folgende Vertrauensgebet.

Vertrauensgebet

Vertraue.

Vertraue darauf, dass du nicht allein bist.

*Vertraue darauf, dass du nichts Falsches getan
hast.*

*Vertraue darauf, dass du geliebt wirst und
liebenswert bist.*

*Vertraue darauf, dass du der Ausdruck einer
göttlichen Energie bist.*

Du bist vollkommen, so wie du bist.

- Nun sprechen Sie selbst das Vertrauensgebet. Wiederho-
  len Sie dieses Gebet immer und immer wieder, sprechen
  Sie dabei jedoch in der ersten Person und ersetzen »du«
  durch »ich«.
- Lassen Sie zu, dass Sie die Liebe Ihrer göttlichen Mutter
  und Ihres göttlichen Vaters empfangen.
- Ergeben Sie sich in ihre Arme, lassen Sie zu, dass Sie gehalten werden, Zuwendung bekommen und gewiegt
  werden.
- Sie fühlen sich geborgen. Sie fühlen sich geliebt.
- Sie wissen, dass Sie nicht allein sind.
- Schließlich sprechen Sie im Stillen die folgende Bestärkungsformel: »Ich vertraue darauf, dass ich geliebt und
  unterstützt werde.«
- Halten Sie an dieser Vorstellung fest und wiederholen Sie
  die Worte, so lange Sie wollen.

Dieses Heilen umfasst verschiedene Elemente: die Visua-
lisierung Ihrer göttlichen Mutter und Ihres göttlichen
Vaters, das Vertrauensgebet und die Bestärkungsformel.
Sie können die gesamte Übung zu jedem Zeitpunkt des
Tages durchführen, um damit Ihr Fundament aus Ver-
trauen aufzubauen. Der Schlüssel zum Erfolg liegt in der

Wiederholung. Je häufiger Sie alle oder zumindest einige Elemente der Umprogrammierung praktizieren, umso besser aktivieren Sie Ihre Liebesreaktion.

Wann Sie die Umprogrammierung einsetzen sollten

- Wenn Sie ein Freund oder eine Freundin um einen Gefallen bittet, Sie aber wissen, dass Sie dafür eigentlich keine Zeit haben. Sie trauen sich nicht, Nein zu sagen, weil Sie wissen, dass es ihm bzw. ihr nicht gutgeht. Die Situation macht Ihnen Angst und löst Schuldgefühle aus.
- Wenn Sie das Gefühl haben, dass jemand Sie nicht zu schätzen weiß. Sie haben Angst, etwas zu sagen, weil Sie befürchten, der andere könnte wütend werden oder Sie vielleicht verlassen.
- Wenn Sie von Verantwortung erdrückt werden, aber das Gefühl haben, nicht zeigen zu dürfen, dass Sie Hilfe brauchen. Sie glauben, dass die Menschen in Ihnen immer nur »den Starken« sehen, auf dessen Hilfe sie immer bauen können. Sie befürchten, die anderen könnten sonst »zerbrechen« oder würden nicht mehr mit Ihnen befreundet sein wollen.
- Wenn Sie Angst haben, jemandem zu sagen, wie Sie sich fühlen, weil Sie denken, der- oder diejenige könnte wütend werden.
- Wenn Sie Angst haben, zu versagen oder nicht gut genug zu sein.
- Wenn Sie befürchten, von etwas nicht genug zu haben, etwa Geld, Unterstützung oder Zeit.

WUT UND MITGEFÜHL

Ziel Nr. 3: Verwandeln Sie Ihre Wut, indem Sie Mitgefühl für sich selbst haben.

Wenn man sich geliebt fühlt, lässt man sich von den Verhaltensweisen anderer nicht so sehr verunsichern, und es fällt einem leichter, deren Handlungen mit Mitgefühl und Nachsicht zu begegnen statt mit Wut und Verstimmung. Jeder besitzt die Fähigkeit, zu vergeben und bedingungslos zu lieben – ob man es auch tut, hängt allein davon ab, ob man die Wut und die Negativität aus seinem System vertreiben kann. Denken Sie an eine Zeit, als Sie sich fantastisch fühlten, als Sie frisch verliebt waren oder großen Erfolg in der Arbeit oder bei einem Hobby hatten. Ihr Herz fühlte sich offen und übervoll an, und Sie schienen ständig zu lächeln. Keiner konnte Ihnen etwas anhaben, nichts konnte Sie beunruhigen.

Nun denken Sie an eine Zeit, als Sie sich müde und überfordert fühlten oder unglücklich über Ihr Aussehen waren oder sich elend fühlten. Konnten Sie damals ebenso viel Verständnis und Vergebung aufbringen? Oder waren Sie nicht vielmehr von den meisten Menschen genervt und ärgerten sich über jede Kleinigkeit?

Sich zu ärgern ist natürlich und normal. Problematisch wird es erst dann, wenn der Ärger Sie und Ihre Handlungen bestimmt, wenn Ihre Angstreaktion die Kontrolle übernimmt und Ihnen Schaden zufügt oder Sie veranlasst, andere zu verletzen.

Wie können Sie es schaffen, über dem Ärger zu stehen und die Angstreaktion auszulöschen? Wie können Sie den Ärger dazu benutzen, sich selbst zu positiven Handlungen zu motivieren? Indem Sie nach der Ursache suchen, die hinter Ihrem Ärger liegt.

Die Wurzel des Ärgers liegt oft in der Annahme, selbst nicht genug Mitgefühl oder Vergebung bekommen zu haben, so dass man kein Vorbild hat, wie man anderen dies geben kann. Wenn Sie aber sich selbst das geben können, an was es Ihnen mangelt, dann können Sie Ihren Ärger überwinden. Dann können Sie es auch sich selbst erlauben, Liebe und Mitgefühl zu empfangen.

❀ EMMA: *Mitgefühl finden*

Als ich Emma kennenlernte, war sie siebenunddreißig. Seit einem Monat war sie mit den Vorbereitungen für ihren Umzug beschäftigt, dazu hatte sie noch zwei Jobs. Sie bat nicht um Hilfe. Sie glaubte, niemand könne ihr wirklich helfen. Dennoch fühlte sie sich verbittert und überfordert. Um allem die Krone aufzusetzen, hatte sie auch noch einen Hexenschuss. Sie hatte ihn bekommen, als sie gerade beim Packen war. Sie war vor Schmerz in die Knie gegangen, konnte nicht glauben, was ihr geschah. Es hätte zu keinem unpassenderen Zeitpunkt passieren können. Sie hatte so viel zu tun. Der Umzug war auf den nächsten Tag festgesetzt! An diesem Punkt beschloss sie, mich aufzusuchen.

Ich sagte Emma, dass ihr Rücken ihr vielleicht etwas sagen wolle. Ich forderte sie auf, sich auf die untere Wirbelsäule zu konzentrieren und dann ihren Rücken zu fragen, warum er ihr solche Schmerzen zufüge.

Emma schloss die Augen und begann zuerst darauf zu hören, wie sich ihre untere Wirbelsäule anfühlte und welche Gefühle dabei in ihr aufstiegen. Sie stellte fest, dass sich ihre Wirbelsäule schwach und überlastet anfühlte.

Ich wies sie an, ihren Rücken zu fragen, ob er sich geliebt und unterstützt fühlte, und Emma antwortete, er habe entgegnet: »Nein, ich bin einsam. Es ist keiner da, der mir hilft. Das ist nicht fair.«

Ich bat Emma, ihre Bewusstheit auf ihre Rückenmuskeln zu lenken und darauf zu achten, wie sie die Wirbelsäule schützten. Die Muskeln versuchten die schwache Wirbelsäule zu schützen, indem sie sich verkrampften. Verdutzt fragte Emma: »Aber wenn sie das tun, um mich zu schützen, warum verursachen sie mir solche Schmerzen? Warum habe ich dann einen Hexenschuss?«

»Was glaubst du, warum? Dein Rücken meinte, er wird nicht geliebt und unterstützt. Wie hast du dich dabei gefühlt?«, fragte ich Emma. »Wütend«, antwortete sie. Dann fragte ich sie: »Was machen Muskeln, wenn Menschen wütend sind?« »Sie verkrampfen sich«, erwiderte sie.

Ihre Augen leuchteten, als sie das begriffen hatte. Sie sah jetzt, wie frustriert sie in den letzten Wochen gewesen war, dass sie eine Schwierigkeit nach der anderen gemeistert hatte, ohne jemanden zu haben, der ihr beistand. Sie erinnerte sich daran, dass sie sogar ihre Familie angeschrien hatte, weil niemand ihr half.

Ich erklärte Emma, dass sie sich als Erstes um ihre Wut kümmern und diese als normale Reaktion auf eine stressige und frustrierende Situation begreifen müsse. Sie musste auch akzeptieren lernen, dass ihre Wut der verzerrten Ansicht entstammte, sie würde nicht geliebt und unterstützt. Sie musste sich selbst Liebe und Mitgefühl geben, dann würde sie sich möglicherweise besser fühlen.

Ich wies Emma an, sich vorzustellen, dass das göttliche Licht von ihrem SHIELD ihr Herz mit Mitgefühl für sie selbst und ihre Unvollkommenheiten erfüllte. Ich ließ sie die Bestärkungsformel »Ich vertraue darauf, dass ich geliebt und unterstützt werde« sprechen und die göttlichen Eltern visualisieren, die sie umarmten und unterstützten. Ich sprach das Vertrauensgebet mit ihr.

Bei ihrem nächsten Termin erzählte mir Emma, dass ihre Rückenverspannungen besser wurden, wenn sie das SHIELD, die Visualisierung ihrer göttlichen Eltern, das Vertrauensgebet und die Bestärkungsformel anwandte.

Schon beim ersten Mal hatten sich ihre Verspannungen nach nur zehn Minuten gemindert. Dann – wie nach Plan – begann das Telefon zu klingeln, und es kamen jede Menge Anrufe von Emmas Familie und Freunden, die sich um sie sorgten und ihr helfen wollten. Je länger sie die Techniken zur Umprogrammierung einsetzte, umso mehr Hilfe wurde ihr angeboten, und ihr wurde bewusst, wie sehr die Menschen um sie herum sie tatsächlich liebten und unterstützten.

Bei ihrem nächsten Termin erzählte Emma, sie habe gar keine Schmerzen mehr. Sie hatte verstanden, dass sie Mitgefühl für sich selbst und ihre Lebensumstände haben und die Liebe in ihr Leben lassen musste, um ihr Fundament an Liebe zu stärken. Nur dann war sie fähig, ihren Ärger loszulassen und sich besser zu fühlen.

Mit der Liebesreaktion Wut transformieren

Bewusstheitsübung

Sich des Ärgers bewusst werden

- Nehmen Sie sich 15 Minuten Zeit.
- Schließen Sie die Augen.
- Atmen Sie tief ein.
- Atmen Sie tief aus.
- Bauen Sie Ihr SHIELD von mit Liebe erfülltem göttlichem Licht auf.
- Rufen Sie sich das Bild von jemandem ins Gedächtnis, der Sie wütend gemacht hat – jemand, der Ihnen Unrecht

getan, Sie hintergangen, Sie als selbstverständlich hinge-
nommen oder verletzt hat.

- Versuchen Sie ein möglichst klares Bild von diesem Menschen oder von dieser Situation zu bekommen.
- Nun lassen Sie sich auf dieses Bild ein und spüren die
negativen Gefühle, die in Ihrem Körper aufsteigen. Sie
brauchen vor diesen Gefühlen keine Angst zu haben.
- Lassen Sie die Wut, Angst, Aufgebrachtheit und den
Kummer zu. Wenn Sie das Bedürfnis haben zu weinen,
dann weinen Sie. Wenn Sie das Bedürfnis haben, laut her-
auszuschreien, dann schreien Sie. Lassen Sie alles raus.
Sie sind sicher und geborgen.
- Was würden Sie am liebsten mit der betreffenden Person
tun? Möchten Sie ihr weh tun? Sie müssen sich dessen
nicht schämen; beobachten Sie nur, was Sie fühlen, als ob
Sie sich einen Film über Ihr Leben anschauen.
- Stellen Sie sich die folgenden Fragen und hören Sie auf
die Antworten.
- Warum sind Sie so wütend oder aufgebracht?
- Warum haben Sie es nicht geschafft, diesem Menschen zu
verzeihen?
- Warum hat derjenige Ihnen das angetan, was er getan
hat?
- Fragen Sie und hören Sie zu.
- Kommen Sie dann zurück ins Hier und Jetzt.

Loslassen

- Stellen Sie den Wecker auf 15 Minuten.
- Schreiben Sie auf, warum Sie wütend waren oder wütend
sind. Schreiben Sie auf, was Sie bei der Übung gesehen
und gefühlt haben und warum Sie nicht verzeihen können. Schreiben Sie, ohne zu viel darüber nachzudenken,
darüber zu urteilen oder sich zurückzuhalten.

- Sie können ein Bild malen von sich und jener Person oder Sache, die Sie so wütend gemacht hat. Fügen Sie Adjektive hinzu, um Ihre Gefühle zu beschreiben. Benutzen Sie ruhig Schimpfwörter, wenn Ihnen danach ist! Sie müssen sich nicht zurückhalten.
- Wenn der Wecker klingelt, hören Sie auf. Legen Sie die Hände auf das, was Sie geschrieben haben, und sagen Sie: »Ich entlasse euch jetzt aus meinem Körper.« Dann vernichten Sie die Blätter, indem Sie sie zerreißen oder verbrennen.
- Danach machen Sie die folgende Heilübung: »Sich mit Mitgefühl für sich selbst erfüllen«.

Möglicherweise genügt es nicht, diese Übung einmal durchzuführen, um Ihre ganze Wut loszulassen. Wenn das der Fall ist, können Sie die nächsten drei bis sieben Tage die Übung wiederholen und mit dem Prozess fortfahren. Stellen Sie aber immer den Wecker. So lernen Sie, nicht zu lange über etwas nachzugrübeln, sich zu erlauben, wütend zu sein, diese Wut zu verarbeiten, sie loszulassen und dann am nächsten Tag an diesem Punkt weiterzumachen. Es wird der Punkt kommen, an dem Sie sich zu der Übung hinsetzen und feststellen, dass keine Wut mehr da ist.

Schließen Sie diese Übung aber immer mit dem nächsten Schritt ab, mit der Heilung.

Heilen: sich mit Mitgefühl für sich selbst erfüllen

- Schließen Sie die Augen.
- Atmen Sie tief ein.
- Atmen Sie tief aus.
- Nehmen Sie sich vor, alle Gedanken, Sorgen, Belastungen und Ängste loszulassen, während Sie ausatmen.

- Atmen Sie aus, lassen Sie los. Sie brauchen nicht genau zu wissen, was Sie blockiert; nehmen Sie sich nur vor, dies beim Ausatmen loszulassen.
- Bilden Sie Ihr SHIELD von göttlichem Licht.
- Stellen Sie sich die göttlichen Eltern vor, die Sie im Arm halten und trösten.
- Stellen Sie sich vor, dass beim Einatmen das Licht Ihres SHIELD mit Ihrer Brust verschmilzt, so dass Ihr Brustkorb von Licht und Mitgefühl erfüllt wird.
- Atmen Sie aus. Fühlen Sie, wie sich Licht und Mitgefühl über den ganzen Brustkorb ausbreiten.
- Atmen Sie ein. Fühlen Sie, wie Ihr Brustkorb von Licht und Mitgefühl erfüllt wird.
- Wiederholen Sie dabei im Stillen immer wieder die folgenden Worte: »Ich vertraue darauf, dass ich geliebt und unterstützt werde und es wert bin, Liebe zu empfangen.«
- Atmen Sie ein. Fühlen Sie, wie Ihr Brustkorb von Licht und Mitgefühl erfüllt wird.
- Atmen Sie aus. Fühlen Sie, wie sich Licht und Mitgefühl über den ganzen Brustkorb ausbreiten.
- Atmen Sie ein, während das göttliche Licht Ihr Herz mit Mitgefühl und Liebe erfüllt.
- Atmen Sie aus, während Licht und Mitgefühl aus Ihrem Brustkorb austreten und zu jedem Menschen oder Ort fließen, zu dem Sie diese lenken wollen.
- Wiederholen Sie diesen kleinen Zyklus mindestens zwanzigmal.

Umprogrammierung – Wut abbauen

Was zu tun ist

- Bilden Sie Ihr SHIELD.
- Stellen Sie sich Ihre göttlichen Eltern vor, die in Ihrem SHIELD stehen, Sie im Arm halten und trösten.

- Wiederholen Sie das Vertrauensgebet (siehe Seite 139).
- Stellen Sie sich vor, wie das göttliche Licht Ihr Herz mit Mitgefühl erfüllt.
- Wiederholen Sie die Bestärkungsformeln: »Ich vertraue darauf, dass ich geliebt und unterstützt werde und es wert bin, Liebe zu empfangen.«

Diese Umprogrammierung können Sie täglich anwenden. Wenn Sie es regelmäßig tun, werden Sie mit der Zeit feststellen, dass Sie ruhiger und geduldiger werden und sich mehr von Liebe erfüllt fühlen.

Wann Sie die Umprogrammierung einsetzen sollten

- Wenn Sie wütend, ärgerlich oder frustriert sind.
- Wenn Sie sich mitten in einem Streit befinden.
- Wenn jemand Ihnen gegenüber unhöflich ist, selbst wenn Sie denjenigen nicht kennen (wenn Sie beispielsweise jemand im Verkehr schneidet).
- Wenn Sie ungeduldig oder genervt sind.
- Wenn Sie das Gefühl haben, man weiß Sie nicht zu schätzen.
- Wenn Sie aufgebracht sind, weil man Ihnen nicht zuhört.
- Wenn Sie jemand verletzt oder beleidigt.
- Wenn Sie das Gefühl haben, dass es niemanden gibt, dem Sie wichtig sind.

IHR HERZ IST DAS HERZ ALLER DINGE

Ziel Nr. 4: Lassen Sie es zu, Liebe zu empfangen, damit Ihr Herz heilen kann.

Seit Jahrhunderten fordern uns überlieferte Weisheiten und spirituelle Traditionen auf, »in unsere Herzen zu sehen« oder »unsere Herzen zu öffnen«, um Frieden und inneres Gleichgewicht zu finden. Diese Wendungen sind mittlerweile so zum Allgemeingut geworden, dass sie ihre tiefe Bedeutung verloren haben und zum Klischee geworden sind. Doch jüngste Forschungen bestätigen, dass das Herz tatsächlich mehr tut, als nur zu schlagen und das Blut durch den Körper zu pumpen. Das Herz reguliert nicht nur den Flüssigkeits- und Sauerstoffhaushalt der Organe, sondern steht auch in enger Verbindung mit dem für Gefühle zuständigen Bereich des Gehirns, dem limbischen System. Bekommt das Gehirn ein Signal, werden die emotionalen Zentren aktiviert und Botenstoffe ausgeschüttet, die körperliche Reaktionen auslösen. Zum Beispiel schlägt das Herz schneller, der Puls rast, uns tritt der Schweiß auf die Stirn, es kribbelt im Bauch, oder das Herz tut uns weh.

Das Herz enthält die Informationen aus den Erinnerungen unseres ganzen Lebens. Freudige Erlebnisse, wie die Erfahrung von Liebe, rufen im Herzen angenehme, positive Empfindungen hervor, die die Liebesreaktion stimulieren. Unangenehme oder schmerzliche Erfahrungen fühlen sich wie Wunden im Herzen an und rufen negative Emotionen hervor, was die Angstreaktion befördert. Wenn Sie mit Hilfe der Übungen in diesem Buch der Liebe Ihr »Herz öffnen«, heilen Sie Ihre Wunden, lösen die Liebesreaktion aus und finden Frieden und seelisches Gleichgewicht.

Nancy kam zu mir, weil sie unter ständigem Brustschmerz litt. Alle Untersuchungen, auch ein EKG, ein Belastungstest und ein Sonogramm, waren ergebnislos geblieben, sämtliche Werte lagen im Normbereich. Trotzdem hatte sie einen Druckschmerz in der Brustmitte, der immer wieder unvermittelt auftrat.

Nachdem eine medizinische Ursache ausgeschlossen worden war, beschäftigte ich mich mit ihrer Lebensgeschichte. Dabei stellte sich heraus, dass die Brustschmerzen erstmals vor zwei Jahren aufgetreten waren, als Nancy in Scheidung lebte. Seit einiger Zeit hatten sich die Schmerzen verschlimmert. Als ich sie fragte, ob sich in letzter Zeit in ihrem Leben etwas geändert hätte, erzählte Nancy mir, sie stehe unter starkem Stress bei der Arbeit. Sie mochte ihren neuen Chef nicht, der die Mitarbeiter nicht respektierte und dem nur »die Zahlen« wichtig waren. Er schätzte weder sie noch ihre Fähigkeiten und verhielt sich, als wenn er ihrer Arbeit nicht traute. Jeden Tag kam sie mit Wut im Bauch von der Arbeit nach Hause.

Ich fragte Nancy, ob es Ähnlichkeiten zwischen ihrem Chef und ihrem Ex-Mann gäbe. Sie antwortete: »Mein Ehemann hat mich auch nicht geschätzt oder respektiert.«

Dann bat ich Nancy, die Augen zu schließen und an ihren Ehemann zu denken. Dabei sollte sie auf ihr Herz hören und darauf achten, welche Gefühle in ihr aufstiegen. Sie berichtete, dass Wut und das Gefühl des Betrogenseins in ihr hochkamen. Auch die Brustschmerzen traten wieder auf. Ich bat sie, den Schmerz zu betrachten und mir zu sagen, was sie sah. »Ich sehe eine Betonmauer, kalt und starr, wie ein Schutzwall, der nichts herein- oder herauslässt.«

Ich leitete Nancy an, das SHIELD aufzubauen mit den göttlichen Eltern, die sie umarmten und trösteten, so dass das Licht ihr Herz mit Mitgefühl erfüllen konnte. Ich ließ sie die Bestärkungsformel sprechen: »Ich vertraue darauf, dass ich geliebt und unterstützt werde und es wert bin, Liebe zu empfangen.« Dann lehrte ich sie das Herzgebet. Während der Übung sagte sie mir, dass die Betonmauer allmählich weicher und ihre Schmerzen langsam schwächer wurden.

Nancy übte die Techniken zur Umprogrammierung in den kommenden drei Wochen und begann auf einer tieferen Ebene ihren eigenen Wert zu erkennen. Die Einstellung und das Verhalten ihres Chefs störten sie nun weniger. Und sie stellte fest, dass sie am Ende immer wütend und enttäuscht sein würde, solange sie sich von der Anerkennung und dem Lob von Menschen abhängig machte, die ihr dies nicht geben konnten oder wollten.

Nancy brauchte tief in ihrem Herzen die Gewissheit, dass sie geliebt und geschätzt wurde. Nachdem sie die Verbindung zwischen ihrem gebrochenen Herzen und ihrem Schmerz erkannt hatte, konnte sie auch sehen, wie ihr Gefühl, nicht respektiert zu werden, mit ihrer Wut zusammenhing und damit, dass sie ihr Vertrauen verloren hatte.

Mit der Liebesreaktion das Herz heilen

Bewusstheitsübung

Sich bewusst werden, wie sich das Herz fühlt

- Stellen Sie den Wecker auf 15 Minuten.
- Schließen Sie die Augen.
- Atmen Sie tief ein.
- Atmen Sie tief aus.

- Bauen Sie Ihr SHIELD auf.
- Richten Sie Ihre Bewusstheit auf Ihren Brustkorb. Achten Sie darauf, wie sich Ihr Brustkorb anfühlt.
- Achten Sie auf Ihren Atem, wie er herein- und herausfließt.
- Achten Sie auf jedes Gefühl in der Brust, besonders in der Brustmitte. Das Zentrum Ihrer Brust ist das Herz-Zentrum.
- Achten Sie darauf, wie sich das Herzzentrum anfühlt, während Ihr Atem herein- und herausfließt.
- Anerkennen Sie Ihr Herz.
- Respektieren Sie Ihr Herz.
- Stellen Sie sich dem Herzen vor.
- Achten Sie darauf, ob Ihr Herz Ihnen antwortet. Spüren Sie eine Enge im Brustkorb? Fühlen Sie Schmerzen im Herzen? Spüren Sie gar nichts?
- Erinnern Sie sich an eine Situation, als Sie sich enttäuscht, betrogen oder verletzt fühlten.
- Bitten Sie Ihr Herz, Ihnen die Wunde zu zeigen. Wo hat sich Ihr Herz verschlossen oder eine Mauer aufgerichtet, um Sie zu schützen?
- Bitten Sie Ihr Herz, Ihnen die dazugehörenden Vorstellungsbilder, Wörter oder Erfahrungen zu zeigen. Vielleicht zeigt es Ihnen ja Filmszenen aus Ihrer Kindheit.
- Achten Sie darauf, was Sie sehen, hören oder fühlen.
- Was ist in Ihrer Vergangenheit geschehen, dass Sie auf diese Weise empfinden?
- Wenn der Wecker klingelt, öffnen Sie die Augen.

Loslassen

- Stellen Sie den Wecker wieder auf 15 Minuten.
- Schreiben Sie auf, was Sie erlebt und empfunden haben. Wenn Sie die Übung zum ersten Mal machen, stellen Sie

vielleicht fest, dass Sie nicht viel fühlen oder sehen. Das ist in Ordnung. Je bewusster Sie sich Ihres Herzens werden, umso einfacher wird Ihnen die Übung fallen. Wenn Sie sich nun hinsetzen, um das Erlebte aufzuschreiben, dann lassen Sie sich überraschen. Schreiben Sie einfach instinktiv drauflos, dann wird es Sie zu dem führen, was Ihr Herz Ihnen zu sagen versucht. Schreiben Sie, ohne nachzudenken, zu prüfen, zu urteilen oder innezuhalten. Zögern Sie nicht und halten Sie nichts zurück.

- Wenn der Wecker klingelt, hören Sie auf. Legen Sie die Hände auf das, was Sie geschrieben haben, und sagen Sie: »Ich entlasse euch jetzt aus meinem Körper.« Dann vernichten Sie die Blätter, indem Sie sie zerreißen oder verbrennen.
- Schließen Sie die Übung mit der folgenden Heilübung »Das Herzgebet« ab.

Wie bei dem Loslassen der Wut können auch hier einige Durchgänge erforderlich sein, bevor die Herzwunde vollständig geheilt ist. Machen Sie in diesem Fall die Übung noch weitere drei bis sieben Tage lang jeden Tag, immer gefolgt von dem unten stehenden Herzgebet.

Heilen: das Herzgebet

- Schließen Sie die Augen.
- Atmen Sie tief ein.
- Atmen Sie tief aus.
- Bilden Sie Ihr SHIELD mit den göttlichen Eltern, die Sie im Arm halten und trösten.
- Stellen Sie sich vor, wie das göttliche Licht Ihr Herz mit Mitgefühl und Liebe erfüllt.
- Atmen Sie ein, während das göttliche Licht Ihr Herz mit Mitgefühl und Liebe erfüllt.

- Atmen Sie aus, während sich Licht und Mitgefühl über Ihren ganzen Brustraum ausdehnen.
- Sprechen Sie das Herzgebet:

  Herzgebet
  Möge mein Herz heute das Licht empfangen.
  Möge mein Herz für die Liebe offen sein.
  Möge das Licht mein Herz heute berühren
  und mein Herz der Liebe öffnen.

- Atmen Sie ein, während das göttliche Licht Ihr Herz mit Mitgefühl und Liebe erfüllt.
- Atmen Sie aus, während sich Licht und Mitgefühl über Ihren ganzen Brustraum ausdehnen.
- Wiederholen Sie das Ganze mindestens zwanzigmal.

Umprogrammierung – das Herz heilen

Was Sie tun sollten

- Bilden Sie Ihr SHIELD mit den göttlichen Eltern, die Sie im Arm halten und trösten.
- Stellen Sie sich vor, wie göttliches Licht Ihr Herz mit Mitgefühl und Liebe erfüllt.
- Sprechen Sie das oben beschriebene Herzgebet.
- Sprechen Sie die Bestärkungsformel: »Ich vertraue darauf, dass ich geliebt und unterstützt werde und es wert bin, Liebe zu empfangen.«

Wann Sie die Umprogrammierung einsetzen sollten

- Immer!
- Wenn Sie traurig, wütend, ärgerlich, enttäuscht, ängstlich, besorgt, verunsichert, beschämt oder schuldig etc. sind.

- Wenn Sie mit jemandem im Streit liegen.
- Bevor Sie zu einer Verabredung mit jemand gehen, den Sie nicht gut kennen.
- Bevor Sie zu einem Vorstellungstermin gehen.
- Wenn Sie zum Chef zitiert wurden.
- Wenn Sie das Gefühl haben, dass man Ihnen nicht zuhört und Sie nicht beachtet.
- Wenn Sie sich missverstanden fühlen.
- Wenn Sie sich nicht wohl fühlen, ob körperlich, seelisch oder emotional.

Passen Sie die Übungen zur Umprogrammierung an, je nachdem, was gerade in Ihrem Leben geschieht. Sie können das Vertrauensgebet (siehe Seite 139) oder das oben beschriebene Herzgebet oder beide sprechen, während Sie visualisieren, wie ein göttliches Licht, Mitgefühl und Liebe Ihr Herz erfüllen. Sie können Ihre Bestärkungsformel den Tag über immer wieder aufsagen.

Wahrscheinlich werden Sie sich allmählich nicht nur körperlich und emotional besser fühlen, sondern es werden sich auch Ihre Beziehungen zu anderen Menschen verändern. Einige Menschen wollen Sie nicht an Ihrem Leben teilhaben lassen und andere möchten Sie plötzlich einbeziehen.

Im nächsten Kapitel lernen Sie, die Grundelemente der sozialen Liebe einzusetzen, um Ihre Beziehungen zu anderen Menschen zu verbessern und eine Seelenfamilie aufzubauen.

SOZIALE LIEBE IM EINSATZ

Schaffen Sie sich Ihre Seelenfamilie

Stellen Sie sich vor, Sie kommen nach einem harten Arbeitstag nach Hause und geraten mit Ihrem Partner in Streit. Sie fühlen sich im Stich gelassen, sind wütend und frustriert.

Nun stellen Sie sich vor, Sie hätten auf dem Heimweg Ihr SHIELD aufgebaut und sich mit Liebe und Mitgefühl erfüllt, bevor Sie einen Fuß in die Wohnung setzen. Hätten Sie dann auch so gereizt auf Ihren Partner reagiert? Hätten Sie dann dieselben Erwartungen gehabt? Vielleicht wären Sie ruhig geblieben. Vielleicht hätten Sie Ihre Energie umgelenkt und mit Ihrem Partner diskutiert statt zu streiten. Vielleicht hätten Sie inzwischen beim Chinesen schon etwas zu essen bestellt oder schon vorher beim Imbiss an der Ecke haltgemacht, um für Sie beide das Abendessen mitzunehmen.

Überlegen Sie: Wenn Sie auf jemanden zugehen mit der Absicht, ihn anzugreifen, wie wird derjenige wohl darauf reagieren? Und: Wenn Sie auf jemanden mit offenen Armen der Liebe und der Anerkennung zugehen, wie wird die Reaktion dieses Menschen ausfallen?

Natürlich ist es so gut wie unmöglich, mit offenen Armen auf jemanden zuzugehen, wenn man wütend und verletzt ist. Aber Sie könnten sich zuvor selbst Liebe zukommen lassen, so wie Sie es im vorigen Kapitel gelernt haben.

Dies ist die wichtigste Eigenschaft der Liebe: Es kommt nicht darauf an, wo die Liebe herkommt, wo sie beginnt, was ihre Quelle ist – ob das ein anderer Mensch ist, das eigene Ich oder etwas Spirituelles. Wenn Sie Liebe brauchen, dann können Sie einen Baustein aus Ihrer Liebespyramide nehmen, sich die Liebe holen, die für Sie am einfachsten verfügbar ist, und sich damit selbst aufmuntern.

Haben Sie Streit mit Ihrem Partner, dann finden Sie Zugang zur Liebe, indem Sie die Methoden anwenden, mit denen man sich selbst Zuwendung und Liebe geben kann. Wenn Sie ausgebrannt sind und es Ihnen unmöglich ist, Selbstliebe aufzubringen, dann können Sie bei der Natur oder bei etwas Spirituellem nach Liebe suchen. Wenn Sie mit sich selbst nicht im Reinen sind, dann können Sie sich an einen wichtigen Menschen in Ihrem Umfeld wenden, an die Familie oder an Freunde.

Welche Form der Liebe auch immer Sie erfahren, sie verschafft Ihnen auch zu den anderen Formen der Liebe besseren Zugang und stärkt generell Ihre Liebespyramide.

Und mit Hilfe der Liebe, die Sie bekommen – aus welcher Quelle auch immer –, entwickeln Sie ein klareres Bild davon, was Sie im Leben wollen und was nicht. Mit dieser Klarheit entdecken Sie auch, auf wen Sie in Zeiten der Not zählen können. Sie bilden starke und nährende Beziehungen, in denen ein Gleichgewicht zwischen Geben und Nehmen herrscht. Wer Liebe empfängt, der teilt sie mit anderen, so dass die Liebe immer stärkere und größere Kreise zieht, die mit der Zeit das formen, was ich die Seelenfamilie nenne.

WAS IST EINE SEELENFAMILIE?

Die Menschen in Ihrer Seelenfamilie fördern das Beste in Ihnen zutage und unterstützen Sie, wenn Ihre schlimmste Seite sich zeigt. Der Gegensatz dazu sind Leute, die Ihre schlimmste Seite hervortreten lassen, so dass Ihre beste Seite nicht beachtet wird. Die Mitglieder Ihrer Seelenfamilie unterstützen Sie, so wie auch Sie diese Mitglieder unterstützen. Jedes Mitglied der Seelenfamilie arbeitet an seinen eigenen Ängsten, statt bei Ihnen Ängste auszulösen.

Nehmen wir folgendes Beispiel: Sie erzählen einer Freundin, dass Sie einen neuen Freund haben. Sie haben einige Bedenken und möchten mit jemandem darüber sprechen. Zwei Szenarios könnten sich entwickeln. Falls Ihre Freundin selbst Probleme in Beziehungen hat, dann könnte ihre Unsicherheit das Gespräch bestimmen, indem sie alle Dinge aufzählt, die Sie falsch machen. Auf diese Weise verstärkt sie Ihre Ängste noch. Eine Freundin mit einer ausgeglichenen Haltung gegenüber Beziehungen und weniger eigenen Problemen damit würde dagegen Ihre Ängste mit Ihnen durchsprechen und Ihnen das Gefühl geben, unterstützt zu werden. Vielleicht hat sie einige der Probleme, die Sie gerade durchmachen, selbst schon erlebt, und Sie beide könnten zusammen nach Lösungen suchen.

Auch Mitglieder Ihrer eigentlichen Familie können zu Ihrer Seelenfamilie gehören. Das muss aber nicht so sein, sondern hängt davon ab, ob Ihre Beziehung zu ihnen im Gleichgewicht ist oder nicht. Entscheidend ist die Dynamik in einer Beziehung: Ist das Geben und Nehmen ausgeglichen? Macht das Verhalten des jeweiligen Menschen Sie meist glücklich oder frustriert es Sie?

Mitglieder Ihrer Seelenfamilie können unterschiedliche Rollen in Ihrem Leben besetzen. Mit den einen können Sie wunderbare intellektuelle Gespräche führen, mit anderen verbringen Sie einfach eine schöne Zeit. Wenn Sie Glück haben, gibt es Menschen, mit denen Sie viele Berührungspunkte und eine Vielzahl von gemeinsamen Interessen haben. Doch auch wenn die unterschiedlichen Mitglieder der Seelenfamilie verschiedene Aspekte von Ihnen bedienen, so ist eines allen gemeinsam: Sie können in gleichem Maße wie Sie Liebe empfangen und geben.

Nun lassen Sie uns darangehen, Ihre Seelenfamilie aufzubauen. Dies sind Ihre Aufgaben und Ziele:

1. Lassen Sie Ihre Erwartungen los.
2. Wünschen Sie, ohne Erwartungen daran zu knüpfen.
3. Bauen Sie sich Ihre Seelenfamilie auf.

ERWARTUNGEN ÜBERPRÜFEN UND VERÄNDERN

Ziel Nr. 1: Lassen Sie Ihre Erwartungen los.

Wenn Sie sich Ihre Beziehungen genauer anschauen, dann entdecken Sie vielleicht, dass Sie die Menschen manchmal nicht so sehen, wie sie sind, sondern so, wie Sie sie sehen möchten – meist so, wie es *Ihren* Bedürfnissen entspricht. Wenn der andere dann die Erwartungen, die Sie an ihn haben, nicht erfüllt, sind Sie verletzt, wütend oder enttäuscht. Natürlich haben wir alle mehr oder weniger konkrete Erwartungen an andere Menschen. Wir erwarten, dass der Kellner im Restaurant uns bedient, dass der Zahnarzt unsere Zähne ordentlich behandelt, dass unsere Mutter uns liebt und dass unser Freund mit uns ins Kino geht.

Doch falsche Erwartungen – einen Menschen nicht als das zu sehen, was er wirklich ist, sondern nur nach seiner Rolle zu beurteilen – haben die unwillkommene Nebenwirkung, dass sie die Angstreaktion auslösen. Wir sehen nicht die wahren Eigenschaften eines Menschen, sondern hoffen, dass er das hat und erfüllt, was uns selbst fehlt. Bei einer solchen Konstellation sind Desillusionierung und Unzufriedenheit vorprogrammiert – und eine nachdrückliche Einladung an die Angstreaktion.

Damit will ich nicht sagen, dass Sie keine Erwartungen haben sollen. Wie negative Emotionen sind auch Erwartungen in uns fest verankert. Wir brauchen sie, damit sie uns signalisieren, dass wir unglücklich sind oder dass etwas aus dem Gleichgewicht ist. Problematisch wird es dann, wenn wir unsere Erwartungen nicht als solche erkennen und wütend oder enttäuscht sind, weil sie nicht erfüllt werden, was uns wiederum dazu veranlasst, uns selbst oder andere zu verletzen.

Unsere Erwartungen sind ein verzerrtes Spiegelbild unserer tieferen Bedürfnisse, die den meisten Menschen nicht bewusst sind. Sie sind daher als Hinweise zu verstehen, dass wir tiefer in uns hineinblicken sollen. Wenn Sie das tun, werden Sie Ihre wahren Bedürfnisse entdecken und können sich endlich darum kümmern, statt weiterhin zu erwarten, dass ein anderer das für Sie tut.

Sie können sich dann eher als vollständiges Ganzes fühlen, und als Ergebnis werden Sie weniger Erwartungen an andere haben. Sie wünschen sich vielleicht, dass andere bestimmte Eigenschaften haben oder Dinge tun, aber Sie werden das nicht mehr von ihnen erwarten. Sie können für jede Beziehung sachliche Entscheidungen treffen, den jeweiligen Menschen als das sehen und schätzen, was er wirklich ist, und Konflikte besser bewältigen. Sie werden wissen, ob in Ihrer Beziehung zu diesem Menschen die Liebe im Gleichgewicht ist und ob eine Balance zwischen Geben und Nehmen besteht.

HAZEL: *Erwartungen verändern*

Hazel war achtundvierzig, seit zwanzig Jahren verheiratet und hatte zwei Söhne im Teenageralter. Als sie in meine Sprechstunde kam, hatten ihre Wechseljahre gerade begonnen und sie klagte über Hitzewallungen und Schlafstörungen. Sie erzählte, dass sie ständig weine und ihre Emotionen wieder unter Kontrolle bekommen müsse. Ebenso wollte sie ihre beiden Söhne unter Kontrolle bekommen, die Probleme in der Schule hatten und ständig mit ihrem Vater stritten. Es störte sie, dass ihr Mann kein Interesse an sozialen Kontakten hatte, außer beim Sport. Keiner in ihrer Familie hörte ihr je wirklich zu oder half ihr im Haushalt, vor allem ihr Mann nicht. Sie führte einen ständigen Kampf bei dem Versuch, alles unter Kontrolle zu behalten.

Ich fragte Hazel: »Wie gut kannst du um Hilfe bitten oder diese annehmen?« »Nicht so gut«, gab sie zu. »Und warum«, fügte ich hinzu, »hast du das Bedürfnis, alles unter Kontrolle zu haben?« »Vielleicht bin ich ein Kontroll-Freak?«, vermutete sie. »Darauf werden wir noch zurückkommen«, meinte ich.

Ich fragte sie nach ihrer Kindheit. Hazel war die Tochter von Einwanderern, die sehr hart gearbeitet hatten, um ihre vier Kinder durchzubringen. Ihr Vater war Italiener, ein angespannter, emotionaler Mensch. Die kleine Hazel war sein »Augapfel«. Leider war er selten zu Hause, da er so viel arbeitete. Ihre Mutter wiederum war zwar zu Hause und kümmerte sich um die Kinder, allerdings war sie nicht sehr liebevoll und zeigte selten Gefühle. Hazel beschrieb ihre älteren Geschwister als »ziemlich wild«, besonders ihre älteste Schwester, damals das schwarze Schaf der Familie. Hazel dagegen war »die Brave«. Sie war gut in der Schule, war sehr selbständig, hatte viele Freunde, brauchte selten Hilfe und machte keine Schwierigkeiten. Sie war zuverlässig und verantwortungsbewusst. Sie war ein Mädchen, das »alles unter Kontrolle« hatte.

Ich fragte Hazel weiter, was ihr das Gefühl gab, die Kontrolle zu verlieren. Sie sagte, sie sei richtig wütend auf ihre Familie, weil sie nie auf sie hörten und sich nicht so verhielten, wie sie es eigentlich sollten, besonders ihr

Ehemann. Ich fragte sie, ob sie mit dem Gedanken spiele, ihren Ehemann zu verlassen. Sie antwortete bestimmt: »Nein.«

»Was möchtest du denn?«, fragte ich. »Du bist wütend und unglücklich, aber du möchtest nicht gehen. Was möchtest du dann?«

Hazel antwortete schnell: »Ich möchte, dass er netter ist, sich mehr um mich kümmert.«

»Hat er sich jemals so verhalten?«, fragte ich nach.

»Nein, eigentlich nicht«, musste sie zugeben.

»Wie kann es dann sein, dass sein Verhalten dich überrascht – nach zweiundzwanzig Jahren? Wieso erwartest du dann von ihm, dass er sich anders verhält?«, fragte ich weiter nach. »Du möchtest, dass dein Ehemann so ist, wie er gar nicht ist und wahrscheinlich auch nie sein wird. Du kannst das Verhalten anderer Menschen nicht kontrollieren.«

Hazel wurde bewusst, dass ihr Bedürfnis, ihr Umfeld zu kontrollieren, sie dazu verführte, Erwartungen aufzustellen, die nicht erfüllt wurden, und das wiederum machte sie wütend. Ich erklärte ihr, dass das Bedürfnis nach Kontrolle der Angst vor der Zukunft entsprang und dem mangelnden Vertrauen, dass alles gut werden würde. Sie würde ihre Angst heilen müssen und lernen, sich als vollständiges Ganzes zu fühlen.

Ich brachte Hazel bei, das SHIELD aufzubauen, ihr Herz mit Mitgefühl und Anerkennung zu erfüllen und das Herzgebet zu sprechen. Dann forderte ich sie auf, eine Wunschliste aufzustellen.

Ich erklärte ihr, dass die meisten Menschen zwar wüssten, was sie nicht wollten, aber nur sehr wenige Menschen eine klare Vorstellung davon hätten, was sie wollten. Wenn Menschen viel Zeit damit verbringen, darüber zu jammern, was sie nicht mögen oder worüber sie unglücklich sind, dann lösen sie die Angstreaktion aus. Als Folge fühlen sie sich nicht nur elend, sondern sie aktivieren eine negative physiologische Reaktion, die ihnen letztlich schadet, ganz abgesehen davon, dass sie weitere negative Emotionen und Einstellungen hervorruft.

Ich machte Hazel klar, indem sie sich mit Liebe und Mitgefühl erfüllte, könnte sie sich eher als vollständiges Ganzes fühlen, so dass sie weniger Erwartungen hätte. Mit weniger Erwartungen würde sie sich darüber klarwerden, was das Beste für sie sei, was sie wirklich wollte. Sie müsste dann ihre »Wünsche« ihrem Mann verständlich machen und sollte vielleicht über eine Eheberatung nachdenken.

Hazel wollte Unterstützung. Sie wollte eine bessere Kommunikation. Sie wollte, dass ihr Ehemann mit ihr im Team arbeitete und ihr half, sich um die Söhne zu kümmern.

Unglücklicherweise war die Eheberatung ein völliger Fehlschlag. Hazels Ehemann beschwerte sich die ganze Zeit über seine Kinder, was sie immer wütender machte. Während Hazel versuchte, ihre Wut und ihre Angst zu verarbeiten, wurde ihre Ehe einem letzten Test ausgesetzt, als man bei ihr Brustkrebs diagnostizierte. Sie entschied sich für eine komplette Brustamputation mit anschließendem Brustaufbau. Hazel brauchte jetzt jede Unterstützung, die sie bekommen konnte, von Freunden und von der gesamten Familie, um sich davon zu erholen. Ich lehrte sie den Liebesradar, eine Visualisierung, in der man Liebe zu sich herabruft.

Hazel war nach der Operation für einige Zeit bettlägerig und brauchte viel Pflege. Freunde und Familie halfen ihr, aber ihr Ehemann hatte sie weder bei der Entscheidung für die Operation unterstützt noch sonst wie geholfen. Stattdessen war er gereizt und verhielt sich wie ein Kind, dessen Mutter ihm nicht genug Aufmerksamkeit schenkt.

Für Hazel brachte dies das Fass zum Überlaufen. Sie begriff, dass sie in dieser Beziehung der »Geber« war und ihr Mann ein »Nehmer«. Die Liebe war nicht im Gleichgewicht. Selbst eine lebensbedrohliche Krankheit schaffte es nicht, dieses Muster aufzubrechen. Sie wusste, dass sie sich keinen Gefallen tat, wenn sie in einer Beziehung verharrte, bei der kein ausgeglichenes Geben und Nehmen herrschte.

Als Hazel sich wieder erholt hatte, reichte sie die Scheidung ein. Heute sagt sie, dass sie sich niemals besser oder glücklicher gefühlt hat. Sie umgibt sich nur noch mit Leuten, mit denen es ein ausgeglichenes Geben und Nehmen von Liebe gibt. Sie weiß, was sie will, und sie vertraut darauf, dass sie es bekommen wird. Sie lernt gerade, sich von ihrem Bedürfnis nach Kontrolle zu lösen, und mit jedem weiteren Schritt in diesem Prozess fühlt sie sich mehr »unter Kontrolle« als je zuvor.

Was ist der Liebesradar?

Mit dem Liebesradar erfüllen Sie Ihr Herz mit Liebe, und gleichzeitig richten Sie sich an das Universum, um die Liebe, die Sie sich in Ihrem Leben wünschen und die Sie brauchen, anzuziehen. ·

Bei der Übung zum Liebesradar visualisieren Sie eine Lichtkugel, die wie eine Sonne von der Mitte Ihrer Brust ausstrahlt. Die Strahlen gehen hinaus in die Welt und ins Universum und übermitteln den Ruf nach Liebe – oder was immer es ist, was Sie wollen. Der Liebesradar funktioniert in zwei Richtungen: Sie schicken den Ruf nach Liebe oder Hilfe hinaus und die zurückkehrenden Lichtstrahlen bringen Ihnen diese Liebe oder Hilfe.

Der Liebesradar

- Visualisieren Sie eine Lichtkugel, die in Ihrem Herzen herumwirbelt und Lichtstrahlen in alle Richtungen aussendet. Sie sieht aus wie eine Sonne, die in Ihrem Herzen scheint.
- Sprechen Sie zu sich: »Ich rufe alle Liebe! Ich rufe alle Liebe!«

Diese Übung können Sie so oft machen, wie Sie möchten. Sie dauert nicht lange und kann recht schnell zu Ergebnissen führen. Wann immer Sie sich hilflos oder überfordert fühlen oder irgendetwas benötigen, sei es eine neue Arbeitsstelle, eine neue Beziehung, Mut, Hilfe jeder Art – visualisieren Sie den Liebesradar und lassen Sie sich überraschen.

Mit der Liebesreaktion
Erwartungen überprüfen und verändern

Bewusstheitsübung

Sich der Erwartungen bewusst werden und sie überprüfen

- Stellen Sie den Wecker auf zehn Minuten.
- Schließen Sie die Augen.
- Atmen Sie tief ein.
- Atmen Sie tief aus.
- Lassen Sie beim Ausatmen alle Gedanken aus Ihrem Geist und alle Spannungen aus Ihrem Körper fließen.
- Bauen Sie Ihr SHIELD auf.
- Denken Sie über eine Beziehung nach, in der es gerade einen Konflikt gibt. (Das kann auch ein unbedeutender

Konflikt sein, eine Meinungsverschiedenheit, eine Unstimmigkeit, etwas, das Sie an dieser Person ärgert, etc.)

- Lassen Sie die negativen oder verurteilenden Gedanken oder Gefühle gegenüber dieser Person zu, damit Sie sich ihrer bewusst werden.
- Begreifen Sie, dass Sie kein schlechter Mensch sind, nur weil Sie so denken oder fühlen.
- Denken Sie darüber nach, warum Sie sich so über diesen Menschen aufregen. Hat der Betreffende Sie mit seinen Handlungen irgendwie verletzt? Nimmt er zu viel von Ihnen? Geben Sie zu viel, ohne etwas dafür zu bekommen?
- Achten Sie darauf, wie es sich in Ihrem Brustkorb anfühlt.
- Achten Sie darauf, wie Sie atmen, während Ihnen diese Gedanken durch den Kopf gehen.
- Achten Sie darauf, wie Sie sich fühlen, wenn Sie sich die frustrierenden und verletzenden Handlungen dieses Menschen wieder ins Gedächtnis rufen.
- Haben Sie dieses Gefühl in der Vergangenheit schon einmal erlebt? Ist Ihnen das Gefühl vertraut?
- Bitten Sie Ihr Herz, Ihnen eine Situation aus Ihrer näheren oder fernen Vergangenheit zu zeigen, in der Sie dieses Gefühl schon einmal hatten. (Dabei hilft Ihnen bei Bedarf die Übung »Sich bewusst werden: Wie fühlt sich das Herz?« am Ende des letzten Kapitels.)
- Erinnern Sie sich, wann Sie dieses Gefühl das erste Mal hatten? Und rufen Sie sich ein Bild Ihres damaligen Ich vor Augen.
- Was geschah damals?
- Wie alt waren Sie?
- Wie haben Sie sich gefühlt?
- Wenn der Wecker klingelt, öffnen Sie die Augen.

Loslassen

- Stellen Sie den Wecker auf fünf Minuten oder länger, falls Sie das möchten.
- Schreiben Sie Ihre Erfahrungen während dieser Übung auf, ohne darüber nachzudenken, darüber zu urteilen oder Gedanken oder Gefühle zu unterdrücken. Schreiben Sie so lange, bis der Wecker klingelt. Hören Sie nicht vorher auf und unterbrechen Sie nicht. Wenn Sie zuerst nicht wissen, was Sie schreiben sollen, ist das in Ordnung. Sie können damit beginnen, Ihre Gefühle gegenüber diesem Menschen aufzuschreiben. Schauen Sie von Zeit zu Zeit auf die Fragen, damit diese Ihren Gedankenfluss lenken können. Ihr Schreiben führt Sie vielleicht in eine Phase Ihrer Vergangenheit, von der sich herausstellt, dass sie ein wichtiger Auslöser für Ihre gegenwärtigen Reaktionen ist.
- Wenn der Wecker klingelt, hören Sie auf. Legen Sie die Hände auf das, was Sie geschrieben haben, und sagen Sie: »Ich entlasse euch jetzt aus meinem Körper.« Dann vernichten Sie die Blätter, indem Sie sie zerreißen oder verbrennen.

Heilen: sich mit Liebe füllen

Dies ist eine erweiterte Version der Liebesradar-Übung, die ich Ihnen oben schon vorgestellt habe.

- Schließen Sie die Augen.
- Atmen Sie tief ein.
- Atmen Sie tief aus.
- Lassen Sie beim Ausatmen alle Gedanken aus Ihrem Geist und alle Spannungen aus Ihrem Körper fließen.
- Bauen Sie Ihr SHIELD auf – mit Ihren göttlichen Eltern, die Sie im Arm halten und trösten.

- Das göttliche Licht erfüllt Ihr Herz mit Mitgefühl und Liebe.
- Das göttliche Licht sammelt sich in Ihrem Herzen, bis es einen Lichtball zu formen beginnt.
- Der Lichtball gleicht der Sonne – in Ihrem Herzen entsteht eine strahlende Sonne.
- Die Sonne beginnt sich zu drehen und herumzuwirbeln. Und es gehen Strahlen göttlichen Lichts von ihr aus.
- Nun wiederholen Sie im Stillen ein paar Mal diese Worte: »Ich rufe alle Liebe! Ich rufe alle Liebe!«
- Ihr Liebesradar übermittelt Ihre Rufe um Hilfe. Er bringt Liebe in Ihr Herz und überträgt auch Liebe in die Welt.
- Liebe fließt herein und heraus, während Sie ein- und ausatmen.
- »Ich rufe alle Liebe! Ich rufe alle Liebe!« Nun können Sie um das bitten, was Sie wollen, was immer es ist:
  - Klarheit
  - Fülle
  - Führung
  - den richtigen Mann
  - die richtige Frau
  - die richtige Arbeit
  - die richtige Lösung einer Situation
- Sie können um alles bitten.
- Wiederholen Sie Ihre Bitte mindestens zwanzigmal.

Umprogrammierung – Erwartungen loslassen

Was zu tun ist

- Bauen Sie das SHIELD auf – mit den göttlichen Eltern, die Sie im Arm halten und trösten.
- Stellen Sie sich vor, wie das göttliche Licht auf Sie herab-

scheint und Ihr Herz mit Mitgefühl und Liebe erfüllt, während Sie das Herzgebet sprechen:

Möge mein Herz heute das Licht empfangen.
Möge mein Herz für die Liebe offen sein.
Möge das Licht mein Herz heute berühren
und mein Herz der Liebe öffnen.

- Sprechen Sie die Bestärkungsformel: »Ich vertraue darauf, dass ich geliebt und unterstützt werde und es wert bin, Liebe zu empfangen.«
- Während sich das Licht in Ihrem Herzen ansammelt, aktivieren Sie den Liebesradar.
- Üben Sie zu visualisieren, wie Sie Liebe von Ihrer engsten Familie und von Freunden bekommen; üben Sie, Hilfe anzunehmen.
- Üben Sie, Nein zu sagen, wenn Sie immer nur geben sollen und die Anforderungen bei Ihnen Gereiztheit und Ärger auslösen.
- Fragen Sie sich immer wieder, vor dem SHIELD und danach: »Was will ich? Was ist das Richtige für mich?«
- Stellen Sie eine Wunschliste auf, die Ihnen dabei hilft, Klarheit zu bekommen und die Wünsche Ihres Herzens zu erkennen.

Die Wunschliste

Greifen Sie vor allem dann auf die Wunschliste zurück, wenn Sie Ihre Beziehungen verbessern wollen. Sie können sie aber auch dazu einsetzen, das auf sich zu ziehen, was Sie brauchen und wonach Sie sich sehnen, was immer es ist.

- Nehmen Sie ein Stück Papier und richten zwei Spalten ein. Über eine Spalte schreiben Sie »Was ich nicht will« und über die andere »Was ich will«.

- Wenn Sie mögen, können Sie darunter verschiedene Kategorien einrichten, etwa »Karriere«, »Liebesdinge«, »Familie«, »Hobby« etc. – was auch immer Sie in Ihrem Leben schaffen oder haben möchten.

- Anfangs wissen Sie vielleicht noch nicht, was Sie wollen, dann schreiben Sie erst einmal auf, was Sie nicht möchten. Danach können Sie in die »Was ich will«-Spalte das Gegenteil schreiben. Beispielsweise möchten Sie keinen Partner haben, der mürrisch ist oder seine Gefühle nicht ausdrückt. In die »Was ich will«-Spalte schreiben Sie dann »Einen Partner, der eine positive Lebenseinstellung hat« oder »Einen Partner, mit dem ich Gefühle austauschen kann«. Sie können auch mit einer allgemeinen Feststellung beginnen wie »Ich möchte den für mich perfekten Mann« oder »Ich möchte den für mich perfekten Job«. Das Wichtigste ist, mit der Liste überhaupt anzufangen.

- Ergänzen Sie diese Liste, so oft Sie wollen, werden Sie dabei immer detaillierter und konkreter und lernen Sie, etwas zu wünschen, ohne Erwartungen daran zu knüpfen.

- Reservieren Sie jeden Tag eine bestimmte Zeit, um Ihre Wunschliste durchzulesen. Tun Sie das, nachdem Sie Ihr SHIELD durchgeführt oder die Entspannungsreaktion ausgelöst haben, morgens nach dem Aufwachen oder abends vor dem Zubettgehen.

Wann Sie die Umprogrammierung einsetzen sollten

- Wenn Sie das Gefühl haben, dass Ihre Bedürfnisse oder Wünsche nicht erfüllt werden.
- Wenn Sie sich einsam fühlen, auch wenn Sie nicht allein sind.
- Wenn Sie ein schlechtes Gewissen haben, weil Sie etwas getan oder etwas unterlassen haben.

- Wenn Sie in Bezug auf sich selbst das Wort »sollen« verwenden – »Ich sollte das tun« / »Ich hätte das tun sollen«.
- Wenn Sie das Gefühl haben, Sie haben z. B. ein Kompliment nicht verdient oder nicht bekommen.
- Wenn Sie sich angegriffen fühlen.
- Wenn Sie das Bedürfnis haben, jemanden anzugreifen.
- Wenn Sie enttäuscht sind.
- Wenn Sie das Gefühl haben, Ihnen wurde das Herz gebrochen.

ANNAHMEN UND EINSTELLUNGEN ÄNDERN

Ziel Nr. 2: Wünschen Sie, ohne Erwartungen daran zu knüpfen.

Vielleicht gehören Sie zu der großen Zahl von Menschen, die weder über ein unterstützendes Netzwerk noch über finanzielle Sicherheit verfügen. Sie sind überzeugt, dass es für Sie gefährlich wäre, Ihre Ehe oder Ihre Arbeit aufzugeben. Nicht jeder besitzt eine loyale Familie oder andere wichtige Ressourcen. Sie können Ihre augenblickliche Situation zurzeit einfach nicht verändern. Was jetzt?
Die Techniken zur Umprogrammierung sind für Sie genauso hilfreich wie für alle anderen. Vielleicht sind sie für Sie sogar noch wichtiger, da Ihre Angstreaktion von dem Gefühl, in der Falle zu sitzen oder Opfer der Umstände zu sein, gut genährt wird. Erfüllen Sie sich selbst und Ihr Leben ganz bewusst mit Liebe und Mitgefühl, bauen Sie langsam ein unterstützendes Netzwerk auf, dann können auch Sie Ihr Leben verändern.

Jeff war vierundsechzig, als er wegen chronischer Brust-schmerzen, die ihn seit seiner Herzoperation plagten, zu mir kam. Er beschrieb, wie es während der Operation zum Herzstillstand gekommen war und dass sein Brust-korb hatte geöffnet werden müssen, um in einer Notope-ration einen Bypass zu legen. Es hatte lange gedauert, bis er sich wieder erholt hatte, und seine Genesung war zu-sätzlich dadurch erschwert worden, dass seine Frau ihn wenig unterstützte. Jeff erzählte, dass er abgesehen von den chronischen Brustschmerzen auch wiederkehrende Alpträume hatte, unter Schlaflosigkeit und unkontrol-lierbaren Wutanfällen litt.

Als ich Jeff besser kennenlernte, erfuhr ich, dass er eine problematische Kindheit gehabt hatte und misshandelt worden war. Als Teenager und junger Mann hatte er ein wildes Leben geführt, Alkohol und Drogen konsumiert. Er hatte eine Menge Geld verdient und noch mehr ausge-geben. Aus dem Gefühl der Unzufriedenheit heraus hat-te er nach Hilfe gesucht und sich der Spiritualität zuge-wandt. Im Buddhismus hatte er Trost gefunden. Er war verheiratet und hatte zwei Kinder.

Allerdings war er in seiner Ehe unglücklich. Es machte ihn wütend, dass seine Frau ihn in keiner Weise emotio-nal unterstützte, und schon gar nicht physisch. Sie rauch-te im Haus, obwohl er sie gebeten hatte, das zu lassen, da dies seinen Zustand verschlimmerte. Sie begleitete ihn niemals zum Arzt. Sie fragte ihn nie, wie es ihm ging. Sie verhielt sich, als sei er ihr völlig egal. Das tat ihm weh. Es erinnerte ihn an seine Kindheit. Er konnte einfach nicht darauf vertrauen, dass sie ihn unterstützen würde, wenn er ihre Hilfe bräuchte.

Um Jeffs Ängste in Bezug auf Sicherheit und seine Sorge,

ob er vielleicht sterben würde, in den Griff zu bekommen, musste ich ihm helfen, seine Erfahrung von Vertrauen umzuprogrammieren. Als Erstes arbeiteten wir daran, dass er Vertrauen zu einem Arzt aufbaute (in dem Fall war ich das).

Ich brachte ihm bei, wie er das SHIELD durchführen konnte, zusammen mit dem Vertrauensgebet, dem Herzgebet und der Bestärkungsformel: »Ich vertraue darauf, dass ich geliebt und unterstützt werde und es wert bin, Liebe zu empfangen.«

Wir arbeiteten auch an seiner Wut und an seinem Bedürfnis, die Menschen um sich herum zu beherrschen und zu kontrollieren, indem wir uns um sein mangelndes Selbstwertgefühl kümmerten. Er lernte, sein Herz mit liebevoller Güte und Mitgefühl zu erfüllen. Ich riet Jeff, das SHIELD vor allem dann aufzubauen, wenn er das Gefühl hatte, voller Wut und Frustration auf andere loszugehen zu müssen. Er sollte versuchen, erst einmal durchzuatmen und nachzudenken, bevor er angemessen reagierte.

Die Arbeit an Jeffs Herz gestaltete sich schwierig, da seine Herzschmerzen sich jedes Mal verschlimmerten, wenn wir zu diesem Thema kamen. Wir arbeiteten uns vorsichtig durch vergangene Verletzungen, besonders aus seiner Kindheit, und schließlich erkannte er, dass der Groll gegen seine Eltern die Quelle seiner Wut war. Seinen Erwartungen lag die Sehnsucht nach bedingungsloser elterlicher Liebe zugrunde. Ich half Jeff dabei, sich selbst in seiner Kindheit zu visualisieren, umgeben von seinem SHIELD mit den göttlichen Eltern, von denen er grenzenlose Liebe und Zuneigung bekam. Dazu sprach er das Vertrauensgebet und seine Bestärkungsformel. Diese Übung schenkt Heilung durch elterliche Liebe, und ich riet ihm, sie so oft wie möglich zu machen.

Nach einer gewissen Zeit stellte Jeff fest, dass er sich ruhiger fühlte, mehr im Frieden mit sich war und seltener wütend wurde. Er bemühte sich darum, seine sozialen Kontakte auszuweiten. Er begann in einem benachbarten Altenzentrum ehrenamtlich zu arbeiten, schloss sich einer politischen Organisation an und unternahm tägliche Spaziergänge mit seinem Cousin. In der Zwischenzeit war Jeffs Frau endlich einverstanden, nur noch außerhalb des Hauses zu rauchen, und fragte ihn tatsächlich, wie es ihm ging, nachdem er von einer Sitzung bei mir zurückgekehrt war. Beide Ehepartner begannen allmählich besser miteinander umzugehen. Mit der Zeit erkannte Jeff, dass die Beziehung zu seiner Frau nicht »ideal« war und eher freundschaftlichen Charakter hatte. Er wusste auch, dass er seine Frau nie verlassen würde. Das war für ihn keine Option. Deshalb gab es für ihn nur die Lösung, an sich selbst zu arbeiten und einen Kreis von Freunden und Familienmitgliedern aufzubauen, die ihm mehr von der Liebe und Unterstützung, die er brauchte, geben konnten.

Mit der Liebesreaktion
negative Einstellungen verändern

Bewusstheitsübung

Sich bewusst werden

Führen Sie die Übung »Sich der Erwartungen bewusst werden und sie überprüfen« von Ziel Nr. 1 durch (siehe Seite 165).

Loslassen

Führen Sie die Übung »Loslassen« von Ziel Nr. 1 durch (siehe Seite 167).

Jedes Mal, wenn Sie diese Übungen durchführen, können andere Erkenntnisse und Einsichten auftauchen und Sie auf eine neue Ebene des Heilens führen.

Heilen:
bedingungslose Liebe und Unterstützung empfangen

- Schließen Sie die Augen.
- Atmen Sie tief ein.
- Atmen Sie tief aus.
- Lassen Sie alle Gedanken, Sorgen, allen Stress und alle Ängste aus sich fließen, während Sie ausatmen.
- Bauen Sie Ihr SHIELD auf.
- Stellen Sie sich den göttlichen Vater und die göttliche Mutter vor, die in Ihrem SHIELD von Licht stehen.
- Ihre göttliche Mutter und Ihr göttlicher Vater sprechen das Vertrauensgebet, sie halten Sie im Arm und trösten Sie:

Vertrauensgebet
Vertraue.
Vertraue darauf, dass du nicht allein bist.
Vertraue darauf, dass du nichts Falsches getan hast.
Vertraue darauf, dass du geliebt wirst und liebenswert bist.
Vertraue darauf, dass du der Ausdruck einer göttlichen Energie bist.
Du bist vollkommen, so wie du bist.

- Lassen Sie zu, dass Sie im Arm gehalten, gewiegt, getröstet und genährt werden. Geben Sie sich ihrer Liebe hin.
- Das göttliche Licht aus dem SHIELD verschmilzt mit Ihrem Herzen, erfüllt es mit Mitgefühl und Liebe.
- Sprechen Sie die Worte: »Ich vertraue darauf, dass ich geliebt und unterstützt werde und es wert bin, Liebe zu empfangen.«
- Atmen Sie ein, während das Licht Ihr Herz mit Mitgefühl und Liebe erfüllt.
- Atmen Sie aus, während sich das Licht über Ihren ganzen Brustraum ausdehnt.
- Sprechen Sie die Worte: »Ich vertraue darauf, dass ich geliebt und unterstützt werde und es wert bin, Liebe zu empfangen.«
- Rufen Sie sich das Bild aus Ihrer Bewusstheitsübung noch einmal vor Augen – Ihr Ich aus der Vergangenheit, das verletzt oder ängstlich ist oder sich auf andere Weise schlecht fühlt.
- Stellen Sie sich vor, Sie umarmen das alte Ich.
- Fordern Sie das alte Ich auf:

> *Vertraue.*
> *Vertraue darauf, dass du nicht allein bist.*
> *Vertraue darauf, dass du nichts Falsches getan*
>   *hast.*
> *Vertraue darauf, dass du geliebt wirst und*
>   *liebenswert bist.*
> *Vertraue darauf, dass du der Ausdruck einer*
>   *göttlichen Energie bist.*
> *Du bist vollkommen, so wie du bist.*

- Spüren Sie, wie das alte Ich sich in Ihren Armen entspannt, während Sie es festhalten und trösten.
- Das alte Ich spricht die Worte: »Ich vertraue darauf, dass

ich geliebt und unterstützt werde und es wert bin, Liebe zu empfangen«, während Sie es festhalten.

- Das SHIELD von göttlichem Licht umgibt Sie beide und verschmilzt mit Ihren Herzen.
- Die göttlichen Eltern stehen immer noch an Ihrer Seite, trösten und halten Sie beide.
- Sie beide fühlen sich jetzt mehr im Einklang mit sich, vollständiger und zuversichtlicher.
- Ihr altes Ich verschmilzt mit Ihrem heutigen Ich.
- Sie fühlen sich im Einklang mit sich, vollständig und zuversichtlich.
- Sie fühlen, dass Sie sich und Ihre Situation besser annehmen können.

Umprogrammierung –
bedingungslose Liebe und Unterstützung erhalten

Was zu tun ist

- Bilden Sie Ihr SHIELD mit Ihren göttlichen Eltern, die Sie im Arm halten und trösten, sprechen Sie das oben beschriebene Vertrauensgebet.
- Stellen Sie sich vor, wie das göttliche Licht Ihr Herz erfüllt.
- Rufen Sie sich das Bild von Ihrem alten Ich vor Augen und trösten Sie dieses Bild.
- Sprechen Sie die Bestärkungsformel: »Ich vertraue darauf, dass ich geliebt und unterstützt werde und es wert bin, Liebe zu empfangen.«
- Üben Sie, um Hilfe zu bitten.
- Suchen Sie sich einen Therapeuten oder Arzt, dem Sie vertrauen.
- Fangen Sie an, ein unterstützendes Netzwerk aufzubauen. Treten Sie einer Selbsthilfegruppe bei, nehmen Sie an

Aktivitäten der Volkshochschule, der Kirche etc. teil. Sie können auch einem Lesekreis beitreten oder irgendeinem anderen Kreis, bei dem Sie Menschen treffen, die Ihre Interessen teilen.

- Achten Sie darauf, wenn Sie das Gefühl haben, Ihre Erwartungen würden nicht erfüllt werden. Versuchen Sie, sich darüber klarzuwerden, was diesen Erwartungen oder Bedürfnissen letztlich zugrunde liegt.
- Indem Sie mehr Klarheit darüber bekommen, welches Ihre Bedürfnisse sind und wo Sie Kompromisse eingehen würden und wo nicht, können Sie Ihre Wunschliste (siehe Seite 169) ergänzen.

Wann Sie die Umprogrammierung einsetzen sollten

- Wenn Sie sich von einem Freund, einem Familienmitglied, einem Partner, einem Vorgesetzten, einem Kollegen etc. im Stich gelassen fühlen.
- Wenn Sie das Gefühl haben, dass Sie einen anderen im Stich gelassen haben.
- Wenn Sie frustriert, ärgerlich oder wütend auf andere sind.
- Wenn Sie bei jemandem Ärger, Wut oder Frustration ausgelöst haben.
- Wenn Sie sich ängstlich, bedürftig oder verzweifelt fühlen (beispielsweise händeringend darauf warten, dass jemand Sie anruft).

SEINE BEDÜRFNISSE ERKENNEN UND KOMMUNIZIEREN

Ziel Nr. 3: Bauen Sie sich eine Seelenfamilie auf.

Beziehungen erfordern Kommunikation. Es ist eine Sache, seine Ängste und Erwartungen zu verarbeiten, eine andere ist es, seine Wünsche und Gefühle einem anderen mitzuteilen und im Gegenzug dessen Wünsche und Gefühle zu verstehen.

Schauen Sie sich Ihre Beziehungen genau an und achten Sie darauf, ob Sie darin zufrieden oder unzufrieden sind. Dabei richten Sie Ihr Augenmerk auf die unerfüllten Erwartungen. Wenn Sie sich mit diesen unerfüllten Erwartungen intensiver beschäftigen, werden Sie entdecken, dass ihr Ursprung oder die dahinterstehende Verletzung in der Vergangenheit liegt. Sie haben von mir ein Heilmittel an die Hand bekommen, und wenn Sie es anwenden, werden Sie feststellen, dass Sie mehr im Einklang mit sich sind und besser in der Lage, Entscheidungen über Ihr Leben zu treffen.

Doch das genügt nicht. In einer Beziehung müssen Sie mit einem anderen Menschen interagieren und kommunizieren. Sich selbst von Erwartungen zu befreien hilft wenig, wenn Sie sich nicht austauschen, nicht darüber reden, was jeder von Ihnen sich wünscht. Keiner kann die Gedanken des anderen lesen. Befindet sich aber die Kommunikation im Fluss, dann befindet sich auch der Kreislauf der Liebe im Gleichgewicht.

Dann wird es auch viel einfacher, jene Menschen anzuziehen und sich mit ihnen zu verbinden, die Ihren Kreislauf der Liebe vervollständigen. Es ist dieses Gefühl des Fließens, das Sie erkennen lässt, dass Menschen Teil Ihrer Seelenfamilie sind.

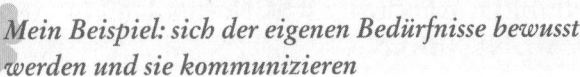

Glauben Sie mir, ich hatte in meinem Leben viele unausgeglichene Beziehungen! Denn soweit ich zurückdenken kann, habe ich mich immer zurückgezogen, wenn ich mich von einem Menschen verletzt glaubte. Wenn ich mich schlecht behandelt fühlte, verschloss ich mich und kehrte der Situation den Rücken, ohne zu versuchen, darüber zu reden, weil ich meistens zu viel Angst hatte, meine Stimme zu benutzen. Meinem Freund John habe ich es zu verdanken, dass ich das endlich begriff.

John hatte gerade erst eine langjährige Beziehung beendet, als wir uns kennenlernten. Er war deprimiert, und wir verbrachten Stunden damit, darüber zu sprechen, ob wir in einem Restaurant aßen, in einer Bar saßen, am Strand oder beim Bergwandern waren. Ich war glücklich, dass ich ihm beistehen und ihn unterstützen konnte. Ich brauchte es, gebraucht zu werden, und John brauchte Unterstützung. Anfangs hatten wir beide etwas von dieser Beziehung. Als ich dann selbst Probleme bekam, benötigte ich ebenfalls Unterstützung und Zuwendung. John konnte mir das nicht geben. Er steckte noch zu tief in seinen eigenen Problemen. Ich verfiel in meine Angstreaktion und fühlte mich verletzt und enttäuscht. Ich war auch wütend und ärgerlich, da ich überzeugt war, so viel gegeben zu haben und jetzt nichts zurückzubekommen. Ich war sauer auf ihn, weil er nicht bemerkte, dass ich nicht so guter Laune war wie sonst. Ich distanzierte mich von John, statt mit ihm über meine Gefühle zu sprechen.

Die Distanz erlaubte mir, in mein Inneres zu blicken und darüber nachzudenken, was ich wirklich brauchte. Ich setzte das SHIELD ein, bat um Hilfe, umarmte mich selbst als verletztes kleines Mädchen und fand Freunde und Familienmitglieder, die mich unterstützten. Als ich stärker wurde, gewann ich mehr Klarheit. Ich erkannte, dass das kleine Mädchen in mir von Johns Verhalten verletzt worden war und dass ich aufgrund meiner Angstreaktion mit Distanzierung reagiert hatte. Dadurch hatte ich aber unsere Freundschaft und ihn aufgegeben. Ich hatte ihn verletzt.

Als ich dann wieder versuchte, mit John Kontakt aufzunehmen, war er sehr wütend auf mich. Die E-Mails, die er mir schickte, waren voller Anklagen, auf die ich anfangs mit meinem eigenen Ärger und meinem Verletztsein reagierte. Mir war klar, dass wir uns treffen und darüber reden mussten. Doch anfangs sträubte ich mich dagegen. Ich hatte Angst davor, was er wohl sagen und wie ich darauf reagieren würde. Ich überlegte: »Wenn ich mich diesmal anders verhalten wollte, was würde ich dann tun?« Ich baute mein SHIELD auf und visualisierte, dass ich mein kleines Mädchen umarmte. Dann visualisierte ich meine göttlichen Eltern, die uns beide umarmten, und sprach das Vertrauensgebet. Und ich gab mir selbst das, was ich brauchte – eine Umarmung.

Als ich mich selbst umarmte und meine Bestärkungsformel wiederholte, löste ich mich sofort aus meiner Angstreaktion. Bald waren die negativen Gefühle durch Gefühle der Güte und Liebe ersetzt, so dass ich uns beiden vergeben konnte. Ich rief John an und sagte, es tue mir leid und ich wolle mich mit ihm treffen.

Ich konnte an seiner Stimme hören, dass er sich freute, und ich wusste, dass ich das Richtige tat. Es war mein Job zu wissen, dass ich nicht vollkommen war und mein Verhalten erst recht nicht. Statt mit meinem Freund über das zu sprechen, womit er mich verletzt hatte, hatte ich mich verschlossen und ihm den Rücken gekehrt. Ich hatte der Freundschaft nicht vertraut, und das war falsch gewesen.

John war auf vielerlei Weise bereit zu geben, ich hätte nur um das bitten müssen, was ich brauchte. Als wir uns dann trafen, bestätigte sich dies. Er sagte, er sei zwar manchmal begriffsstutzig, aber er sei ein loyaler Freund. Nachdem wir herausgefunden haben, wie man in ausgeglichener Weise Liebe gibt und nimmt, ist er heute ein Mitglied meiner Seelenfamilie.

Mit der Liebesreaktion die Seelenfamilie konkretisieren

Bewusstheitsübung

Sich der Erwartungen an die Familie bewusst werden

- Stellen Sie den Wecker auf zehn Minuten.
- Schließen Sie die Augen.
- Atmen Sie tief ein.
- Atmen Sie tief aus.
- Lassen Sie alle Gedanken, Sorgen, allen Stress und alle Ängste aus sich fließen, während Sie ausatmen.
- Bilden Sie Ihr SHIELD.
- Denken Sie über Ihre Familie nach, so wie sie jetzt ist.
- Denken Sie über die Dynamik in Ihrer Familie nach und welches Bild die Mitglieder Ihrer Familie von Ihnen haben.
- Achten Sie darauf, welche Gedanken und Gefühle in Ihnen aufsteigen. Sehen Sie nur zu.
- Lassen Sie sich von Ihren Gedanken und Vorstellungen in die Vergangenheit tragen, als ob Sie einen Film über Ihr Familienleben sehen und unterschiedliche Szenen daraus anschauen.
- Sehen Sie sich selbst als Kind, als Baby oder junger Erwachsener.
- Achten Sie auf die Dynamik innerhalb Ihrer Familie.

- Achten Sie darauf, welche Rolle Sie spielen.
- Achten Sie darauf, wie Sie damals von den anderen gesehen zu werden glaubten.
- Lassen Sie die Gedanken, Vorstellungen und Emotionen zu, die in Ihnen aufsteigen, versuchen Sie nicht etwas zu verändern, zu unterdrücken oder zu beurteilen.
- Wenn der Wecker klingelt, öffnen Sie die Augen.

Loslassen

- Stellen Sie den Wecker auf fünfzehn Minuten.
- Sie können über das, was Sie in der Übung erlebt haben, und über Ihre Gefühle mit einem Freund sprechen oder alles aufschreiben. Ziel ist, dass Sie Ihre Erwartungen darüber, was eine Familie Ihrer Meinung nach sein sollte, aufgeben. Doch zuerst müssen Sie erkennen, was Ihre Erwartungen sind und was Sie dazu gebracht hat, so zu fühlen, wie Sie es tun; dies geschieht dadurch, dass Sie es formulieren. Indem Sie dann Ihre Vergangenheit loslassen, lassen Sie auch alte Muster und Verhaltensweisen los, die sich durch das Leben in Ihrer Familie gebildet haben.
- Wenn der Wecker klingelt, hören Sie auf. Legen Sie die Hände auf das, was Sie geschrieben haben, und sagen Sie: »Ich entlasse euch jetzt aus meinem Körper.« Dann vernichten Sie die Blätter, indem Sie sie zerreißen oder verbrennen. Falls Sie einem Freund von Ihren Erfahrungen erzählt haben, sagen Sie zum Abschluss laut oder nur zu sich selbst: »Ich habe euch nun aus meinem Körper entlassen.«

Heilen: die Seelenfamilie

Bei dieser heilenden Visualisierung setzen wir den Liebesradar ein und ergänzen ihn mit dem Ruf nach Ihrer

Seelenfamilie. Sie können darum bitten, die Aufmerksamkeit eines bestimmten Menschen anzuziehen, oder allgemein nach Ihrer Seelenfamilie rufen.

- Schließen Sie die Augen.
- Atmen Sie tief ein.
- Atmen Sie tief aus.
- Lassen Sie alle Gedanken, Sorgen, allen Stress und alle Ängste aus sich fließen, während Sie ausatmen.
- Bilden Sie Ihr SHIELD mit den göttlichen Eltern, die Sie im Arm halten und trösten.
- Stellen Sie sich vor, dass ein göttliches Licht Ihr Herz mit Mitgefühl und Liebe erfüllt.
- Es sammelt sich immer mehr göttliches Licht in Ihrem Herzen an, und es beginnt sich eine Sonne zu formen.
- Die Sonne in Ihrem Herzen beginnt sich wirbelnd zu drehen. Strahlen göttlichen Lichts gehen von ihr aus.
- Sprechen Sie im Stillen diese Worte: »Ich rufe alle Liebe! Ich rufe alle Liebe!«
- Die Lichtstrahlen scheinen von der Mitte Ihres Herzens in die Welt hinaus. Rufen Sie weiterhin nach Liebe, und der Radar wird diese Rufe nach Hilfe übermitteln.
- Während der Radar die Rufe Ihres Herzens aussendet, schickt er Liebe in die Welt hinaus.
- Nun bitten Sie Ihre Seelenfamilie, in Ihrem Leben zu erscheinen.
  Bitten Sie um einen Lebenspartner.
  Um einen besten Freund.
  Um jemanden, der Sie bemuttert.
  Um jemanden, den Sie bemuttern können.
  Um nette Kollegen.
  Und so weiter.
- Bitten Sie darum, dass Ihre Seelenfamilie in Ihr Leben tritt.

Umprogrammierung –
die Seelenfamilie in Ihr Leben rufen

Was zu tun ist

- Üben Sie, um Hilfe zu bitten, selbst wenn Sie es nur tun, während Sie das SHIELD aufbauen, und niemand Speziellen bitten. Diese Übung programmiert die Gewohnheit, sich hinzugeben und sich zu erlauben, Liebe und Unterstützung anzunehmen, in welcher Form auch immer sie geboten wird.

- Nehmen Sie sich vor, mit einem Freund oder geliebten Menschen wenigstens einmal am Tag Verbindung aufzunehmen – entweder per Telefon oder persönlich.

- Suchen Sie sich einen »Telefon-Freund«: Sie und ein Freund oder geliebter Mensch verpflichten sich, einmal pro Woche so lange zu telefonieren, wie Sie Zeit haben – zwischen zehn und sechzig Minuten. Tragen Sie dafür feste Zeiten in Ihrem Kalender ein, mindestens für die nächsten sechs Monate. Auf diese Weise können Sie sicher sein, dass Sie zumindest einmal in der Woche die Möglichkeit haben, sich jemandem zu öffnen, Liebe zu geben und zu empfangen.

- Die »Berührung der Mutter«: Erleben Sie heilende Berührungen durch Energieheilen, Massage oder Kraniosakraltherapie, entspannende Bäder und viele Umarmungen! Dies ist ein weiterer Weg, den Akt des Nehmens in Ihr Unterbewusstsein einzuprogrammieren.

- Das Haustier der Seelenfamilie: Wenn es möglich ist, sollten Sie sich ein Haustier anschaffen oder intensiv Zeit mit dem Haustier von jemand anderem verbringen. Haustiere sind wundervolle Quellen bedingungsloser Liebe und – das haben Studien ergeben – fantastisch für Ihre Gesundheit!

- Üben Sie zu atmen, um sich daran zu erinnern, wie sich

Ganzheit anfühlt, das Aufnehmen und das Loslassen. Die »Atemübung für den Kreislauf der Liebe« (siehe Seite 127) ist dafür gut geeignet, sie kann immer und überall ausgeführt werden.

Wann Sie die Umprogrammierung einsetzen sollten

- Wenn Sie sich einsam fühlen.
- Wenn Sie niemanden haben, mit dem Sie reden können.
- Wenn Sie unzufrieden sind mit Ihrem Privat- oder Berufsleben.
- Wenn Sie feststellen, dass Sie zu viele Beziehungen haben, die nicht im Gleichgewicht sind.
- Wenn Sie feststellen, dass die meisten Ihrer Freunde Nehmer und keine Geber sind.
- Wenn Sie sich nach Nähe sehnen.

Sich zu erlauben, Liebe anzunehmen, ist die beste Methode, sich selbst lieben zu lernen. Es ist wie beim Atmen. Wenn Sie bewusst tief ein- und ausatmen, spüren Sie, wie gut Ihnen das tut. Hingegen denken Sie bei einer zu flachen Atmung vielleicht: »Hey, das fühlt sich nicht so gut an, ich möchte mich aber gut fühlen. Ich verdiene es. Ich möchte längere und tiefere Atemzüge machen!« Dasselbe gilt für den Liebeskreislauf. Je mehr Liebe Sie mit anderen im ausgeglichenen Geben und Nehmen austauschen, umso besser erkennen Sie, was für Sie gut ist und dass Ihnen das zusteht. Sie erfahren, dass Sie es wert sind, geliebt zu werden, was Sie letztlich darauf vorbereitet, sich selbst zu lieben.

DIE LIEBESPYRAMIDE WEITERBAUEN

Selbstliebe

Jeder Einzelne von uns ist einzigartig und etwas Besonderes.« Dieser Satz ist die Grundlage für den Bereich der Selbstliebe in der Liebespyramide.

Vielleicht lesen Sie diesen Satz und denken: »Wenn ich so einzigartig und besonders bin, warum fühle ich mich dann so minderwertig?« Dann geht es Ihnen wie vielen meiner Patienten.

Selbstliebe ist jene Art von Liebe, die am schwierigsten zu erreichen ist. Es ist eine Herausforderung, sich positiv zu sehen und sich zu lieben, wenn man in der Angstreaktion steckt. Dann neigt man dazu, den Sport zu vernachlässigen, isst ungesund, isst zu viel oder zu wenig oder bekommt nicht genug Schlaf – und all das führt dazu, dass man sich noch schlechter fühlt.

Wer sich elend fühlt, ist meist kein guter Unterhalter, und das veranlasst andere, sich zurückzuziehen. Also fühlen wir uns auch noch einsam und wenig liebenswert und geraten in eine Abwärtsspirale.

Wenn wir nicht genug Selbstliebe haben, fühlen wir uns irgendwie unvollkommen und unvollständig. Wir glauben, dass wir nur gut genug sind, wenn etwas oder ein anderer uns vervollständigt. Wir nehmen an, dass unser Leben von Äußerlichkeiten abhängt – von unserer Arbeit, unserer Ausbildung, unserer Position in der Gemeinschaft, unserem finanziellen Status, von unserer Familie. Sobald diese äußerlichen Faktoren gefährdet sind, ist unsere ganze

Existenz bedroht. Dann fühlen wir uns hilflos oder verunsichert, zweifeln an uns und unserem Leben, an dem Sinn unseres Lebens. Fixiert auf die erlittenen Verluste, verlieren wir uns selbst und sind nicht mehr in der Lage, den Weg aus der Angstreaktion zu finden.

Besitzen wir dagegen Selbstliebe, geschieht das genaue Gegenteil. Wir ruhen mehr in uns selbst und lassen uns von negativen Ereignissen weniger beeinflussen. Wir können dann unsere Unvollkommenheiten als Teil unserer Individualität annehmen, ohne sie als gut oder schlecht zu werten. Wir wissen, wer wir sind. Dann schaffen wir es, aus den Mauern, die wir selbst aufgebaut haben, auszubrechen und haben den Mut und die Kraft, die Hindernisse im Leben problemlos zu überwinden. Und – ganz wichtig – wir erkennen, dass wir einzigartig und großartig sind.

LERNEN, SICH SELBST ZU LIEBEN

Sich selbst zu lieben bedeutet, sich selbst wahrzunehmen, ohne sich zu beurteilen. Es bedeutet ebenso, gut für sich selbst zu sorgen. So wie Zuneigung aus der sozialen Liebe entspringt, hat die Selbstfürsorge in der Selbstliebe ihre Wurzeln. Was bedeutet Selbstfürsorge? Man behandelt seinen Körper gut, indem man nicht nur auf gesunde Nahrung, sondern allgemein auf eine gesunde Lebensweise achtet. Man beachtet seine körperlichen und emotionalen Bedürfnisse. Man behandelt sich selbst so, wie man einen geliebten Menschen behandeln würde. Wenn Sie dies alles tun, dann sind Sie aufgeschlossen, entspannt und aufnahmebereit. Sie erforschen und entdecken, wer Sie sind und was Ihre Bestimmung ist. Sie besitzen Selbstvertrauen und akzeptieren sich so, wie Sie sind.

Man kann sich nicht für oder gegen Selbstliebe entscheiden,

es ist eine Notwendigkeit. Menschen, die ihren eigenen Wert davon abhängig machen, was andere von ihnen denken, zahlen dafür häufig einen hohen seelischen und körperlichen Preis. Dies zeigte eine Studie von Jennifer Crocker, Psychologin am Institut für Social Research der Universität von Michigan. Crocker ließ 642 College-Studenten zweimal einen Fragebogen ausfüllen, in dem diese ihr allgemeines Maß an Selbstachtung einschätzen und angeben sollten, welches die äußeren bzw. inneren Grundlagen ihrer Selbstachtung seien. Zu den Grundlagen gehörten beispielsweise Konkurrenz, äußere Erscheinung, Anerkennung durch andere, familiärer Rückhalt, Tugenden, religiöse Überzeugung und Tüchtigkeit. Den ersten Fragebogen füllten die Teilnehmer aus, kurz bevor sie ans College gingen. Er zeigte, dass die meisten künftigen Studenten über ein hohes Maß an Selbstachtung verfügten. Mehr als 80 Prozent gaben an, dass ihr Selbstwertgefühl auf ihren schulischen Leistungen beruhte, bei 77 Prozent war die Unterstützung durch die Familie die Grundlage, bei 66 Prozent die Tatsache, dass sie besser waren als andere. Bei 65 bis 70 Prozent beruhte das Selbstwertgefühl auf ihrem Erscheinungsbild, bei 66 Prozent darauf, dass sie ein guter Mensch seien, bei 40 Prozent auf ihrem Glauben und bei 37 Prozent auf der Anerkennung durch andere.

Nach den ersten beiden Semestern am College wiederholten die Forscher ihre Befragung und erhoben gleichzeitig Daten, wie die Studienanfänger in sozialer und akademischer Hinsicht mit dem Studium zurechtkamen. Crocker fand heraus, dass die Studenten, deren Selbstwertgefühl sich auf äußere Quellen stützte – Erscheinungsbild, Anerkennung durch andere, Leistungen im Studium –, häufiger von Stress, Ärger und Problemen im Studium und Konflikten in Beziehungen berichteten. Bei ihnen fand sich auch ein höherer Prozentsatz von Drogen- und Alkoholmissbrauch und von Essstörungen.

Studenten, deren Selbstwertgefühl auf inneren Quellen beruhte – dass sie ein rechtschaffener Mensch seien oder an moralischen Standards festhielten –, zeigten bessere Leistungen im Studium und hatten ein geringeres Risiko, Alkohol oder Drogen zu nehmen oder Essstörungen zu entwickeln. [1]

Für mich hatte die Aufgabe, mein wahres Selbst zu entdecken, anfangs etwas Erschreckendes. Ich hatte Angst, ich würde das, was ich entdecken würde, vielleicht nicht mögen. Ich war noch nicht bereit, mich so anzunehmen, wie ich wirklich war, ohne jede Bewertung. Es kostete mich eine Menge Überzeugungsarbeit, mich selbst und meine Unvollkommenheiten zu lieben. Aber es fiel mir zunehmend leichter, als ich begriff, dass ich als Mensch an sich einen Wert hatte, unabhängig von meinen Fehlern und allem anderen. Ich stellte fest, wenn ich ängstlich, wütend oder verunsichert war, fühlte ich mich nicht wohl. Wenn ich mich aber wohl fühlte – wenn ich in mir ruhte –, hatte ich das Gefühl, als sei ich in mein wahres Ich geschlüpft, in die Person, die ich wirklich war und schon immer sein sollte. Indem ich mich selbst ohne Vorbehalte akzeptierte, gelang es mir besser zu erkennen, warum ich auf dieser Erde war. Ich hatte begriffen, dass ich nur meinem eigenen Weg folgen musste, um Glück, Liebe, Gesundheit, Freundschaft und alles sonst, was ich in meinem Leben schätzte, zu bekommen. Und am wichtigsten war, dass ich damit besser in der Lage war, meine Angstreaktion abzuwehren, was mir wiederum half, mich mit mir selbst wohler zu fühlen.

SPRECHEN SIE MIR NACH

Sie können Ihre Selbstliebe mit der Wiederholung dieser einfachen, aber wirkungsvollen Worte stärken:

»Ich werde geliebt.«

Wenn Sie diese Worte möglichst oft wiederholen, werden Sie feststellen, dass Sie sich mehr geliebt und liebenswerter und insgesamt gesünder fühlen. Es funktioniert. Mit der Wiederholung dieser Bestärkungsformel ersetzen Sie negative Einstellungen wie »ich bin nicht liebenswert« oder »niemand liebt mich« durch die positive Einstellung, dass Sie geliebt werden, was auch immer geschieht. Indem Sie das tun, programmieren Sie Ihre Physiologie um und wechseln von der aktiven Angstreaktion in die Liebesreaktion.

DIE URSPRÜNGE IHRES ICH-BEWUSSTSEINS

Die Selbstliebe beginnt in der frühen Kindheit, sich zu entwickeln, was wenig überraschend sein dürfte. Wenn wir als Kind elterliche Bindung und Zuneigung, angenehme Gefühle sowie positive Bestärkungen erfahren und sich unsere Nervenbahnen gut ausbilden können, dann reift in uns die Überzeugung, dass wir den Herausforderungen des Lebens gewachsen sind. Wir glauben, dass wir es wert sind und dass wir fähig sind, Liebe und Unterstützung zu bekommen. Wir stellen fest, dass uns Ressourcen wie Familie und Freunde (soziale Liebe) zur Verfügung stehen, und wir sind davon überzeugt, dass wir es verdienen, diese Unterstützung zu bekommen. Wir entwickeln das Gefühl, unser Leben unter Kontrolle zu haben. Untersuchungen stützen die Annahme, dass Erwartungen und Einstellungen die physiologischen Abläufe beeinflussen können. Individuen mit einem stärkeren Gefühl, die Kontrolle zu haben, sind gesünder [2], da ihre Angstreaktion häufiger ausbleibt.
Menschen mit Selbstvertrauen glauben daran, dass sie den Lauf der Dinge beeinflussen können. Sie sind flexibel, statt

in die starre Angstreaktion zu verfallen. Sie empfinden weniger Scham, weil sie nicht glauben, viel verstecken zu müssen. Untersuchungen haben ergeben, dass Menschen, die oft unter Schuldgefühlen leiden, seltener glücklich sind [3] und selbst positive Ereignisse für gesundheitsschädlich halten. [4] Im Gegensatz dazu tendieren Menschen mit höherem Selbstwertgefühl dazu, glücklicher zu sein und positive Ereignisse mit guter Gesundheit zu verbinden. [5]

Bedenken Sie bitte, dass ein starkes Ich-Bewusstsein *nicht* Furchtlosigkeit bedeutet, sondern verbunden ist mit der Bereitschaft und der Fähigkeit, eine Herausforderung anzunehmen, *obwohl* diese Angst auslöst. Diesen Charakterzug bezeichnet man als Mut oder auch Courage – Letzteres hat seine Wurzeln im lateinischen Wort »cor« für »Herz«. Wenn wir Mut haben, dann haben wir das Gefühl, dass wir unsere Angst besiegen und Herausforderungen annehmen können, weil unser Herz voller Selbstvertrauen ist.

Je mehr negative Prägung wir erfahren haben, umso unwahrscheinlicher ist es, dass wir uns unterstützt und geliebt fühlen, umso weniger glauben wir, dass wir in der Lage sind, unsere Ängste zu besiegen, und umso verletzter und leerer wird unser Herz werden. Tief in unserem Herzen ruhen die Erinnerungen, von denen unsere negativen Überzeugungen genährt werden, die das Fundament unseres Selbstbildes und unseres Selbstwertgefühls bilden.

Was also, wenn die Erfahrungen aus der frühen Kindheit negativ und angsteinflößend waren und uns die Unterstützung gefehlt hat? Sind wir dann zum Scheitern verurteilt?

Ganz im Gegenteil. Wenn Sie es lernen, anderen Liebe zu geben und von der Welt um Sie herum Liebe zu empfangen, dann werden Sie auch diesen Ort in Ihrem Innern erreichen. An diesem Ort können sich alte Überzeugungen in neue Einstellungen wandeln, die Ihr Leben unterstützen und nähren. Sie können sich dann selbst umprogrammieren.

PETER: *Schamgefühle*

Peter war sechsundfünfzig, als er in meine Sprechstunde kam und über mangelndes Selbstvertrauen und fehlende Energie klagte. Er war ständig müde, und auch wenn er seiner Arbeit nachging und seinen Alltag gut bewältigte, so war dieses Gefühl der Müdigkeit immer präsent. Er hatte den Eindruck, sowohl geistig als auch körperlich kaum Energie zu haben. Er schlief gut und hatte keine weiteren Probleme, abgesehen von Verspannungen im Nacken und oberen Rücken, die er aber schon immer gehabt hatte, seit er sich erinnern konnte.

Peter war selbständig und sehr erfolgreich. Er war verheiratet, hatte aber keine Kinder. Von seiner Arbeit fühlte er sich nicht gestresst, und er erzählte, er führe eine gute Ehe. Weiter erzählte er, dass er Vegetarier sei und sich gesund ernähre. Er nahm zusätzlich Vitamine, machte Sport und meditierte regelmäßig. Er glaubte fest an eine höhere Macht und war überzeugt, dass ihm dieser Glaube geholfen hatte, die Schwierigkeiten in seinem Leben durchzustehen.

Auf den ersten Blick sah es so aus, als habe Peter ausreichend soziale Unterstützung und auch ein Gefühl der spirituellen Verbundenheit. Dennoch fühlte er sich immer müde, hatte Muskelverspannungen und ein geringes Selbstvertrauen, woraus ich schloss, dass er nicht genug Selbstliebe hatte. Als ich ihn dazu befragte, erzählte mir Peter von seiner Kindheit.

Sein Vater war gestorben, kurz nachdem Peters jüngerer Bruder zur Welt gekommen war. Als Peter drei Jahre alt war, gab seine Mutter ihn und seinen Bruder in ein Waisenhaus. Dort hatte er gelebt, bis er dreizehn war. Er schilderte das Leben im Waisenhaus so, wie man es aus Filmen kennt – die Betreuer waren sehr streng, gefühlsarm und wenig fürsorglich. Da sowohl er als auch sein Bruder relativ klein waren, musste er stark sein und kämpfen, damit er sich und seinen Bruder vor den Raufbolden schützen konnte. Er erinnerte sich, dass er einmal adoptiert werden sollte, sich aber weigerte, sich von seinem Bruder zu trennen. Als er dreizehn war, verließen die beiden das Waisenhaus und kamen zu Pflegeeltern. Sein Bruder und er wechselten dann von einer Pflegefamilie zur nächsten. Manchmal erfuhren sie Fürsorge und Zuwendung, dann waren sie wieder Misshandlungen oder Vernachlässigung ausgesetzt. Mit sechzehn begann Peter neben seiner Ausbildung zu arbeiten und bestritt den Lebensunterhalt für seinen Bruder und sich.

Im Grunde ging es darum, dass Peter im Stich gelassen worden war. In seiner frühen Kindheit hatten ihm elterliche Zuwendung und Fürsorge gefehlt sowie die Überzeugung, dass er willkommen war, geliebt wurde und sich jemand um ihn sorgte. Als Folge davon fiel es ihm schwer, genügend Selbstvertrauen und Selbstwertgefühl zu entwickeln.

Peters Aufgabe war es, an seinem Selbstbild zu arbeiten, an seinem Selbstwertgefühl und an seiner Fähigkeit, die Liebe und Unterstützung anzunehmen, die ihn umgaben. Durch den Einsatz von Bestärkungsformeln und autosuggestiven Übungen konnte Peter allmählich die tief in seinem Innern verwurzelten Gefühle von Scham und geringem Selbstvertrauen überwinden. Als sich mit der Zeit seine Physiologie verbesserte, hatte er auch wieder mehr Energie, und seine Muskelschmerzen verschwanden.

WIE STEHT ES UM IHRE SELBSTLIEBE?

Nehmen Sie sich einen Moment Zeit und denken Sie über die folgenden Fragen nach:

- Wenn Sie einen Raum betreten, in dem lauter Fremde sind, die Sie glauben beeindrucken zu müssen – fühlen Sie sich dann wohl oder unsicher?
- Machen Sie sich Gedanken darüber, wie Sie aussehen oder wie Sie sich anhören?
- Vermitteln Sie Selbstvertrauen, wenn Sie sprechen?
- Sind Sie sehr abhängig von der Anerkennung anderer?
- Wie reagieren Sie, wenn jemand Ihre Ideen oder Ihre Arbeit in Frage stellt oder kritisiert? Verteidigen Sie sich und Ihre Werte? Oder reagieren Sie mit Ärger? Oder ziehen Sie sich zurück und sagen gar nichts mehr?

Wenn Sie über Selbstliebe verfügen, dann haben Sie auch Selbstvertrauen, selbst unter lauter Fremden und in belastenden Situationen. Sie sind nicht von der Anerkennung oder der Wertschätzung anderer abhängig. Sie können mit Kritik umgehen, weil Sie sie nicht persönlich nehmen, und Sie drücken Ihre Meinung deutlich aus.
Wie können Sie an diesen Ort des Selbstvertrauens und der Klarheit gelangen?
Indem Sie ein Ganzes werden.

EIN GANZES SEIN

Nehmen Sie ein Blatt und zeichnen Sie einen großen Kreis. Dieser Kreis repräsentiert Ihr Leben, und nun zerteilen Sie ihn wie einen Kuchen in Stücke. Jedes Stück steht für etwas, das Ihnen wichtig ist, Familie, Freunde, die Arbeit etc. Weitere Stücke repräsentieren die Dinge, die Sie gerne haben möchten, bisher aber noch nicht bekommen haben; Dinge, von denen Sie glauben, sie würden Sie »vollständig machen«, wenn Sie sie hätten.

Die meisten Menschen sind überzeugt, dass man erst dann ein Ganzes ist, wenn man alle Stücke dieses Kuchens hat. Sie haben das Gefühl, sie seien sonst unvollständig und die Lücken müssten unbedingt gefüllt werden. Sie fühlen sich unsicher und vielleicht sogar wertlos ohne dieses bestimmte Stück.

Das liegt daran, dass die meisten Menschen ihr Selbstbild und ihr Selbstvertrauen davon abhängig machen, was sie haben und was sie machen und von der Anerkennung durch andere. Sie sind überzeugt, so, wie sie sind, nicht gut genug zu sein und auch nicht genug zu haben.

Wie können Sie diese Überzeugung verändern und lernen, ein Ganzes zu sein? Sie können die »fehlenden Stücke« mit etwas anderem füllen, und damit meine ich nicht Essen, Alkohol oder Tabletten. Ich meine damit Liebe.

IHR LIEBESGUTHABEN

Stellen Sie sich vor, bei Ihrer Geburt hätten Ihre Eltern für Sie ein Konto eröffnet. Auf dieses Konto haben sie die unterschiedlichsten Arten von Kapital eingezahlt – ihre Nahrung, ihre Schulausbildung, ihre Studiengebühren, eine Reihe von Fertigkeiten etc. Während Sie heranwuchsen, haben auch andere Menschen auf Ihr Konto eingezahlt, Ihre Lehrer, Ihre Freunde etc. Das Kapital, das Sie dabei angesammelt haben, soll Ihnen helfen, in dieser Welt zu leben und zu überleben.

Sie haben aber nicht nur jede Menge Wissen und Erfahrungen auf Ihrem Konto angesammelt, sondern es gab auch Einzahlungen an bedingungsloser Liebe. Das ist Ihr Liebesguthaben. Dieses Guthaben besteht aus der reinen, bedingungslosen Liebe, die Sie von anderen, von einem höheren Wesen und einfach dafür bekamen, dass es Sie gibt. Sie müssen Ihr Liebesguthaben nicht zurückzahlen. Es sind keine Bedingungen damit verbunden. Niemand erwartet dafür eine Gegenleistung. Es steht Ihnen zur Verfügung, und Sie können daraus schöpfen, wenn Sie Stress oder Angst haben. Wenn Ihr Konto ausgeglichen ist, dann geht es Ihnen gut.

Auf unserem Liebeskonto haben wir selten ein großes Guthaben, denn das Leben ist voller Belastungen und wir müssen oft auf das Konto zugreifen. Vielleicht ist ja auch in Ihrer Kindheit nicht viel auf Ihr Liebeskonto eingezahlt worden. Möglicherweise waren Sie mit vielen Herausforderungen konfrontiert, die Sie an sich zweifeln ließen. Wenn Sie dann erwachsen sind, mag Ihr Liebesguthaben ganz schön geschmolzen sein.

ZURÜCK IN DIE KINDHEIT!

Wie viel Liebe, Fürsorge und Anerkennung Sie in Ihrem Leben bekommen haben, besonders in der Kindheit, bestimmt den Kern Ihres Selbstbildes. In der frühen Kindheit umsorgt und geliebt zu werden, hilft uns zu lernen, dass wir wertvoll sind und geschätzt werden. Als Säugling haben Sie wahrscheinlich bedingungslose Liebe empfangen, und damit eine große Einzahlung auf Ihr Liebeskonto. Niemand stellte irgendwelche Erwartungen an Sie. Sie waren wichtig und wurden geliebt, einfach weil es Sie gab! Doch schon bald kamen diverse Regeln und Verpflichtungen ins Spiel, und die Menschen begannen, ein bestimmtes Verhalten von Ihnen zu erwarten. Wenn Sie sich den Erwartungen gemäß verhielten, wurden Sie belohnt und bekamen Anerkennung.

So sammelten Sie ein Guthaben an »bedingter Liebe« an. Dies wurde nicht auf das Liebeskonto eingezahlt, das nur aus bedingungsloser Liebe besteht. Hierfür gab es ein eigenes Konto, auf das immer etwas eingezahlt wurde, wenn Sie sich akzeptabel verhielten.

Somit gründete sich Ihr frühes Selbstbild auf die Prämisse: »Ich bin gut, wenn ich gehorche, und böse, wenn ich dies nicht tue. Wenn ich gut bin, wächst mein Konto. Wenn ich böse bin, ist mein Konto leer.« Je weniger Guthaben sich auf dem Konto befindet, umso mehr Angst haben Sie.

Für Sie als Erwachsener gilt diese Prämisse immer noch. Ihre Angstreaktion wird ausgelöst, wenn Sie das Gefühl haben, dass Sie nicht geschätzt oder geachtet werden. Die Angstreaktion verschärft dann das Problem, indem sie an eine verborgene Wunde aus einer früheren Zeit rührt, als Sie sich genauso fühlten. Selbst wenn Sie in einer liebevollen Umgebung aufgewachsen sind, kann eine Bedrohung Ihres Selbstbildes die Angstreaktion auslösen. Niemand erhält grenzenlos bedingungslose Liebe.

Doch für jeden ist es möglich, sein Liebesguthaben aufzufüllen und wachsen zu lassen. Dazu müssen Sie sich der Situation bewusst werden und bereit sein, zu handeln und etwas zu verändern. Das nächste Kapitel wird Ihnen zeigen, wie das geht.

GRUNDREGELN DER SELBSTLIEBE

Das Liebesguthaben aufbauen

Stellen Sie sich folgendes Szenario vor: Sie haben verschlafen und weder Zeit zum Duschen noch für ein Frühstück, es reicht nicht einmal für einen Kaffee. Sie ziehen sich hastig an, putzen sich flüchtig die Zähne und eilen aus dem Haus, wo Sie im morgendlichen Berufsverkehr im Stau stehen. Als Sie verspätet zur Arbeit kommen, hat Ihr »schlechter Tag« aber gerade erst begonnen. Die Dosenlimonade aus dem Automaten spritzt beim Öffnen über Ihre Bluse. Ihr Computer stürzt ab, und als Sie ihn dann zum zweiten Mal neu gestartet haben und Ihre E-Mails abrufen, erfahren Sie aus einer Mail von Ihrem Chef, dass der Abgabetermin für ein großes Projekt um zwei Wochen vorgezogen wurde. Als dann Ihre Freundin und Kollegin vorbeikommt, um Ihnen zu erzählen, wie ihre Verabredung am Abend zuvor gelaufen ist, haben Sie keine Geduld mehr. Sie blocken ab und sagen ihr, dass Sie für solch banale Unterhaltungen jetzt keine Zeit haben. Beleidigt geht sie Ihnen den Rest des Tages aus dem Weg. Ausgehungert und frustriert gehen Sie in die Büro-Küche, wo Sie eine Schachtel mit Donuts finden. Sie verschlingen vier davon. Danach haben Sie nicht mehr das Gefühl, abgehetzt und zu spät zu sein, sondern jetzt fühlen Sie sich dick und elend und ohne beste Freundin.

Wie wäre es gelaufen, wenn Sie eine ausreichend große Reserve an Liebe oder ein Liebesguthaben gehabt hätten? In Zeiten besonderer Belastung können Sie sich aus dieser Reserve Selbstliebe holen – so wie Sie Geld von Ihrem

Sparkonto abheben, wenn Ihr Girokonto leer ist. Trotz der schwierigen Situation könnten Sie sich selbst genug Fürsorge geben, stark und flexibel bleiben, Ihren Stress bewältigen; die Angstreaktion würde seltener und weniger intensiv ausgelöst, und Sie würden sich ganz allgemein besser fühlen. Sie würden vielleicht doch lieber einen Kaffee trinken, auch wenn Sie dann zu spät ins Büro kommen, Sie würden feststellen, dass Sie eigentlich doch ein paar Minuten Zeit haben, um mit Ihrer Freundin zu sprechen, und die Donuts würden Sie nicht locken.

Umso größer Ihr Liebesguthaben ist, umso mehr werden Sie ein Ganzes werden, umso mehr Selbstvertrauen werden Sie haben und umso stärker wird Ihre Selbstliebe sein.

Ihre Aufgabe liegt also darin, die Seite der Selbstliebe an Ihrer Liebespyramide aufzubauen, indem Sie die folgenden drei Ziele anstreben:

1. Lernen Sie sich selbst wertzuschätzen, und erkennen Sie, dass Sie vollkommen sind.
2. Begreifen Sie, wie man sich von Bedürftigkeit und Abhängigkeiten befreit.
3. Überwinden Sie Suchtverhalten, Schamgefühle und ein niedriges Selbstwertgefühl.

SIE SIND VOLLKOMMEN

Ziel Nr. 1: Lernen Sie sich selbst wertzuschätzen, und erkennen Sie, dass Sie vollkommen sind.

Um sich selbst umfassend wertzuschätzen, müssen Sie sich mit den Seiten von sich aussöhnen, die Sie nicht mögen, und verstehen, warum Sie diese nicht mögen. Dann können Sie sich Ihre »Unvollkommenheiten« genau ansehen, Sie als Teil von Ihnen anerkennen und erkennen, dass Sie wertvoll sind, auch mit diesen Unvollkommenheiten. Genau genommen sind dies gerade die Seiten von Ihnen, die Sie einzigartig machen.

Mit der Liebesreaktion Schamgefühle und niedriges Selbstwertgefühl heilen

Bewusstheitsübung

Sich Schamgefühle bewusst machen

- Stellen Sie den Wecker auf fünf Minuten.
- Schließen Sie die Augen.
- Atmen Sie tief ein.
- Atmen Sie tief aus.
- Atmen Sie weiter und bauen Sie Ihr SHIELD auf.
- Rufen Sie sich ein Bild von sich als kleines Kind ins Gedächtnis. Sie sollten nicht älter als sieben Jahre sein. Entweder gibt es ein Kinderfoto oder Sie sehen sich in Ihrer Erinnerung in einer Momentaufnahme.
- Sie wollten etwas haben, sein oder tun, aber Sie durften das nicht.
- Oder Sie haben etwas oder jemanden geliebt, aber es oder er wurde Ihnen weggenommen.
- Oder eine Autoritätsperson erlaubte Ihnen nicht, zu weinen oder wütend zu werden, sondern hat sie aufgefordert, ein fröhliches Gesicht zu machen.
- Nehmen Sie sich Zeit und rufen Sie sich eine solche Erfahrung ins Gedächtnis zurück.
- Was geschah dann?
- Was haben Sie gefühlt?
- Was fühlen Sie jetzt?
- Achten Sie auf Ihre Emotionen, Ihre Gedanken, Ihre Atmung, die körperlichen Empfindungen in Ihrer Brust.
- Wenn der Wecker klingelt, öffnen Sie die Augen.

Loslassen

- Stellen Sie den Wecker auf fünfzehn Minuten.
- Schreiben Sie Ihre Gefühle aus der obigen Übung auf und erlauben Sie sich, genau zu beobachten und zu definieren, was gerade geschehen ist. Sie lassen gerade Schamgefühle los. Lassen Sie also Ihre Emotionen zu, weinen oder schreien Sie, wenn Sie das Bedürfnis haben.
- Wenn der Wecker klingelt, legen Sie die Hände auf das, was Sie geschrieben haben, und sagen Sie: »Ich entlasse euch jetzt aus meinem Körper.« Dann vernichten Sie die Blätter, indem Sie sie zerreißen oder verbrennen.
- Danach machen Sie die folgende Heilübung »Das vollkommene Kind«.

Heilen: das vollkommene Kind

Mit dieser Übung programmieren Sie sich um mit dem Wissen, dass Sie genau so, wie Sie sind, vollkommen sind.

- Schließen Sie die Augen.
- Atmen Sie tief ein.
- Atmen Sie tief aus.
- Lassen Sie alle negativen Gedanken, Gefühle und Energien beim Ausatmen herausfließen. Lassen Sie all die negativen Energien in den Boden sinken.
- Bauen Sie Ihr SHIELD auf.
- Umgeben Sie sich mit Licht und bedingungsloser Liebe.
- Lassen Sie zu, dass das göttliche Licht Ihr Herz erfüllt.
- Sprechen Sie das Herzgebet:

> *Möge mein Herz das Licht heute empfangen.*
> *Möge mein Herz für die Liebe offen sein.*
> *Möge das Licht mein Herz heute berühren*
> *und mein Herz der Liebe öffnen.*

- Lassen Sie zu, dass das göttliche Licht und die Liebe mit Ihrem Herzen verschmelzen.
- Eine göttliche Mutter hört Ihr Gebet und erscheint in Ihrem SHIELD.
- Sie wiegt und tröstet sie.
- Sie ist stolz auf Sie.
- Sie liebt Sie, einfach nur, weil es Sie gibt.
- Sie sagt Ihnen: »Du bist ein Kind des Universums, geschaffen in seiner Vollkommenheit.«
- Sie lassen zu, dass die göttliche Mutter Sie in den Armen hält, wiegt und nährt.
- Sie sagen: »Ich bin gut genug. Ich habe genug.«
- Wenn Sie fertig sind, rufen Sie sich das Bild von sich als kleinem Kind wieder hervor, als Sie sich verletzt oder verlassen fühlten.
- Umarmen Sie das kleine Kind, halten Sie es fest an Ihre Brust gedrückt und wiegen und trösten Sie es.
- Sagen Sie dem kleinen Kind, dass Sie stolz auf es sind, dass Sie es lieben, allein aus dem Grund, dass es existiert.
- Sagen Sie dem Kind: »Du bist ein Kind des Universums, geschaffen in seiner Vollkommenheit.«
- Das kleine Kind gibt sich Ihren Armen und Ihrer Liebe hin.
- Die göttliche Mutter schlingt ihre Arme um Sie beide und bildet ein SHIELD von göttlichem Licht und göttlicher Liebe.
- Das Kind sagt: »Ich bin gut genug. Ich habe genug.«
- Führen Sie das so lange aus, wie Sie möchten.
- Achten Sie darauf, wie sich das Verhalten des kleinen Kindes verändert. Wird es vertrauensvoller, sicherer, verspielter, fühlt es sich mehr geliebt?

Umprogrammierung –
ein besseres Selbstwertgefühl entwickeln

Was Sie tun sollten

- Bauen Sie Ihr SHIELD auf mit der göttlichen Mutter an Ihrer Seite, und rufen Sie sich Ihr Bild als Kind vor Augen, umgeben von Liebe und Licht. Wenn die göttliche Mutter sagt: »Du bist ein Kind des Universums, geschaffen in seiner Vollkommenheit«, dann sprechen Sie die Bestärkungsformel: »Ich bin gut genug. Ich habe genug.«

- Sprechen Sie das Herzgebet (siehe Seite 154).

- Führen Sie den Liebesradar aus (siehe Seite 165).

- Tragen Sie ein Foto von sich als kleinem Kind mit sich und schauen es während des Tages immer wieder an. Und während Sie das tun, senden Sie dem Kind Liebe und Bewunderung. Stellen Sie sich vor, dass Sie ihm sagen, wie wundervoll es ist. Sie könnten sagen: »Du bist ein Kind des Universums, geschaffen in seiner Vollkommenheit.« Mit der Zeit werden Sie sich dieses Bild klar vor Augen rufen können, ohne ein Foto dafür zu benötigen.

- Hören Sie auf Ihre Bedürfnisse. Stellen Sie sich diese Frage: »Wenn ich mich selbst lieben würde, würde ich dann ...?« Zum Beispiel: Würde ich dann diese Sachen essen? Würde ich mich dann mit diesem Mann verabreden? Würde ich dann den Schmerz in meinem Rücken ignorieren?

- Behandeln Sie sich mit Güte, das heißt, tun Sie sich Gutes. Gönnen Sie sich eine Massage, kaufen Sie sich ein Geschenk, tun Sie Dinge, die Sie lieben. Verbringen Sie weniger Zeit mit Menschen, die Sie verletzen, und damit, Dinge zu tun, die Sie nicht mögen.

- Üben Sie Selbstfürsorge. Achten Sie auf Ihre Bedürfnisse und behandeln Sie sich mit Güte. Dazu gehört eine ge-

sunde Ernährung, Sport zu treiben, genug Schlaf zu bekommen, seine Arzt- und Therapietermine einzuhalten
und sich die Hilfe zu holen, die man braucht.

- Ergänzen Sie Ihre Wunschliste (siehe Seite 169).
- Lernen Sie, sich selbst wertzuschätzen, indem Sie ein
  »Tagebuch der Wertschätzung« führen, wie es im Fol-
  genden beschrieben wird.

Ihr Tagebuch der Wertschätzung

In den kommenden achtundzwanzig Tagen schreiben Sie
jeden Abend vier Dinge über sich selbst und vier Dinge
über Ihr Leben auf, die Sie schätzen. Morgens stellen Sie
sich vor den Spiegel und lesen diese Liste laut vor. Versuchen Sie, jeden Tag etwas Neues zu finden. Wenn Ihnen
das nicht gelingt, dürfen Sie auch Dinge mehrmals aufschreiben. Diese Aufgabe mag schwierig oder ermüdend
sein, tun Sie es aber dennoch! Sie programmieren auf diese Weise überkommene Gedanken, Überzeugungen und
Einstellungen um. Und es wird Ihnen mit der Zeit leichter fallen.

Wann Sie die Umprogrammierung einsetzen sollen

- Wenn Sie sich schlecht fühlen.
- Wenn Sie das Gefühl haben, dass Sie etwas Gutes nicht
  verdient haben, auch wenn es Ihnen angeboten wird.
- Wenn Sie wütend werden, weil Sie das Gefühl haben,
  dass Ihre Bedürfnisse nicht erfüllt werden oder Sie einfach nicht das bekommen haben, was Sie wollten.
- Wenn Ihr Chef Sie zurechtweist, Ihr Partner Ihre Bedürfnisse ignoriert, ein Mensch, an dem Sie interessiert
  sind, Ihnen nicht genug Beachtung schenkt, oder jemand
  Sie anschreit.

- Wenn Sie sich für etwas die Schuld geben, wenn Sie das Gefühl haben, Sie seien nicht gut genug oder hätten etwas nicht gut genug ausgeführt.
- Wenn Sie sich schämen, sei es für Ihr Aussehen, für Ihre Herkunft, für das, was Sie tun oder etwas, das Sie getan haben.
- Wenn Sie sich eingeschüchtert fühlen, Ihr Selbstvertrauen oder Ihr Selbstwertgefühl erschüttert ist, weil jemand in der einen oder anderen Hinsicht besser ist als Sie.
- Wenn Sie sich schuldig fühlen.

SICH AUS BEDÜRFTIGKEIT UND ABHÄNGIGKEITEN BEFREIEN

Ziel Nr. 2: Begreifen Sie, wie man sich aus Bedürftigkeit und Abhängigkeiten befreit.

Wenn Sie sich als unvollkommen empfinden oder als ungenügend, dann hängen Sie sich an Menschen, Orte und Dinge. Beispielsweise sind manche von Ihnen vielleicht der Meinung, dass es Ihnen mehr Respekt einbringt, wenn Sie einen Titel haben – Frau Doktor, Herr Professor, Gräfin etc. Was wären Sie ohne diesen Titel? Die Heftigkeit, mit der Sie daran hängen, kann Ihnen einen Hinweis geben, was in Ihnen der Heilung bedarf.

Selbst wenn Sie viele Erfolge errungen haben, hat auch Ihr Leben seinen Teil an Fehlschlägen, Verlusten und unerfüllten Erwartungen gehabt, die große Abbuchungen von Ihrem Liebeskonto erforderten, Ihr Guthaben vielleicht sogar erschöpft haben. Gefühle von Verlust und Leere tauchen auf, Sie werden bedürftig und abhängig von Dingen und Menschen, die für Sie den Erfolg auf jenen Gebieten repräsentieren, wo Sie glauben versagt zu haben. Unbewusst wollen Sie Kontakt zu diesen Leuten oder Sie denken, diese könnten Ihr Konto auffüllen und Ihnen dabei helfen, sich wieder vollständig zu fühlen.

Meine Geschichte: Abhängig von meinen Diamanten

Vor etlichen Jahren schenkte mein Vater meiner Schwester und mir Diamant-Ohrringe. Ich war hingerissen. Solange ich denken konnte, hatte ich mir solche Ohrringe gewünscht, vor allem aber schätzte ich sie, weil sie ein Geschenk meines Vaters waren. Eines Tages stellte ich bei der Arbeit fest, dass einer dieser Ohrringe fehlte. Ich geriet in Panik, ich suchte überall – unter dem Teppich, unter dem Schreibtisch, unter der Untersuchungsliege. Je länger ich suchte, umso ärgerlicher wurde ich, vor allem auf mich selbst. Im engen Familien- und Freundeskreis bin ich berüchtigt dafür, meine materiellen Besitztümer des Öfteren zu verbummeln. Mehr als einmal habe ich meine Brieftasche verloren, Fotoapparate und Brillen, und dann war auch mein Apartment einmal ausgebrannt, wobei mein ganzes Hab und Gut vernichtet wurde. Genau genommen hatte ich immer damit geprahlt, keine »Bindungen« an materielle Besitztümer zu haben, denn meine Erfahrungen hätten mich dies immer wieder schmerzhaft gelehrt. Doch diesmal war ich nicht so frei davon. Ich ärgerte mich, weil ich diesen Ohrring verloren hatte, und gab mir die Schuld, dass ich mit diesem mir so wertvollen Geschenk meines Vaters so unachtsam umgegangen war. Ich schämte mich und wusste nicht, wie ich meiner Familie und meinen Freunden unter die Augen treten sollte, wenn sie das herausfanden.

Und ich war wütend. Warum musste so etwas immer mir passieren? Warum hatte ich diesen Ohrring verloren, der für mich einen solchen Wert hatte? Und weil ich so wütend war, schrieb ich in mein Tagebuch: »Es ist nicht fair. Ich verstehe das nicht. Ich mache alles, was man mir sagt. Ich bin ein guter Mensch. Ich spende für einen guten Zweck. Was habe ich falsch gemacht? Womit habe ich das verdient? Warum werde ich bestraft? Ich muss ein schlechter Mensch sein. Es ist meine Schuld. Ich hätte besser aufpassen sollen. Nie passe ich richtig auf. Darum verliere ich auch ständig etwas. Was soll ich bloß meiner Familie sagen? Ich schäme mich so.«

Und dann begann ich zu weinen. Ich empfand es als unendlichen Verlust, etwas für mich so Kostbares verloren zu haben. Ich hatte das Gefühl, nicht gut genug zu sein, und fühlte mich wertlos, denn ich verdiente es wohl nicht, etwas so Wunderschönes zu besitzen.

Nachdem ich meine Gefühle niedergeschrieben hatte, vernichtete ich das Papier und führte das Herzgebet-Heilen durch. Am nächsten Tag ging ich nach der Arbeit zu dem Juwelier und bestellte einen Ersatz-Ohrring, obwohl ich mir das eigentlich nicht leisten konnte. Dabei bat ich den Verkäufer, meinem Vater nichts davon zu erzählen.

Am nächsten Morgen baute ich das SHIELD auf und bat mein Herz, mir zu zeigen, warum ich mich so elend fühlte. Warum hatte ich so große Schuldgefühle und eine so große Bindung an diese Ohrringe? Vor mir erschien das Bild von mir als kleinem Mädchen, das sich nach der Liebe des Vaters sehnte. Das Mädchen glaubte, wenn es seine Liebe nicht bekam, dann hieß das, dass es irgendwie ein schlechter Mensch war. Da verstand ich, dass ich die Ohrringe von meinem Vater mit seiner Liebe zu mir gleichsetzte. Ich brauchte Liebe und keine Ohrringe, so viel wurde mir klar.

Als Heilmittel hielt ich das kleine Mädchen in meinen Armen und erzählte ihm, dass es so, wie es sei, vollkommen sei. Ich sagte ihm, es sei es wert, geliebt zu werden, und seine Eltern liebten es. Ich stellte mir vor, dass wir gemeinsam die Bestärkungsformel sprachen: »Ich bin gut genug, und ich habe genug.« Binnen weniger Minuten fühlte ich mich besser und empfand Dankbarkeit und Wertschätzung. Ich brauchte jetzt die Ohrringe nicht mehr, um zu spüren, dass ich geliebt wurde. Ich hatte einen Ohrring verloren. Na und?

In derselben Woche saß ich im Büro an meinem Schreibtisch, als mir mein Stift auf den Boden fiel. Ich beugte mich hinunter, um ihn aufzuheben, und da sah ich meinen Ohrring! Als ich an diesem Abend meiner Familie die Geschichte erzählte, reagierte mein Vater überrascht, dass mich das so aus dem Gleichgewicht gebracht hatte. »Dieser Ohrring ist doch nicht wichtig. Es ist nur ein Ohrring. Er spiegelt in keiner Weise wider, wie sehr ich dich liebe. Ich hätte dir einen neuen besorgt, wenn ich das gewusst hätte. Doch auf jeden Fall sollst du wissen, wie sehr ich dich liebe.«

Ich ging wieder zum Juwelier. Aber statt den Ersatz-Ohrring zurückzugeben, entschied ich mich dafür, mir selbst ein »Liebesgeschenk« zu machen, und ließ ihn zu einem Anhänger für eine Halskette umarbeiten.

Bewusstheitsübung

Sich der Abhängigkeiten bewusst werden

- Stellen Sie den Wecker auf fünf Minuten.
- Schließen Sie die Augen.
- Atmen Sie tief ein.
- Atmen Sie tief aus.
- Atmen Sie weiter, während Sie Ihr SHIELD aufbauen.
- Stellen Sie sich etwas vor, von dem Sie abhängig sind, etwas, von dem Sie glauben, es zu brauchen und ohne es nicht leben zu können, sei es ein Mensch, eine Sache oder ein Ort.
- Was an diesem Menschen, dieser Sache oder diesem Ort gibt Ihnen das Gefühl, ganz und vollständig zu sein?
- Wie würden Sie sich ohne das fühlen?
- Und wenn, warum?
- Lassen Sie die Gefühle zu, die in Ihnen aufsteigen.
- Sind Sie ärgerlich oder wütend?
- Achten Sie auf die Empfindungen in Ihrem Körper, besonders im Herzen.
- Fragen Sie sich, fragen Sie Ihr Herz, warum Sie diese besondere Person oder diese besondere Sache so dringend brauchen.
- Bitten Sie darum, dass man Ihnen zeigt, warum Sie das Gefühl haben, ohne diesen Menschen oder diese Sache nicht genug zu sein.
- Bitten Sie darum, gezeigt zu bekommen, was der Ursprung dieser Bedürftigkeit oder Leere ist.
- Wenn der Wecker klingelt, öffnen Sie die Augen.

Loslassen

- Stellen Sie den Wecker auf fünfzehn Minuten.
- Schreiben Sie Ihre Erfahrungen auf und lassen Sie sich nicht davon abhalten, Ihre Gefühle genau zu beobachten und zu analysieren. Richten Sie beim Schreiben Ihre Aufmerksamkeit darauf, Ihre Gefühle und Gedanken loszulassen. Lösen Sie sich davon, damit Sie schließlich auch Ihre Abhängigkeit loslassen können.
- Wenn der Wecker klingelt, hören Sie auf. Legen Sie die Hände auf das, was Sie geschrieben haben, und sagen Sie: »Ich entlasse euch jetzt aus meinem Körper.« Dann vernichten Sie die Blätter, indem Sie sie zerreißen oder verbrennen.
- Es ist nicht leicht, sich von Abhängigkeiten zu lösen. Daher sollten Sie die Übung mehrmals durchführen: am besten in den nächsten drei bis sieben Tagen jeden Tag fünfzehn bis zwanzig Minuten lang.
- Danach führen Sie jedes Mal die Heilübung »Das vollkommene Kind« durch.

Heilen: das vollkommene Kind

Diese Übung wurde bereits beim ersten Ziel beschrieben (siehe Seite 202).
Am Schluss, bevor Sie die Augen wieder öffnen, verharren Sie einige Zeit in Dankbarkeit und Wertschätzung für das, was Sie in Ihrem Leben haben, und für alles, was Sie sind.

Umprogrammierung –
sich aus Abhängigkeiten befreien

Was Sie tun sollten

- Bauen Sie Ihr SHIELD auf, visualisieren Sie die göttliche Mutter, die Ihnen sagt, wie vollkommen Sie sind. Stellen Sie sich selbst als Kind vor, dem dasselbe gesagt wird.
- Sprechen Sie das Herzgebet (siehe Seite 154) und das Vertrauensgebet (siehe Seite 139).
- Sprechen Sie die Bestärkungsformel: »Ich bin gut genug. Ich habe genug.«
- Hören Sie auf sich und Ihre Bedürfnisse. Beobachten Sie das, als seien Sie ein stiller Zeuge.
- Gönnen Sie sich etwas. Machen Sie sich kleine Geschenke als Zeichen Ihrer Selbstliebe, beispielsweise Blumen, Ihre Lieblingskekse, eine schöne CD.
- Klopfen Sie sich oft auf die Schulter.
- Üben Sie es, vor dem Spiegel zu stehen und zu sagen: »Du bist fabelhaft!« Ihr Körper ist der einzige Körper, den Sie haben. Wertschätzen Sie ihn! Wenn Sie in den Spiegel schauen, sagen Sie öfter zu sich: »Ich liebe dich!«

Wann Sie die Umprogrammierung einsetzen sollten

- Wenn Sie unruhig sind, ob etwas passieren wird oder nicht – ob jemand Sie anrufen wird, ob Sie einen Job bekommen, eine Prüfung bestehen etc.
- Wenn Sie das Gefühl haben, gierig zu sein.
- Wenn Sie eifersüchtig sind.
- Wenn Sie unbedingt etwas Teures oder Hübsches haben wollen.
- Wenn Sie von Ihrem Aussehen abhängig sind.
- Wenn Sie um Anerkennung betteln.

- Wenn Sie sich verloren oder entwurzelt fühlen, ohne äußere Identität – als Mutter, als Anwalt etc.
- Wenn Sie wütend werden, weil Sie etwas verloren haben.
- Wenn Ihnen übertrieben wichtig ist, was andere Menschen von Ihnen denken.

ABHÄNGIGKEIT VON SUCHTMITTELN

Ziel Nr. 3: Überwinden Sie Abhängigkeiten, Schamgefühle und niedriges Selbstwertgefühl.

Die meisten Menschen haben in ihrem Leben schmerzhafte Verluste erfahren. Wenn dies in der Kindheit passiert ist und mit einem Mangel an bedingungsloser Liebe verbunden war, verursacht ein solcher Verlust tiefe Wunden. Dann fällt es schwer, sich selbst als Ganzes anzusehen. Deshalb werden diese Menschen nach etwas Ausschau halten, das sie ausfüllt, das ihnen hilft, sich besser zu fühlen. Sie werden sich bedürftig oder abhängig fühlen. Es wird ihnen schwerfallen, Menschen, materielle Besitztümer oder Erwartungen loszulassen. Vielleicht entwickeln sie sogar ein Suchtverhalten.

Gier und Abhängigkeit, ob es sich um Essen, Drogen, Sex oder Computerspiele handelt, hängen mit dem Belohnungszentrum im Gehirn zusammen. Dort sind die Erinnerungen daran gespeichert, wie sich Erfahrungen für Sie angefühlt haben, gut oder schlecht. Wenn Sie sich schlecht fühlen, wird das Belohnungszentrum jene Verhaltensweisen auslösen, die Ihnen helfen, sich wieder besser zu fühlen. Das hört sich vernünftig an, hat aber einen Haken: Wenn Sie verzweifelt sind, wird das Belohnungszentrum alles tun, um Ihnen dabei zu helfen, sich wieder besser zu fühlen.

Wenn Sie in Ihrem Leben viel Liebe und Zuneigung erhalten haben, werden Ihr Belohnungszentrum und andere Hirnareale Ihnen wahrscheinlich vorhersagen, dass Ihre Zukunft von Liebe und Überfluss erfüllt sein wird. Demzufolge werden Sie weniger Sorgen haben und keinen Heißhunger nach irgendetwas, selbst wenn Sie sich elend fühlen. Denn Ihr Belohnungszentrum im Gehirn hat gespeichert, dass Sie ausreichend Reserven haben, von denen Sie zehren können.

Falls Sie jedoch nur sporadisch Liebe und Zuneigung erhalten haben, prägt sich diese mangelnde Stabilität dem Belohnungszentrum im Gehirn ein. Es speichert die widersprüchlichen Botschaften »Ich habe genug – ich habe nicht genug – ich habe genug – ich habe nicht genug«, was Unsicherheit schafft. Wenn Ihr Belohnungszentrum aber nicht darauf vertraut, dass Sie sich in Zukunft gut fühlen werden, wird es Sie zu Verhaltensweisen motivieren, die unmittelbares Wohlgefühl auslösen.

Warum?

Wenn das Belohnungszentrum des Gehirns aktiviert ist, steigt Ihr Dopaminspiegel. Bei einem Misserfolg oder wenn Sie nicht die Belohnung bekommen, die Sie brauchen, fällt der Dopaminspiegel ab. Das löst die negative Physiologie des Entzugs und Ihre Angstreaktion aus. Dies wiederum motiviert Sie dazu, nach einer Belohnung zu suchen, oder eben zu Suchtverhalten.

Ein niedriges Selbstwertgefühl geht im Allgemeinen mit einem niedrigen Spiegel von Hormonen und Neurotransmittern wie Oxytozin und Dopamin einher. Dann hungert das Belohnungssystem geradezu danach, aufgefüllt zu werden, egal auf welche Weise – ob mit Essen, Drogen, Sex, Sport oder Gedanken. Das Ziel ist, den Körper wieder in einen positiven physiologischen Zustand zurückzubringen, der das Bedürfnis nach sofortiger Belohnung – die Wurzel aller Abhängigkeiten – eliminiert.

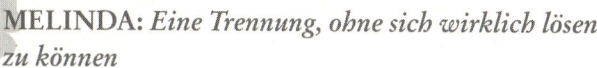

MELINDA: *Eine Trennung, ohne sich wirklich lösen zu können*

Melinda war gerade dreißig geworden, als sie wegen zunehmender Depressionen und Angstzustände zu mir kam. Sie war besorgt, weil die Therapeutin, bei der sie seit fast drei Jahren in Behandlung war, in den Mutterschutz ging. Sie hatte auch Angst, dass ihr Freund sie verlassen würde, denn sie stritten fortwährend miteinander. Ihr gingen ständig Tausende von Gedanken durch den Kopf, klagte sie, außerdem könne sie nicht schlafen und ihr Magen sei »eine Katastrophe«. Auch hatte sie das Gefühl, sie sei kurz davor, abhängig zu werden, da sie jeden Abend Alkohol brauchte, um ihre Nerven zu beruhigen. Auf weiteres Befragen erzählte Melinda, dass ihr Freund Alkoholiker sei. Er sei unzuverlässig und fast nie emotional verfügbar, selbst wenn er körperlich anwesend war. Er sei nur selten nett zu ihr, ließe sie alles bezahlen und verhielte sich meist abweisend und gereizt. Melinda kümmerte sich um ihn, aber es schien nicht möglich zu sein, dass er auch einmal für sie da war.

Als wir über das Ungleichgewicht in dieser Beziehung sprachen, brach Melinda in Tränen aus. »Warum mache ich mir so viele Gedanken darüber, was er tut oder mit wem er sich trifft? Warum bin ich mit ihm zusammen? Warum verlasse ich ihn nicht? Warum fürchte ich mich davor, dass er mich verlässt? Warum habe ich solche Angst davor, allein zu sein? Warum fühle ich mich so schrecklich und schäme mich so? Warum habe ich ein so starkes Verlangen nach Alkohol und tröstendem Essen?«

Ich befragte sie zu ihrer Kindheit. Dabei stellte ich fest, dass Melindas Ängste bereits aufgetreten waren, als sie noch ein Kind war und ihre Eltern sich häufig heftig stritten. Ihre Mutter, »eine Dame der Gesellschaft«, war vollauf damit beschäftigt, auf gesellschaftlichen Ereignissen Martinis zu trinken, und nur selten zu Hause. Ihr Vater war zwar liebevoller, aber er kam erst spätabends nach Hause und war häufig auf Geschäftsreisen. Sie und ihre beiden jüngeren Geschwister wurden oft in der Obhut der Haushälterin gelassen, und meist war es Melinda, die sich um ihren Bruder und ihre Schwester kümmerte.

In ihrer Kindheit hatte Melinda vor allem gelernt, sich verlassen und ohne Unterstützung zu fühlen, was zu Misstrauen und einer aktiven Angstreaktion führte. In ihrer aktuellen Situation stellte sich das dar als niedriges Selbstwertgefühl, Bedürftigkeit, Abhängigkeit und Angst, verlassen zu werden, was zu selbstzerstörerischem Verhalten und Suchtverhalten führte.

An diesem Punkt erklärte ich Melinda das Konzept des Liebesguthabens. Ich sagte ihr, dass ihre Reserven erschöpft seien oder zumindest sehr knapp aufgrund ihrer Kindheit und der gegenwärtigen Lebensumstände. Ich erklärte ihr, dass sie Angst davor hatte, ihren Freund zu verlieren, weil er sie in ihrer Vorstellung »vollständig« mache. Diese Fantasie entstammte dem Mangel an bedingungsloser Liebe von Seiten der Eltern, den sie in ihrer Kindheit erfahren hatte. Die mangelnde Liebe und Unterstützung durch ihre Mutter hatte ein Gefühl der Leere entstehen lassen, das Melinda immer wieder zu füllen versuchen würde, ob durch einen Mann, durch Alkohol, Essen oder Fantasien. Ich erklärte ihr, solange sie diese Leere nicht mit Liebe und Selbstwert auffüllte, bis sie sich als ein Ganzes fühlte, würden ihre selbstzerstörerischen Verhaltensmuster andauern.

Ich lehrte Melinda die Heilübung »Das vollkommene Kind«. Wir konzentrierten uns besonders darauf, wiederholt das Bild der göttlichen Mutter und des göttlichen

Vaters hervorzurufen, die sie umarmten und ihr ihre bedingungslose Liebe anboten. Melinda sollte zu Hause Übungen machen, mit denen sie das kleine Mädchen, das in ihrem Unterbewusstsein lebte, lieben und nähren könnte. Ich riet ihr, das SHIELD durchzuführen, das Vertrauensgebet und das Herzgebet zu sprechen und, wenn sie in Not war, ihren Liebesradar einzusetzen. Um ihr zu helfen, sich als Ganzes zu fühlen, bat ich sie, sich vorzustellen, dass unendliche Liebe in ihr sei.

Bereits zwei Wochen nach ihrem ersten Besuch bei mir trennte sich Melinda von ihrem Freund. Sie trat den Anonymen Alkoholikern bei und begann einen Freundeskreis aufzubauen, in dem das Geben und Nehmen von Liebe im Gleichgewicht war. Während der nächsten Monate baute sie ihr Liebesguthaben weiter auf, und sie stellte fest, dass sie sich besser fühlte – sowohl körperlich als auch emotional. Das Einzige, worüber sie noch klagte, war, dass ihr immer noch Tausende von Gedanken durch den Kopf rasten. Sie sorgte sich, was andere Menschen von ihr denken könnten oder wie Situationen wohl ausgehen würden, etwa die Verabredung mit einem neuen Mann. Sie ertappte sich, dass sie während einer Verabredung jedes Wort und jede Nuance analysierte und darüber grübelte und sich ständig fragte, ob er »der Richtige« sein könnte.

Ich erklärte Melinda, dass ein zu niedriger Dopaminspiegel im Gehirn dafür verantwortlich sei. Wenn sie sich bedürftig, ängstlich oder von etwas besessen fühle und ihr Gedankenkarussell nicht stoppen könne, solle sie sich »Dopamin« denken. Sie könnte sich sagen: »Ich fülle mich auf mit Dopamin.« Wenn sie das tat, würde das zumindest ihre Gedanken wieder zur Ruhe bringen und möglicherweise die Ausschüttung von Dopamin stimulieren. Ebenso könnte es ihr helfen, sich von ihren Gedanken zu distanzieren und eine positive Physiologie wiederherzustellen, so dass sie wieder sie selbst werden konnte. Tatsächlich erzählte sie mir bei ihrem nächsten Termin, dass »an Dopamin denken« wirklich half!

Melinda hörte auf, von jedem Mann, den sie kennenlernte, zu erwarten, dass er »der Richtige« war, der sie »vervollständigen« würde. Sie war nun aus sich selbst heraus vollständig.

Mit der Liebesreaktion Verluste überwinden und Suchtverhalten heilen

Bewusstheitsübung

Sich des Verlustes bewusst werden

- Stellen Sie den Wecker auf zehn Minuten.
- Schließen Sie die Augen.
- Atmen Sie tief ein.
- Atmen Sie tief aus.
- Lassen Sie Ihre Gedanken und Sorgen los.
- Bauen Sie Ihr SHIELD auf.
- Denken Sie an jemanden oder etwas, das Ihnen sehr wertvoll ist und das Sie verloren haben.
- Machen Sie sich klar, dass Sie sicher sind.
- Es ist in Ordnung, wenn Sie weinen und Ihre Gefühle zulassen.
- Achten Sie auf die Empfindungen, die in Ihrem Körper aufsteigen.
- Achten Sie darauf, welche Gefühle in Ihnen aufsteigen, wenn Sie darüber nachdenken, was Sie verloren haben.
- Das Objekt Ihres Verlustes könnte eine Person, ein Ort oder ein materielles Besitztum sein.
- Es könnte ein nostalgisches Gefühl sein.
- Es könnte der Verlust Ihrer Kindheit, Ihrer Unschuld

sein, Ihres Lebens, als es noch besser war, oder Ihrer Gesundheit, als diese besser war.

- Es könnte der Verlust eines Gefühls der Freude oder des Glücks und die damit verbundene Trauer sein.
- Welches Gefühl auch immer in Ihnen aufsteigt, lassen Sie zu, dass Sie traurig sind, erlauben Sie sich zu trauern.
- Was könnte es sein, das Sie in Wirklichkeit vermissen?
- Was fühlen Sie in Ihrem Herzen?
- Wenn der Wecker klingelt, öffnen Sie die Augen.

Loslassen

- Stellen Sie den Wecker auf fünfzehn Minuten.
- Schreiben Sie. Lassen Sie die Worte aus Ihrem Herzen strömen, ohne etwas zurückzuhalten. Schreiben Sie so lange, bis Ihnen nichts mehr dazu einfällt, was Sie verloren haben oder was Sie vermissen. Schreiben Sie weiter und lassen Sie sich überraschen, wohin die Worte Sie führen. Dies ist Ihr Tagebuch für das Loslassen von Kummer.
- Wenn der Wecker klingelt, hören Sie auf. Legen Sie die Hände auf das, was Sie geschrieben haben, und sagen Sie: »Ich entlasse euch jetzt aus meinem Körper.« Dann vernichten Sie die Blätter, indem Sie sie zerreißen oder verbrennen.
- Diese Übung können Sie die nächsten Tage wiederholen oder so lange, wie Sie es für notwendig halten, um Ihren Kummer loszulassen. Das dauert vielleicht länger als bei den anderen Übungen. Es gibt keine Zeitvorgaben für diesen Heilungsprozess.
- Wenn Sie fertig sind, führen Sie die folgende Heilübung »Das vollkommene Kind in alle Ewigkeit« aus.

Heilen Sie die Wunden, die der Ursprung Ihrer Abhängigkeit sind.

- Schließen Sie die Augen.
- Atmen Sie tief ein.
- Atmen Sie tief aus.
- Bauen Sie Ihr SHIELD auf.
- Die göttliche Mutter steht in diesem SHIELD.
- Ihre Arme aus Licht legen sich um Sie.
- Ihr Kopf ruht an ihrem Herzen, während sie Sie in ihren Armen wiegt.
- Sie entspannen sich und schmiegen sich in ihre Arme, in ihre Liebe.
- Sprechen Sie die Worte: »Ich vertraue darauf, dass ich geliebt und unterstützt werde und dass ich es wert bin, geliebt zu werden«. Lassen Sie es zu, dass sie Sie wiegt, umarmt, nährt und hält.
- Das Sprechen dieser Worte stimuliert das Herz der göttlichen Mutter, Ihnen bedingungslose Liebe und göttliches Licht zu senden.
- Die Liebe und das Licht strömen aus ihrem Herzen in Ihren Körper, in Ihre Brust und in die rechte Seite Ihres Herzens.
- Die Liebe und das Licht fließen weiter in die linke Seite Ihres Herzens.
- Schließlich ist die linke Seite Ihres Herzens ganz erfüllt von Liebe und Licht, so dass Licht und Liebe wieder zurückfließen in die rechte Seite Ihres Herzens.
- Das Licht beginnt hin und her zu strömen, von rechts nach links, von links nach rechts, in der Form des Symbols für Unendlichkeit.
- Hin und zurück, hin und zurück strömt das Licht und bildet das Symbol für Unendlichkeit.

- Wiederholen Sie wieder und wieder die Worte: »Ich bin gut genug. Ich habe genug. Ich bin ganz.«
- Wiederholen Sie diese Worte immer weiter: »Ich bin gut genug. Ich habe genug. Ich bin ganz.«
- Ihr Herz ist voll.
- Sie sind ganz.
- Entspannen Sie sich in der Erfülltheit Ihres Herzens und der Fülle Ihres Seins, solange Sie wollen.

Umprogrammierung – Verluste überwinden

Was Sie tun sollten

- Bauen Sie Ihr SHIELD auf und wiederholen Sie das Herzgebet (siehe Seite 154) oder das Vertrauensgebet (siehe Seite 139) oder sprechen Sie eine der Bestärkungsformeln, die Sie bisher gelernt haben, wie zum Beispiel:
    - »Ich vertraue darauf, dass ich geliebt und unterstützt werde.«
    - »Ich bin es wert, geliebt zu werden.«
    - »So wie ich bin, bin ich vollkommen.«
- Rufen Sie sich die Berührung einer Mutter ins Gedächtnis: Schaffen Sie sich die Erfahrung, gehalten und geliebt zu werden, so wie das Vorstellungsbild der göttlichen Mutter, die Sie im Arm hält, so dass Ihr Körper und Ihre Seele mit allen Sinnen die Erfahrung bedingungsloser Liebe machen können. Diese Erinnerung können Sie immer wieder hervorrufen.
- Erschaffen Sie das Symbol für Unendlichkeit in Ihrem Herzen.
- Überlegen Sie, ob Sie nicht eine Trauertherapie beginnen oder sich einer Selbsthilfegruppe anschließen, während Sie ein Netzwerk aus Unterstützung und Liebe aufbauen.

- Stellen Sie sicher, dass Sie sich weiterhin um sich selbst kümmern, sich zum Beispiel mit Güte behandeln, sich gesund ernähren, acht Stunden Schlaf bekommen, unerfreuliche Situationen und negative Menschen meiden und regelmäßig Sport treiben.
- Machen Sie sich Geschenke, um sich Ihre Selbstliebe zu zeigen.
- Schreiben Sie weiterhin in Ihr Tagebuch der Wertschätzung (siehe Seite 205).
- Ergänzen Sie Ihre Wunschliste (siehe Seite 169) entsprechend, je größere Klarheit Sie über Ihre Bedürfnisse bekommen.
- Denken Sie »Dopamin«. Sagen Sie sich immer wieder: »Dopamin. Ich fülle mich auf mit Dopamin.« Dies ist eine grundlegende Bestärkungsformel, die allein auf Ihre Wahrnehmung zielt, dass Sie keine Reserven mehr haben.

Wann Sie die Umprogrammierung einsetzen sollten

- Wenn Sie verzweifelt sind, weil Sie etwas oder jemanden verloren haben.
- Wenn Sie das Gefühl haben, sich selbst verloren zu haben.
- Wenn Sie wehmütig sind und Sie das traurig macht oder deprimiert.
- Wenn Sie sich von jemandem verabschieden mussten und Sie deshalb traurig sind.
- Wenn Sie darunter leiden, dass eine Beziehung zu Ende gegangen ist.
- Wenn Sie trauern, weil jemand, den Sie lieben, verstorben ist.
- Wenn Sie sich verlassen, im Stich gelassen oder ausgeschlossen fühlen.

- Wenn Sie sich einsam fühlen.
- Wenn Sie feststellen, dass Sie Trost oder unmittelbare Belohnung suchen, indem Sie einen ganzen Kuchen essen, Ihren Ex-Freund oder Ihre Ex-Freundin anrufen, eine Zigarette rauchen oder Alkohol trinken.

Wenn Sie Ihr Liebesguthaben auffüllen, werden Sie feststellen, dass Sie mehr Selbstvertrauen und Selbstsicherheit haben. Sie treten selbstbewusster auf, Sie sprechen bestimmter und Sie reagieren angemessen, selbst wenn Sie kritisiert werden. Sie stellen allmählich fest, dass Sie dabei sind, Ihr volles Potenzial zu entwickeln.

SELBSTLIEBE IM EINSATZ

Wie Sie Ihr volles Potenzial ausschöpfen

Sobald Sie Ihr volles Potenzial ausschöpfen können, ist Ihnen nicht mehr wichtig, was Sie an Besitztümern anhäufen oder wie sehr andere Sie schätzen oder bewundern. Sie akzeptieren sich vollständig und so wie Sie sind, selbst mit Ihren Unvollkommenheiten, und nichts hält Sie davon ab, Ihre innere Großartigkeit umfassend auszudrücken.

Natürlich erfordert es eine Menge Arbeit, bis man sein volles Potenzial erreichen kann. Ihre nächste Aufgabe ist es, auf folgende Ziele hinzuarbeiten:

1. Lernen Sie, sich selbst zu bejahen und sich selbst anzuerkennen.
2. Überwinden Sie nach Anerkennung suchendes Verhalten und lernen Sie, sich selbst auszudrücken.

Ohne Selbstbejahung werden Sie immer nach der Anerkennung durch andere streben. Ihre Abhängigkeit von der Billigung durch andere Leute führt dazu, dass Sie ärgerlich und verletzt sind, wenn Sie diese nicht bekommen, und dies wird Sie davon abhalten, ganz Sie selbst zu sein.

Ich möchte Ihnen erzählen, was ich selbst über meinen Mangel an Selbstbejahung gelernt habe.

ANERKENNUNG DURCH MEINEN VATER

Mein Leben lang habe ich meinen Vater bewundert. Er hat in seinem Leben viel mitgemacht, unter anderem wurde er

Ende der 1940er und Anfang der 1950er Jahre in Libyen als Jude verfolgt, konnte dann nach Israel flüchten, wo er mit der ganzen zehnköpfigen Familie in einem baufälligen Haus mit zwei Zimmern wohnte. Trotz dieser äußerst schwierigen Startbedingungen wurde er nicht nur ein weltweit anerkannter Professor, sondern er ist auch ein erstaunlicher Koch, für viele Menschen ein Mentor, ein Tausendsassa. Und wie die meisten Eltern hatte er immer recht.

Sie können sich vorstellen, wie das lief, als ich ein Teenager war! Jedes Mal, wenn mein Vater mir sagte, was ich denken sollte oder wie ich mich zu verhalten hatte, entwickelte sich ein Streit. Ich begann zu schreien, schmollte, stapfte in mein Zimmer, schmiss die Tür zu, schloss ihn aus und verletzte ihn damit mehr, als ich damals auch nur ahnte.

Als ich mit den Jahren lernte, mich selbst zu lieben und anzuerkennen, war ich auch besser in der Lage, meinen Vater und sein Leben rückhaltlos zu lieben und zu schätzen. Ich konnte besser verstehen, dass er für mich nur das Beste wollte und meistens versucht hatte, mich davor zu schützen, verletzt zu werden. Ich reagierte immer seltener negativ auf das, was er mir zu sagen hatte.

Einmal erzählte ich meinem Vater aufgeregt, dass man mich gebeten hatte, auf einem bedeutenden medizinischen Kongress zu sprechen. Mein Vater teilte meine Begeisterung nicht sofort, sondern gab mir Ratschläge, was ich tun müsste, um mehr Forschungsmöglichkeiten zu erhalten. Während er darüber sprach, empfand ich einen Stich im Herzen. Ich erinnere mich, dass ich mir dachte: »Ich bin praktizierende Ärztin und nicht Wissenschaftler in der Forschung wie er. Warum kann ich nicht einfach die sein, die ich bin?« Obwohl mein Vater mir wirklich gute Ratschläge gab, sagte er nicht das, was ich in dem Moment von ihm hören wollte. Ich wollte nicht hören, was ich tun könnte oder sollte. Ich wollte hören, wie großartig ich war – ein Bedürfnis, das aus meiner eigenen Wunde entsprang und nichts mit meinem Vater zu tun hatte. Während ich also seinen guten Ratschlägen zuhörte, stellte ich mir vor, wie ich das Bild des kleinen Mädchens in mir umarmte und ihm sagte, dass es großartig und wunderbar sei, dass ich stolz auf es sei und auf das, was es geschafft habe. Augenblicklich verschwand dieser Stich von Trauer ebenso wie der Schmerz. Ich dankte meinem Vater für seine Ratschläge, mit denen er zeigte, wie wichtig ich ihm war. Darauf erwiderte er: »Ich freue mich so für dich! Ich bin so stolz auf dich!« Und wie wir dann feierten! Auf diese Weise gelang es mir, einen Streit zu vermeiden, und zwar auf eine Art und Weise, die ich an Patienten wie Steve weitergeben konnte.

STEVE: *Auf der Suche nach Anerkennung*

Als Steve in meine Sprechstunde kam, war er siebzehn Jahre alt. Er litt unter Depressionen und klagte über Kopfschmerzen und Schlafstörungen. Er bekam Psychopharmaka, seit er vor zwei Jahren einen Selbstmordversuch unternommen hatte.

Früher hatte Steve in der Schule zu den Besten gehört, jetzt kam er gerade noch über die Runden. Er hatte das Gefühl, nicht zu seinen Mitschülern zu gehören, kein Teil der »Gruppe« zu sein, nur ein Beobachter und Außenseiter.

Steve sprach auch darüber, dass er eine schlechte Beziehung zu seinem Vater habe. Dieser sei »streng und gemein« und er billige weder Steve noch seine Interessen. »Ich bin ihm nie gut genug«, fügte er hinzu. Im Gegensatz dazu beschrieb er seine Mutter als liebevoll und fürsorglich.

Steve tat mir in der Seele leid, und ich half ihm, sich seines Herzens bewusst zu werden. Ich fragte ihn, was er fühle.

Steve beschrieb, er habe in der Mitte der Brust ein Gefühl der Enge. Er fühle sich auch traurig und beschämt. »Warum?«, fragte ich. »Warum schämst du dich? Wofür schämst du dich?« Steve antwortete, immer noch mit geschlossenen Augen: »Ich tauge nichts. Ich werde nie zu etwas gut sein. Ich bin nicht gut genug. Mein Vater hasst mich.«

Hier war die Verbindung! Sein Vater hatte ihm das Herz gebrochen, und als Schutzmaßnahme hatte er sich abgeschottet. Das Problem war, dass er dadurch auch die Verbindung zu sich selbst und anderen verloren hatte, weswegen er sich als Außenseiter fühlte, selbst unter Freunden.

Ich lehrte Steve, wie er sich um sein Kind-Ich kümmern und auch besser für sich selbst sorgen konnte, indem er beispielsweise darauf achtete, genug zu schlafen, Sport betrieb und gesünder aß. Steve sollte das SHIELD üben und die Heilübung »Sich selbst lieben lernen« anwenden mit der Bestärkungsformel: »Ich liebe mich. Ich bin gut genug. Ich habe genug.«

Drei Wochen später, beim nächsten Termin, konnte Steve lächeln, er war lebhafter und nicht mehr so stark in sich zurückgezogen. Er berichtete, er habe sich seit zwei Jahren nicht mehr so gut gefühlt. Er führte seine Heilübung regelmäßig durch, wiederholte die Bestärkungsformel und schrieb in das Tagebuch. Er achtete auch darauf, was er aß, und ging ins Fitness-Studio. Er wollte die Dosierung seiner Psychopharmaka reduzieren und an seinem Selbstwertgefühl arbeiten. Ich war begeistert! Wenn doch alle meine Patienten meinem Heilplan so genau folgen und so schnell die Erkenntnis entwickeln würden, was sie brauchten!

Mit Steve und seiner Mutter besprachen wir einen Zeitplan, wie Steve über einen längeren Zeitraum die Psychopharmaka nach und nach reduzieren könnte, so dass er bis zum Sommer völlig frei davon wäre. Ich erklärte, es sei sehr wichtig für ihn, während dieses Prozesses den Heilplan einzuhalten, um einen Rückfall in Depressionen zu verhindern. Dann lehrte ich Steve das Vertrauensgebet und die Heilübung »Das vollkommene Kind«. Ich wies ihn an, diese Visualisierung am Abend durchzuführen und die Visualisierung »Sich selbst lieben lernen« morgens. Auch sollte er häufig die Bestärkungsformel sprechen: »Ich liebe mich. Ich bin gut genug. Ich habe genug.«

Anfangs war Steves Psychiater dagegen, die Psychopharmaka zu reduzieren, da der Junge noch vor nicht allzu langer Zeit selbstmordgefährdet gewesen war. Steve litt jedoch seit kurzem unter Nebenwirkungen wie starken Kopfschmerzen und unwillkürlichen Muskelzuckungen. Ich vermutete, da es Steve besserging, wollte uns sein Körper sagen, dass er diese hohe Dosierung nicht mehr brauchte. Über die nächsten fünf Monate verringerte Steve nach und nach seine Psychopharmaka-Dosis, bis er ganz frei davon war.

Einmal im Monat kam er in meine Sprechstunde, egal, wie es ihm ging, selbst mit Pfeifferschem Drüsenfieber. Ich fragte ihn: »Was willst du hier? Du solltest zu Hause im Bett liegen.« Er antwortete mit einem Schulterzucken. »Ich dachte, wir könnten weiter an meiner Heilung arbeiten.« Ich musste lächeln, denn das zeigte mir, dass Steves Herz dabei war, gesund zu werden. Es war ihm wichtig, Unterstützung und Liebe zu erhalten. Ich war froh, dass ich ihm helfen konnte.

Steve arbeitete weiter daran, Liebe zu bekommen und zu lernen, sich selbst zu lieben, und zu erforschen, wer er ist. Er setzte die Heilübungen und die Bestärkungsformeln fort und kümmerte sich weiter um sich selbst. Etwa

zwei Monate, nachdem er mich trotz seiner Krankheit
besucht hatte, kam er in meine Praxis und sah aus, als
hätte er etwas auf dem Herzen. Das Gespräch verlief folgendermaßen:

Ich: Was möchtest du mir erzählen?

Steve (verwundert): Woher wissen Sie das?

Ich (lächelnd): Nun, Steve, das ist genau das, was die
Menschen tun, wenn sie hierherkommen. Sie sprechen
über das, was sie beschäftigt.

Steve: Ich bin schwul.

Ich: Nun, es wird Zeit.

Steve (überrascht): Sie wussten das?

Ich (lächelnd): Ich habe es vermutet. Ich habe darauf ge-
wartet, dass du an dich glaubst, dich liebst und dich genug akzeptierst, um es dir selbst und der Welt gegenüber
zuzugeben. Hast du es schon anderen erzählt?

Zu diesem Zeitpunkt hatte Steve bisher nur mit einem
Freund darüber gesprochen. Ich sagte ihm, er dürfe kei-
nesfalls vergessen, wie geliebt und unterstützt er sei und
dass es wirklich sicher für ihn war, es anderen zu erzählen, wie seiner Mutter oder seinem Bruder. Steve erzählte
es dann seiner Mutter, seinem Bruder und Freunden, allerdings nicht seinem Vater. Er wusste, dass das schwierig
werden würde, hauptsächlich wegen der Ängste seines
Vaters, nicht weil er selbst, Steve, ein schlechter Mensch
sei. Sein Vater fand es schließlich heraus, erfuhr es aber
nicht von Steve. Die beiden sprachen niemals darüber.
Dennoch akzeptiert Steves Vater ihn und seine Entscheidungen immer noch.

Ziel Nr. 1: Lernen Sie, sich selbst zu bejahen und sich selbst anzuerkennen.

Mit der Liebesreaktion Selbstbejahung lernen

Bewusstheitsübung

Sich eines Mangels an Selbstbejahung bewusst werden

Diese Übung haben Sie im Verlauf dieses Buches schon in verschiedenen Versionen gemacht. Inzwischen haben viele von Ihnen wahrscheinlich herausgefunden, welche Erinnerung oder welcher Mensch die Quelle Ihrer Schuldgefühle, Ihrer Scham oder Ihres gebrochenen Herzens ist.

- Stellen Sie den Wecker auf zehn Minuten. Setzen Sie sich ruhig hin und stellen Sie sich folgende Fragen:
- Auf welche Weise suche ich Anerkennung?
- Habe ich das Gefühl, dass ich so, wie ich bin, gut genug bin? Oder brauche ich andere Menschen oder materielle Besitztümer, um mir zu beweisen, wer ich bin?
- Versuche ich irgendetwas, was mich betrifft, vor anderen zu verbergen?
- Habe ich Fantasien, einmal etwas Besonderes zu sein – berühmt oder reich etc. –, um anderen zu zeigen, wie großartig ich bin?
- Mache ich mich wichtig oder prahle ich mit meinen Erfolgen?
- Angle ich nach Komplimenten?
- Mag ich, was ich sehe, wenn ich in den Spiegel schaue?
- Habe ich das dringende Bedürfnis, Komplimente zu bekommen oder anerkannt zu werden?
- Wenn der Wecker klingelt, öffnen Sie die Augen.

Loslassen

- Stellen Sie den Wecker auf fünfzehn Minuten.
- Schreiben Sie Ihre Antworten und Ihre Gefühle nieder. Schreiben Sie auf, formulieren Sie, was Sie zu verstehen beginnen. Das Schreiben wird Ihnen dabei helfen, Klarheit zu gewinnen. Sollten Ihnen auf die Fragen nicht sofort eindeutige Antworten einfallen, dann werden sie sich vielleicht von selbst einstellen, während Sie schreiben, oder vielleicht auch erst im Laufe der nächsten Woche. Sie können dann Gedanken oder Erinnerungen aufschreiben oder diese Übung mehrmals während der Woche durchführen. Wenn Sie tiefer in die Antworten eintauchen, werden Sie feststellen, dass Sie auf etwas Schmerzhaftes stoßen, etwa Gefühle der Scham oder des Verletztseins.
- Wenn der Wecker klingelt, hören Sie auf. Legen Sie die Hände auf das, was Sie geschrieben haben, und sagen Sie: »Ich entlasse euch jetzt aus meinem Körper.« Dieses Mal bleibt es Ihnen überlassen, ob Sie das Papier vernichten wollen. Vielleicht möchten Sie das Geschriebene ja behalten, um es später noch einmal zu überdenken, um sich vor Augen zu halten, wie Sie in Zukunft nicht mehr sein wollen.
- Schließen Sie die folgende Heilübung »Sich selbst lieben lernen« an.

Heilen: sich selbst lieben lernen

- Schließen Sie die Augen
- Atmen Sie tief ein.
- Atmen Sie tief aus.
- Bauen Sie Ihr SHIELD auf.
- Achten Sie auf Ihren Atem. Danken Sie Ihrem Atem, dass er Ihnen heute Leben spendet.

- Achten Sie auf Ihre Nase. Danken Sie Ihrer Nase, dass sie Ihnen heute Leben spendet.
- Achten Sie auf Ihre Lippen. Danken Sie Ihren Lippen, dass sie Ihnen heute Leben spenden.
- Achten Sie auf Ihren Körper – all Ihre Muskeln, die Haut, Knochen, die inneren Organe, die Blutgefäße, die Nerven, das Gehirn, die Zellen und all Ihre Unvollkommenheiten. Danken Sie Ihrem Körper, dass er Ihnen heute Leben spendet.
- Achten Sie auf Ihr Herz. Danken Sie Ihrem Herzen, dass es Ihnen heute Leben spendet.
- Achten Sie darauf, wie Sie sich fühlen.
- Nehmen Sie diese Gefühle an und danken Sie ihnen dafür, dass es sie gibt.
- Das göttliche Licht aus Ihrem SHIELD erfüllt Ihr Herz, während Sie einatmen, und breitet sich auf den Rest Ihres Körpers aus, wenn Sie ausatmen.
- Sprechen Sie immer und immer wieder die Worte: »Ich liebe mich. Ich bin gut genug. Ich habe genug.«
- Wenn Sie das Licht und die Liebe einatmen und dann ausatmen, verbreiten sich Liebe und Licht über Ihren ganzen Körper.
- Führen Sie dies so lange durch, wie Sie mögen.

Umprogrammierung – sich selbst bejahen

Was Sie tun sollten

- Bauen Sie Ihr SHIELD regelmäßig auf, führen Sie die Heilübung »Sich selbst lieben lernen« durch.
- Sprechen Sie das Herzgebet (siehe Seite 154) und das Vertrauensgebet (siehe Seite 139).
- Wiederholen Sie die Bestärkungsformel: »Ich liebe mich. Ich bin gut genug. Ich habe genug.«

- Kümmern Sie sich besser um sich selbst, zum Beispiel:
  - Schlaf: Versuchen Sie jeden Tag eine feste Schlafenszeit einzuhalten. Führen Sie möglichst vor dem Schlafengehen das SHIELD aus sowie Entspannungstechniken, um Ihre Gedanken zu klären und um sich geborgen zu fühlen.
  - Ernährung: Tun Sie sich etwas Gutes, indem Sie Nahrungsmittel essen, die Ihnen viel Energie geben, also viel Obst und Gemüse, wenig Fett, Zucker und Alkohol. Vielleicht sind für Sie Nahrungsergänzungsmittel sinnvoll. Besprechen Sie mit Ihrem Arzt oder mit einem Ernährungsspezialisten, was für Sie geeignet wäre.
  - Fitness: Verbringen Sie Zeit in der Natur und machen Sie regelmäßig Sport. Ideal ist die Kombination einer Ausdauersportart wie Joggen, Radfahren oder Tanzen, ergänzt mit Gewichtstraining. Auch Yoga und Tai-Chi sind wunderbar, da Sie dabei gleichzeitig die Entspannungsreaktion fördern.
- Jedes Mal, wenn Sie ungesundes Essen wie Fertiggerichte oder Alkohol zu sich nehmen wollen, fragen Sie sich: »Wenn ich mich selbst lieben würde, würde ich dann …?« Zum Beispiel: … ein weiteres Stück von dem Schokoladenkuchen essen? … noch ein Glas Wein trinken?
- Führen Sie weiterhin Ihr Tagebuch der Wertschätzung (siehe Seite 205) und konzentrieren Sie sich auf das, was Sie an sich selbst schätzen.
- Wenn Sie depressiv sind und Selbstmordgedanken haben, sprechen Sie bitte mit Ihrem Arzt oder Therapeuten und ziehen Sie in Erwägung, nötigenfalls Antidepressiva zu nehmen.
- Führen Sie Ihre Wunschliste weiter (siehe Seite 169).

- Wenn Sie auf der Suche nach Anerkennung sind.
- Wenn Sie sich so, wie Sie sind, nicht gut genug fühlen oder wenn Sie andere Menschen oder materielle Dinge brauchen, um sich zu bestätigen, wer Sie sind.
- Wenn Sie versuchen, etwas, das Sie betrifft, vor anderen zu verstecken.
- Wenn Sie davon träumen, etwas Besonderes zu sein – berühmt oder reich etc. –, um anderen zu zeigen, wie großartig Sie sind.
- Wenn Sie sich wichtig machen und mit Ihren Erfolgen prahlen.
- Wenn Sie nach Komplimenten angeln.
- Wenn jemand Sie kritisiert.
- Wenn Sie das Gefühl haben, Sie gehörten nicht dazu.
- Wenn Sie so sein möchten wie alle anderen und sich schlecht fühlen, weil Sie das nicht sind.
- Wenn Sie deprimiert sind.
- Wenn Sie sich einsam fühlen.

DIE SUCHE NACH BEACHTUNG UND ANERKENNUNG

Ziel Nr. 2: Überwinden Sie das Streben nach Anerkennung und lernen Sie, sich selbst auszudrücken.

Die meisten Menschen sehnen sich nach Anerkennung, besonders von ihren Eltern. Wenn wir dringend Wertschätzung brauchen, verletzt uns selbst unbedeutende Kritik. Wie oft haben Sie eine fantastische Idee oder eine großartige Neuigkeit verkündet, nur um zu hören: »Du solltest dies tun« oder: »Mach das am besten so«? Wie haben Sie sich dabei gefühlt? Wenn ich merke, dass man mir nicht zuhört, ärgere ich mich, werde abwehrend und wütend, oder ich werde ängstlich und überlege, ob ich etwas falsch gemacht habe. Und als Reaktion sage ich entweder das Falsche oder ich sage gar nichts. Doch ich habe eine sinnvollere Reaktion auf Situationen dieser Art entwickelt. Die Lösung liegt darin zu lernen, sich ohne Scham oder Ärger oder eine andere Abwehrhaltung auszudrücken.

Ist die Angstreaktion erst einmal aktiviert, dann reagieren die meisten Menschen damit, dass sie das Falsche oder gar nichts sagen. Wie oft wussten Sie genau, was Sie hätten sagen wollen oder sollen, aber Sie hatten bereits den Mund geöffnet und jemanden gekränkt? Wie viele Male haben Sie Angst gehabt, das auszusprechen, was Sie dachten, weil Sie glaubten, man würde Sie gleich wieder maßregeln? Wie oft haben Sie nicht gesagt, was Sie wollten, weil Sie fürchteten, der andere könnte ärgerlich werden, oder Sie würden dumm dastehen oder sowieso nicht die Antworten bekommen, die Sie suchten? Und schließlich sagen Sie das, was Ihnen auf dem Herzen liegt, allen möglichen Leuten, nur nicht den Menschen, für die es bestimmt ist.

Über unsere Sprache kommunizieren wir mit der Außenwelt. Wie wir sprechen, wird dadurch beeinflusst, wie andere uns behandelt haben, besonders in der frühen Kindheit, wenn wir unser Ich-Gefühl entwickeln und lernen, unsere Bedürfnisse mitzuteilen. So mag beispielsweise ein Kind, das mit vielen Geschwistern aufwächst, lernen, dass es entweder laut schreien oder sehr erfinderisch sein muss, um beachtet zu werden. Oder wenn die Eltern sehr streng sind oder das Kind auf irgendeine Weise misshandeln (ob körperlich, seelisch oder emotional), dann verstummt das Kind vielleicht, weil es Angst hat, für seine Äußerungen bestraft zu werden. In jedem Fall hat das Kind das Gefühl, dass es nicht beachtet wird und man ihm nicht zuhört, es also nichts wert ist. Entweder beginnt es zu schreien, um Beachtung zu bekommen, oder verstummt, um unsichtbar zu werden. Darüber hinaus kann unsere Gesellschaft diesen Prozess noch verschärfen, denn wir machen Menschen, die nicht den allgemeinen Vorstellungen entsprechen, oft lächerlich oder verurteilen sie. Vielleicht können Sie sich auch daran erinnern, dass man Ihnen als Kind häufig gesagt hat, Sie sollten ruhig sein oder sich benehmen. Jedes Mal, wenn Sie sich zurechtgewiesen fühlten, ließ Sie das ein bisschen mehr verstummen. Mit der Zeit lernten Sie, Ihr Bedürfnis sich auszudrücken zu verdrängen, bis Sie nicht einmal mehr wussten, was Sie eigentlich ausdrücken wollten. Sie haben gelernt, dass Sie nicht wichtig genug waren, um eine Stimme zu haben.

Und so sind viele Menschen schließlich zu ängstlich, um ihre Wünsche und Gedanken frei und offen auszudrücken. Oder sie sind zu wütend, um es noch tun zu wollen.

Wenn Sie nicht das Gefühl haben, geliebt und geschätzt zu werden, dann können Sie weder Ihr wahres Ich sprechen lassen noch sich und Ihre Bedürfnisse ausdrücken. Wenn Sie sich hingegen wertgeschätzt fühlen, dann stehen Sie für sich ein. Sie sprechen aus, was Sie denken, und können klar erkennen, was für Sie richtig ist.

Klarheit und Ausdruck der eigenen Persönlichkeit führen dazu, dass Sie bekommen, was Sie brauchen. Sie bekommen die Liebe, die Sie brauchen, die Unterstützung, die Sie brauchen, den Job, den Sie möchten, etc. Indem Sie sich bejahen und anerkennen, können Sie Ihre Bedürfnisse ausdrücken, und das Universum scheint Ihnen dabei zu helfen, damit das, was Sie wünschen, auch tatsächlich Wirklichkeit wird.

TANZ MIT DEM UNIVERSUM

Stellen Sie sich vor, Sie tanzen mit dem Universum und beide versuchen zu führen. Sie beide wollen sich ausdrücken und sind besorgt, sich nicht verständlich machen zu können. Was folgt daraus? Treten Sie sich gegenseitig auf die Zehen oder tanzen Sie beschwingt über das Parkett?

Ich stelle mir gerne vor, dass wir den Paso doble mit dem Universum tanzen. Bei diesem spanischen Tanz steht der Mann für den Matador, den Stierkämpfer, und die Frau repräsentiert die wunderschöne Capa, das rote Tuch, das er anmutig schwingt, um den Stier anzulocken. Beide müssen sich im Einklang bewegen, um ihr Ziel zu erreichen. Sie sind die wunderschöne Capa. Ohne Sie hat dieser Tanz keine Aussage. Ohne Sie ist das Universum nicht dasselbe. Diese Wahrheit müssen Sie einfach kennen, um in der Lage zu sein, sich in vollem Umfang und liebevoll auszudrücken.

Wenn Sie glauben, Sie seien nicht wertvoll genug, um eine Stimme zu haben, dann machen Sie sich auf die Suche nach dem Ursprung dieses Glaubens. Als Erstes achten Sie darauf, wonach Sie sich sehnen. Sehnsüchte sind tief verwurzelte Wünsche, die noch nicht erfüllt sind. Wenn Sie den Ursprung finden, dann wird Ihnen das erlauben, diese Sehnsüchte loszulassen. Sie werden vielleicht feststellen, dass Sie etwas ganz anderes wollen, etwas, das leicht zu erreichen ist. Wenn das geschieht, ist es, als hätten Sie einen Weg gefunden, mit dem Universum zu tanzen, statt gegen es, und Sie können spüren, dass Sie im Fluss sind.

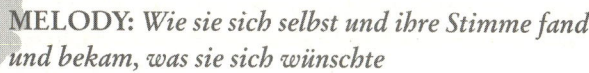

MELODY: *Wie sie sich selbst und ihre Stimme fand und bekam, was sie sich wünschte*

Die vierundvierzigjährige Melody klagte über Erschöpfungszustände, die sich in letzter Zeit verschlimmert hatten. »Mit meiner Energie stimmt etwas nicht«, erzählte sie. »Die Müdigkeit steckt mir in den Knochen, und alles tut mir weh.« Vor kurzem hatte man bei ihr Diabetes festgestellt. Sie hatte Schlafprobleme und klagte über Verspannungen im Schulter- und Nackenbereich.

Melody hatte vier Kinder, die schon erwachsen waren, und vor kurzem hatte sie sich von ihrem Mann getrennt. Nachdem sie viele Jahre als Krankenschwester gearbeitet hatte, ging sie jetzt wieder zur Schule. Sie vermisste zwar ihr Haus, aber nicht das Chaos einer sich auflösenden Ehe oder die erdrückende Verantwortung, den Haushalt am Laufen zu halten und den Frieden zu bewahren. Sie konnte es kaum erwarten, dass die Scheidung endlich abgeschlossen war, und stellte keine Ansprüche an ihren Ehemann. Sie wollte nur raus aus dieser Ehe.

Melody war die Älteste von vier Kindern. Ihre Eltern hatten sich ständig gestritten, wenn sie zu Hause waren, meistens waren sie jedoch nicht da, und zwar weder physisch noch emotional. Melody hatte sich als Älteste für die Geschwister verantwortlich gefühlt. Sie lernte schon in sehr jungen Jahren, unabhängig zu sein und Verantwortung zu übernehmen. Sie erinnerte sich daran, dass sie das Gefühl hatte, ihre Bedürfnisse würden nicht zählen, denn die Bedürfnisse anderer Menschen waren immer wichtiger. Ich fragte Melody, warum sie bei der Scheidungsvereinbarung keinerlei Ansprüche stellte. Warum wollte sie alles aufgeben? Hatte sie denn keine Bedürfnisse? War das wirklich das, was sie wollte? Stand ihr wirklich nichts zu und dem Ehemann alles? Ignorierte sie ihre Bedürfnisse und gab ihre Rechte weg, wie schon in ihrer Kindheit? Ich bat sie, darüber nachzudenken, was sie wirklich wollte und was ihr zustand. Sie sollte eine Wunschliste aufstellen, um herauszufinden, wonach sie sich sehnte und woher diese Sehnsucht stammte.

Mit Tränen in den Augen sagte Melody: »Ich sehne mich nach Frieden. Nach Liebe und Respekt.« »Und warum fängst du dann nicht damit an, dir dies alles selbst zu geben?«, fragte ich. »Warum schadest du dir mit dem, was du isst, mit dem Arbeitspensum, zu dem du dich zwingst, und verzichtest in der Scheidungsvereinbarung auf die Dinge, die du vielleicht brauchst?«, fügte ich hinzu. »Keiner kann dir deine Selbstachtung nehmen. Du kannst sie nur aufgeben und selbst zerstören.«

Melody brauchte Hilfe, um Selbstachtung und ein Selbstwertgefühl zu entwickeln. Ich zeigte ihr, wie sie ihrem Kind-Ich bedingungslose Liebe geben und ihr Herz heilen konnte, so dass sie lernte, Liebe zu empfangen. Ich führte sie im Verlauf von zwei Terminen durch die Heilübung »Sich selbst lieben lernen«, das Herzgebet, das Vertrauensgebet und die Heilübung »Das vollkommene Kind«. Ich zeigte ihr, wie sie ihr SHIELD aufbauen konnte und die Bestärkungsformeln »Ich liebe mich. Ich bin gut genug. Ich habe genug. So wie ich bin, bin ich vollkommen« benutzte.

Melody sollte auch mit einer Selbstbild-Collage anfangen, damit sie beginnen konnte, die Zukunft zu schaffen, nach der sich ihr Herz sehnte.

Die Selbstbild-Collage

Eine Selbstbild-Collage ist eine wunderbare Möglichkeit, sich auszudrücken und kreativ zu sein.

Sie brauchen dafür ein großes Blatt, Ihre Wunschliste (siehe Seite 169) und Bilder von sich selbst. Sie können Fotos nehmen oder sich selbst malen oder zeichnen.

Nun erschaffen Sie sich die Welt, in der Sie gerne leben möchten, und die Person, als die Sie sich gerne sehen möchten. Verwenden Sie Ausschnitte aus Zeitschriften,

Prospekten, Fotografien – alles Visuelle ist geeignet. Sie können sich ein attraktives Selbstbild erschaffen, ein gleichmütiges Bild, ein niedliches Bild, ein lustiges Bild. Stellen Sie so viele Bilder her, wie Sie möchten. Wenn der Platz auf dem Blatt nicht ausreicht, nehmen Sie ein neues Blatt dazu.

Es gibt für jeden von uns Momente, da wir gütig oder gemein, stark oder verletzlich, klug oder begriffsstutzig sind etc. Keine dieser Eigenschaften definiert Sie. Sie können ein Maler sein, ein Skifahrer, ein Banker – alles zusammen. Setzen Sie Ihre Vorstellungskraft ein und wenden Sie sie auf Ihre eigene reale Welt an.

In den folgenden zwei Monaten erzählte mir Melody, dass sie weiterhin ihr SHIELD durchführte und die Visualisierungen und die Bestärkungsformeln anwandte. Sie trieb Sport und ernährte sich gesünder. Sie wurde sich sicherer, wer sie war und was sie wollte. Sie stellte eine Liste auf, was sie von ihrem Ehemann haben wollte. Ihr Erschöpfungszustand hatte sich gebessert, aber sie hatte immer noch Verspannungen im Nackenbereich.

Ich fragte Melody, ob sie irgendetwas nervös machte oder belastete. Genau genommen wollte ich wissen, ob sie über etwas wütend war, das sie nicht ausdrücken konnte. Melody nickte und gab zu, dass sie Angst hatte vor dem kurz bevorstehenden Treffen mit ihrem Ehemann, den beiden Rechtsanwälten und dem Richter. Bei diesem Treffen würde die Scheidungsvereinbarung abgeschlossen werden und sich entscheiden, wer was bekam. Sie befürchtete, dass ihre Forderungen nicht erfüllt werden würden, aber am meisten regte sie auf, dass ihr Ehemann ihre Forderungen zurückgewiesen hatte.

»Was erhoffst du dir von dieser Anhörung vor Gericht, Melody?«, fragte ich sie.

Sie antwortete: »Ich möchte, dass man mir zuhört und ich bekomme, worum ich gebeten habe.«

»Und wovor hast du Angst?«, fragte ich weiter.

»Ich habe Angst, wieder unsichtbar zu sein – wie damals als Kind«, erwiderte sie.

Ich führte Melody durch die Übung, ihr Herz mit göttlicher Liebe und Unterstützung und Mitgefühl zu erfüllen und dann diese Liebe an das kleine Mädchen in ihrem Innern auszustrahlen. Daran schlossen wir die Heilübung »So wie ich bin, bin ich vollkommen« an.

Eine Woche später war sie schmerzfrei. Glücklich erzählte sie mir, dass ihre Scheidung nun abgeschlossen war. Der Richter hatte ihr alles zugestanden, was sie verlangt hatte, und sogar mehr. Als der Richter ihren Ehemann sogar als »schäbig« bezeichnet hatte, fühlte sich Melody aufrichtig unterstützt, geliebt und wahrgenommen. Sie empfand ein ungeheures Gefühl der Freiheit. Sie hatte sich von den Fesseln und Sehnsüchten gelöst, die sie so lange davon abgehalten hatten, ihr Selbst auszudrücken.

Mit der Liebesreaktion sich selbst ausdrücken

Bewusstheitsübung

Sich seiner Sehnsüchte bewusst werden

Stellen Sie eine Liste der Dinge auf, die Sie sich wünschen, nach denen Sie sich zutiefst sehnen. Dann wählen Sie den Wunsch aus, der Ihnen am allerwichtigsten ist – der eine, bei dem Sie schon der Gedanke, wie sehr Sie sich das wünschen, traurig, verzweifelt und ängstlich macht.

- Stellen Sie den Wecker auf fünf Minuten.
- Schließen Sie die Augen.

- Atmen Sie tief ein.
- Atmen Sie tief aus.
- Bauen Sie Ihr SHIELD auf.
- Konzentrieren Sie sich auf Ihr Herz.
- Denken Sie an Ihren größten Wunsch.
- Welches Gefühl entwickelt sich in Ihrem Brustraum?
- Wie fühlt sich diese Sehnsucht an?
- Spüren Sie ein Ziehen? Einen Schmerz? Ein Gefühl der Beklemmung?
- Finden Sie die Stelle in Ihrer Brust oder Ihrem Herzen, wo Sie dieses Gefühl der Sehnsucht empfinden.
- Wenn Sie diese Stelle gefunden haben, stellen Sie sich vor, dass ein Seil daran befestigt ist.
- Dieses Seil ist sehr, sehr lang.
- Gehen Sie diese Seil bis zum anderen Ende. Dort sehen Sie sich als Baby, als Kind oder junger Erwachsener.
- Sie selbst sind die Quelle Ihrer Sehnsucht.
- Sie selbst sind die Quelle des Gefühls, dass Sie nicht genug haben oder nicht gut genug sind.
- Was sehen Sie? Was fühlen Sie? Welche Bedingungen herrschen?
- Wenn der Wecker klingelt, öffnen Sie die Augen.

Loslassen

Wenn Sie wollen, können Sie bei dieser Übung mit einem Partner arbeiten, da sie Ihnen letztlich dabei helfen soll, sich selbst auszudrücken. Der Partner sollte die vorangegangene Bewusstheitsübung ebenfalls gemacht haben. Falls Sie nicht mit einem Partner üben, setzen Sie sich vor einen Spiegel.

- Stellen Sie den Wecker auf fünfzehn Minuten.
- Setzen Sie sich Ihrem Partner gegenüber oder schauen Sie in einen Spiegel. Legen Sie die rechte Hand auf Ihr Herz

und die linke auf das Herz Ihres Partners oder Ihres Spiegelbildes. Sagen Sie zueinander diese Worte: »Ich höre dir zu.«

- Nun sagen Sie und Ihr Partner abwechselnd, was Sie jeweils entdeckt und gefühlt haben, während der andere jeweils zuhört, ohne zu unterbrechen oder über die eigene Geschichte nachzudenken. Sie kommen beide an die Reihe. Hören Sie einfach zu.
- Falls Sie diese Übung allein durchführen, hören Sie sich selbst liebevoll zu. Werten Sie nichts und unterdrücken Sie nichts. Hören Sie zu, als würden Sie der wichtigsten Person in Ihrem Leben zuhören.
- Wenn Sie beide fertig sind, danken Sie einander für das Zuhören und sagen: »Nun habe ich die Sehnsucht aus meinem Körper entlassen.«

Heilen: So, wie ich bin, bin ich vollkommen

- Schließen Sie die Augen.
- Atmen Sie tief ein.
- Atmen Sie tief aus.
- Bauen Sie Ihr SHIELD auf.
- Das göttliche Licht des SHIELD erfüllt Ihr Herz mit Liebe und Mitgefühl, während Sie einatmen.
- Das Licht und die Liebe dehnen sich über Ihren ganzen Körper aus, während Sie ausatmen.
- Wiederholen Sie im Stillen mehrere Male diese Worte: »Ich liebe mich. Ich bin gut genug. Ich habe genug.«
- Rufen Sie die Vorstellung von sich als kleinem Kind herauf.
- Umarmen Sie es, sprechen Sie liebevoll zu ihm und umgeben Sie es mit dem SHIELD, während Sie zu ihm sagen: »Ich sehe dich. Ich höre dich. So wie du bist, bist du vollkommen.«

- Das göttliche Licht und die Liebe vom SHIELD erfüllen das Herz des Kindes, während es einatmet, und breiten sich über seinen ganzen Körper aus, während es ausatmet.
- Sagen Sie nun zu dem Kind: »Ich sehe dich. Ich höre dich. So wie du bist, bist du vollkommen.«
- Während Sie beide sich mit Liebe und Licht erfüllen, verschmelzen die beiden Vorstellungen zu einer.
- Wiederholen Sie diese Worte mehrere Male: »So wie ich bin, bin ich vollkommen.«
- Machen Sie die Übung so lange, wie Sie möchten.

Umprogrammierung – Sehnsüchte loslassen

Was Sie tun sollten

- Bauen Sie Ihr SHIELD auf.
- Machen Sie die Heilübung »Sich selbst lieben lernen« (siehe Seite 231), anschließend die oben beschriebene Heilübung »So wie ich bin, bin ich vollkommen«.
- Sprechen Sie die Bestärkungsformeln »Ich liebe mich. Ich bin gut genug. Ich habe genug« und setzen Sie hinzu: »So wie ich bin, bin ich vollkommen.«
- Benutzen Sie eines der Gebete, das Ihnen richtig erscheint.
- Schreiben Sie weiterhin in Ihr Tagebuch der Wertschätzung (siehe Seite 205).
- Ergänzen Sie Ihre Wunschliste (siehe Seite 169) und fertigen Sie eine Selbstbild-Collage (siehe Seite 239) an, zu der Sie jeden Tag etwas hinzufügen können.

- Wenn Sie sich im Herzen nach etwas sehnen, das Ihnen unerreichbar erscheint.
- Wenn Sie das Gefühl haben, dass Ihre Bedürfnisse missachtet werden.
- Wenn Ihre Lebensumstände Sie frustrieren und Sie unzufrieden sind mit dem, was Sie haben oder sind.
- Wenn Sie neidisch auf das sind, was andere haben.
- Wenn Sie sich ständig mit anderen vergleichen.
- Wenn Sie das Gefühl haben, dass man Sie unfair behandelt.
- Wenn Sie das Gefühl haben, dass man Sie nicht versteht oder Ihnen gar nicht zuhört.
- Wenn Sie sich vorkommen, als seien Sie unsichtbar.

FÖRDERN SIE IHREN SELBSTAUSDRUCK DURCH KREATIVITÄT

Wenn Sie bejahender und liebevoller zu sich selbst sein wollen, sollten Sie sich daran erinnern, wie es war, ein Kind zu sein. Meine Nichte Maia ist inzwischen fünf Jahre alt und sich ihrer selbst noch nicht bewusst. Sie tanzt oft unbekümmert herum, singt, schreit und lacht aus voller Kehle oder läuft herum mit einer buntgestreiften Bluse zu einem lilafarbenen Taftrock mit »Glitzer«, silbernen Schuhen mit Schleifen und Strumpfhosen in Rot und Pink. Sie ist eine Modekönigin!

Tun Sie es ihr gleich. Lassen Sie Ihrer unbekümmerten Fantasie freien Lauf!

- Stellen Sie die Musik richtig laut und tanzen Sie!
- Kaufen Sie Wachsmalstifte oder Fingerfarben und groß-

formatiges Papier und malen Sie – keiner beobachtet oder bewertet Sie.

- Machen Sie etwas Spontanes.
- Kichern Sie mitten im Supermarkt plötzlich los, nur weil Ihnen danach ist.
- Verbringen Sie jeden Tag ein paar Minuten damit, die Welt mit den Augen einer Fünfjährigen zu sehen.
- Schauen Sie hinauf zu den Wolken und versuchen Sie, in ihnen Gestalten zu erkennen.
- Schreiben Sie Ihre Geschichte in Ihr Tagebuch.
- Belegen Sie einen Kurs in irgendeiner kreativen Tätigkeit. Wechseln Sie ruhig ein paar Mal, bis Sie etwas finden, was Ihnen Spaß macht.

Jeder drückt sich auf eine andere Art und Weise aus: Musik machen oder hören, tanzen, malen, in der Öffentlichkeit Reden halten, schreiben, innovative Ideen oder Gedanken ausspinnen, Schach spielen etc. Kreativ zu sein bedeutet, das, was im Innern ist, nach außen auszudrücken, so wie sich Knospen zu wundervollen Blüten öffnen. Denken Sie daran, dass keine zwei Blumen sich gleichen. Die eine ist nicht besser oder schlechter als die andere. Jede Blume drückt sich auf ihre individuelle Art und Weise aus.

SELBSTLIEBE BEDEUTET, DAS VOLLE POTENZIAL AUSZUSCHÖPFEN

Alle Menschen atmen dieselbe Luft, leben im selben Universum und auf derselben Erde und haben die Fähigkeit, dieselbe Liebe zu empfangen und zu geben. Doch jeder Mensch ist ein Individuum. Jeder Einzelne hat andere genetische Anlagen, andere Lebenserfahrungen und andere Filtersysteme, die ihm dabei helfen, die Welt zu verstehen.

Jeder Mensch ist ein Gefäß, das dieselbe umgebende Energie aufnimmt, doch weil wir unterschiedlich gebaut sind, drücken wir diese Energie auf unsere eigene, individuelle Weise aus. Jeder von uns ist sowohl Teil eines größeren Ganzen als auch eine eigene Persönlichkeit.

Indem Sie Ihr Liebesguthaben aufbauen und Ihre Fähigkeit steigern, im Fluss zu leben, ganz zu werden, sich selbst zu bejahen und sich auszudrücken, werden Sie feststellen, dass Sie bekommen werden, was Ihr Herz sich ersehnt.

DIE LIEBESPYRAMIDE VOLLENDEN

Spirituelle Liebe

Denken Sie an einen geliebten Menschen, der schon gestorben ist. Stellen Sie sich vor, dass dieser Mensch Sie tröstet, wie er es tat, als er noch da war. Stellen Sie sich die Fältchen um die Augen vor, wenn er Sie angelächelt hat. Denken Sie an die wunderbaren Eigenschaften dieses Menschen. Lassen Sie zu, dass Sie getröstet werden. Lassen Sie sich in die Arme dieses Menschen sinken.

Gerade ist Ihnen gelungen, mit etwas in Verbindung zu treten, das über Ihre alltägliche Realität hinausreicht, etwas, das ich spirituelle Liebe nenne. Damit meine ich eine Liebe ohne Grenzen in Zeit und Raum, die es Ihnen erlaubt, mit allen Dingen und allen Lebewesen in Verbindung zu treten.

Spirituelle Liebe lässt Sie offen werden für die Wunder des Lebens. Die soziale Liebe verbindet Sie mit anderen, die Selbstliebe verbindet Sie mit sich selbst. Und die spirituelle Liebe verbindet Sie mit etwas, das größer ist als Sie, so wie die Natur, Gott, eine höhere Macht. Diese Erfahrung hilft Ihnen, sich entspannter und geborgen zu fühlen, weniger wütend, allein oder ängstlich. Es ist, als ob Ihre Mutter oder Ihr Vater Sie im Arm halten und dafür sorgen, dass Sie geborgen und sicher sind.

Mit spiritueller Liebe fällt es Ihnen leichter, in jeder Situation einen Sinn zu erkennen, auch schwierige Situationen erfolgreich zu bewältigen. Sie entwickeln ein tiefes Verständnis für sich selbst. Sie entdecken, dass Sie ein Teil des größeren Ganzen sind, und dass dieses größere Ganze ohne Sie unvollständig ist.

Sie müssen nicht religiös sein, an Gott oder an ein anderes höheres Wesen glauben, um spirituelle Liebe erfahren zu können. Das hat auch mein Patient Michael entdeckt.

MICHAEL: *Golf*

Michael war dreiundachtzig Jahre alt, ein Geschäftsmann im Ruhestand und leidenschaftlicher Golfer. Mal sah er sich als Agnostiker und mal als Atheist. Eigentlich kam er zu mir, weil sich seine Frau Sorgen um seine Gesundheit machte. Er schlief schlecht, sein Blutdruck war zu hoch, und er fühlte sich ängstlich und niedergeschlagen. Als ich ihn fragte, warum er ängstlich und niedergeschlagen sei, erzählte er mir, dass der Gedanke an den Tod ihn ängstige. Es beunruhige ihn, dass er sterben könnte, ohne etwas Bleibendes hinterlassen zu haben. Er habe nichts Wesentliches zur Welt beigetragen und er befürchte, er würde schnell vergessen sein. Michael glaubte nicht an Gott, er glaubte auch nicht daran, dass sein Geist nach seinem Tod weiterexistieren würde, und er machte sich viele Gedanken darüber, was nach seinem Tod kommen würde. Deshalb, so sagte er, liege er nachts schlaflos da und grübele.

Ich bat Michael, mir von seinen Freunden und seiner Familie zu erzählen und was diese ihm bedeuteten. Er begann zu sprechen, und sein Gesicht strahlte dabei. Nach einer Weile machte ich die Bemerkung, dass sich das anhörte, als ob er viele Menschen liebe und von vielen Menschen geliebt würde. Ich bat ihn, an all die Liebe zu denken, die es in seinem Leben gab, und dann zu schauen, wie sich seine Brust anfühlte. Er gab zu, dass er ein gutes Gefühl in der Brust habe. Er habe ein Gefühl von

Offenheit und Licht. Ich sagte: »Sehen Sie! Hier ist die Verbindung, die Sie weder sehen noch hören, aber direkt in Ihrem Herzen spüren können. Dieses magische Gefühl, das Zeit und Raum überwindet, nennt sich Liebe. Liebe wird immer weiterleben. Sie werden immer im Herzen derjenigen existieren, die Sie lieben, und sie in Ihrem Herzen.«

Michael lächelte, ihm gefiel die Antwort, aber natürlich hatte er immer noch sehr viele Fragen und Bedenken. Er war ein nüchterner Geschäftsmann, und das Ganze war ihm ein bisschen unheimlich, obwohl er zugeben musste, dass er diese angenehmen Empfindungen in seinem Herzen spürte. Er wiederholte, dass er immer noch beunruhigt sei. Auch wenn seine Familie und seine Freunde ihn liebten, hatte er dennoch das Gefühl, er habe nicht genug für die Welt getan. Er sei sehr egoistisch gewesen, meinte er.

Ich fragte ihn, ob er jemals Zeit, Hilfe oder Geld gespendet habe, ob er jemals ehrenamtlich für einen anderen Menschen oder die Gemeinschaft tätig gewesen sei. Ich glaube, er brauchte mindestens zwanzig Minuten (zumindest kam es mir so vor), um all die vielen Menschen und Vereinigungen aufzuführen, denen er geholfen oder zumindest Hilfe angeboten hatte. Ich war überrascht und fragte ihn, wie er auf die Idee komme, er habe nicht genug getan, nachdem er doch ganz offensichtlich so viel gegeben hatte. Michael erwiderte, dass er mehr hätte tun können, dass er auch heute noch mehr tun könnte. Auf meine Frage, warum er dieses Gefühl habe, antwortete er nach einigem Überlegen, dass er sich wertlos fühle und irgendwie nicht gut genug. Er gab auch zu, dass er sich nach dieser Aufzählung all der Dinge, die er getan und gegeben hatte, besser fühlte. So hatte er das noch nie gesehen.

Nun wollte Michael wissen, wie er sich dieses gute Gefühl bewahren konnte. Ihm war klar, sobald er die Praxis verließ, würde er wieder damit anfangen, sich Sorgen zu machen, sich allein und wertlos zu fühlen. Ich wies ihn an, immer wieder mit dieser Liebe, die in seinem Herzen war, in Verbindung zu treten und daran zu denken, dass diese Liebe ebenso in den Herzen der anderen war.

Ich ermutigte ihn, dort aktiv zu sein, wo er von Freunden und Familie umgeben war, und weiterhin ehrenamtlich tätig zu sein, wie er es auch jetzt schon war. Dabei sollte er darauf achten, wie all diese Aktivitäten ihm das Gefühl gaben, mit etwas in Verbindung zu stehen, das weit größer war als er selbst.

Michael fand diese Anweisung sehr merkwürdig und fragte mich: »Woran merke ich, dass es so ist? Wie kann ich wissen, dass ich mit etwas Größerem in Verbindung bin? Ich verstehe das nicht ganz.« Ich erwiderte, das habe er wahrscheinlich schon häufiger erlebt. Er schaute mich verblüfft an. Ich erklärte ihm, als leidenschaftlicher Golfspieler, der er war, solle er sich daran erinnern, wie es sich anfühlte, wenn er an einem herrlichen Tag mit guten Freunden Golf spielte und dabei einen perfekten Schlag ausführte: Dies ist einer der Augenblicke, in denen die Zeit stehenbleibt. Die Engel singen. Das Meer teilt sich. Der Atem scheint stillzustehen. Man hat das Gefühl, als ob alles eins sei und man selbst ist mit allem.

Und das, sagte ich Michael, ist Spiritualität. Wenn man das Gefühl hat, mit etwas verbunden zu sein, das größer ist als man selbst. Je öfter er diese Verbindung herstellte, umso mehr würde er die Liebe schätzen, die in ihm und um ihn herum ist, umso besser würde er sich fühlen und umso glücklicher und gesünder würde er sein.

MIT ETWAS IN VERBINDUNG TRETEN, DAS GRÖSSER IST ALS MAN SELBST

Liebe und Unterstützung von anderen zu bekommen und ihnen diese zu geben, beinhaltet, über sich hinauszuwachsen. Dies hilft dabei, zu verstehen und daran zu glauben, dass man nicht allein ist. Die tief verwurzelte Überzeugung, dass wir zu einem größeren Ganzen gehören, ist mit großer physischer, emotionaler und geistiger Kraft verbunden. Diese Überzeugung bringt uns dazu, mutiger und anpassungsfähiger zu sein. Wir können besser auch unter Stress gute Leistungen zeigen und sind selbstloser. Durch diese tiefe Überzeugung, dass man mit sich und anderen verbunden ist, definiert sich Spiritualität.

Religion ist einer der wichtigsten Wege zur Spiritualität. Die lateinische Wurzel des Wortes Religion ist »religio« und bezeichnet das Band zwischen der Menschheit und einer Macht, die größer ist als der Mensch. Der Unterschied zwischen Religion und Spiritualität besteht darin, dass Letztere abstrakter ist und Erstere ein von Menschen definiertes und strukturiertes System. Obwohl manche Menschen glauben, diese Struktur habe Mängel, wirken sich viele der spirituellen Praktiken, die zu den Religionen gehören, positiv auf die Gesundheit aus. Eine davon ist das Gebet. [1] Einige Studien belegen einen Zusammenhang zwischen Gottesdienstbesuchen und Sterblichkeit: Je öfter wir zum Gottesdienst gehen, umso höher ist unsere Lebenserwartung. [2] Andere Studien haben gezeigt, dass Menschen, die regelmäßig in einen Gottesdienst gehen, seltener unter Bluthochdruck leiden. [3] Religion und Spiritualität geben uns darüber hinaus das Gefühl, einer Gemeinschaft anzugehören, und weiten damit den Aspekt der sozialen Liebe unserer Liebespyramide aus.

ISABELLE: *Sehnsucht nach der Mutter*

Als Isabelle zu mir kam, wirkte sie verzweifelt und traurig. Ich fragte sie, was los sei, und sie erwiderte mit Tränen in den Augen, dass sie häufig an ihre Mutter denken müsse, die vor zwei Jahren gestorben sei. Sie klagte darüber, dass sich ihr Herz »schwer anfühlte« und dass sie unter Atemnot und Schlaflosigkeit litt.

Ich bat Isabelle, sich nicht darauf zu konzentrieren, wie schlecht sie sich fühlte, sondern lieber an all das Schöne zu denken, mit dem ihre Mutter ihr Leben bereichert hatte. Da Isabelle regelmäßig zur Kirche ging, forderte ich sie auf, ihre Mutter in ihre Gebete einzuschließen und darum zu bitten, dass sie weiterhin all die wundervollen Dinge erleben durfte, die sie mit ihrer Mutter erlebt hatte, als diese noch am Leben war. Ich ermutigte Isabelle, über ihre Werte nachzudenken, darüber, woher diese stammten. Welche Werte hatte ihre Mutter ihr vermittelt? Dies waren kostbare Dinge, die man ihr nicht nehmen konnte. Ich ermutigte sie auch, einer Selbsthilfegruppe für Trauernde beizutreten.

Isabelle hielt sich an meine Empfehlungen. Bei ihrem nächsten Termin ein paar Wochen später ging es ihr schon besser. Sie erzählte mir, dass sie beim Beten ganz deutlich ihre Mutter spürte, in Verbindung mit einem tiefen Gefühl der Liebe und Ganzheit. Sie hatte sich einer Selbsthilfegruppe in der Kirche angeschlossen und die Erfahrung gemacht, dass die Liebe und die Verbindung zu anderen sehr wohltuend und hilfreich war.

Mit der Zeit begann Isabelles Trauer zu heilen. Sie erlaubte es sich auszusprechen, dass sie sich ohne ihre Mutter einsam fühlte, und ergriff Maßnahmen, die ihr halfen, sich trotz des Verlustes wieder mehr als Ganzes zu fühlen. Dies geschah, indem sie Liebe und Unterstützung von anderen annahm und sich mit der Liebe verbunden fühlte, die sie dem Gott, an den sie glaubte, gab und von ihm empfing. In dem Maße, in dem ihre Physiologie sich veränderte, war es ihr möglich, sich immer besser zu fühlen – und zwar physisch, psychisch und emotional.

WIE SPIRITUELLE LIEBE MIR HALF

Als ich selbst unter Depressionen litt – in der Einführung des Buches habe ich davon erzählt –, war ich abgekoppelt von anderen, von mir selbst und besonders von der spirituellen Liebe. Ich konnte nicht verstehen, warum so viele schlimme Sachen ausgerechnet mir passierten, warum ich »bestraft« wurde. Ich glaubte nicht mehr daran, etwas verändern zu können, und auch nicht mehr an den Willen des Universums, mich zu unterstützen. Ich fühlte mich als Opfer und alles andere als geliebt und unterstützt. Ich erlaubte mir weder zu hoffen noch mir vorzustellen, dass etwas sich zum Guten ändern könnte, denn jedes Mal, wenn ich zu hoffen begonnen hatte, fand ich mich kurz darauf wieder am Boden zerstört und enttäuscht. Ich war einfach zu erschöpft, um noch irgendetwas zu glauben.

Doch als sich Menschen um mich herum versammelten und mich unterstützten, begann ich langsam zu begreifen, dass ich geliebt wurde. Nun begann ich wieder zu hoffen und an bessere Zeiten zu glauben. Ich nahm mit etwas Kontakt auf, das größer war als ich. Ich trat mit der Natur in Verbindung.

Verbindung mit der Natur aufnehmen

- Gehen Sie ins Freie oder betrachten Sie das Foto einer schönen Landschaft oder schließen Sie einfach die Augen und stellen Sie sich eine Landschaft vor, die Sie mögen.
- Würdigen Sie alles, was Sie sehen, fühlen, spüren, riechen oder schmecken.
- Würdigen Sie, wie wundervoll und Ehrfurcht gebietend die Natur ist.
- Würdigen Sie, dass die Natur sich in einem Zustand ständigen Wandels befindet: Dem Tag folgt die Nacht. Dem Sommer folgt der Herbst. Eine Blume erblüht, während eine andere verblüht und mit ihrem Verwelken den Boden düngt, damit er neues Wachstum hervorbringt. Nichts ist von Dauer, und nichts ist statisch.
- Würdigen Sie, dass die Natur sich diesem ständigen Wandel nicht widersetzt, sondern mit ihm im Fluss ist.
- Nun würdigen Sie, wie sehr Sie mit der Natur verbunden sind. Sie sind ein Teil der Natur. Sie sind Teil dieses Flusses.

Sie haben sich gerade mit etwas verbunden, das größer ist als Sie. Damit haben Sie, ohne es zu wollen, auch sich selbst gewürdigt.

Wenn wir den Willen oder die Sehnsucht aufgeben, uns Dinge auszumalen, wenn wir uns nicht mehr trauen, daran zu glauben, dass das Leben voller Liebe und Freude sein kann, dann koppeln wir uns von der Vorstellung ab, dass wir zu einem größeren Ganzen gehören. Wir koppeln uns von der spirituellen Liebe ab. Dieses größere Ganze muss nicht Gott sein oder der Geist oder das Göttliche. Dieses

»größere Ganze« bezieht sich auf Ihre Vorstellungskraft und Ihre Träume, auf Ihren Glauben an die Zukunft; darauf, dass eine Macht, die größer ist als Sie, Sie dabei unterstützt, die Unsicherheit zu bewältigen; darauf, dass Sie nicht allein dastehen, so wie auch kein Molekül für sich existiert.

Wenn Sie das Gefühl haben, nicht allein zu sein, dann ist die Wahrscheinlichkeit größer, dass Sie sich als vollständig, ganz und vollkommen erfahren. Dann können Sie auch die Hand ausstrecken und anderen helfen, die der Hilfe bedürfen.

SPIRITUELLE ZUNEIGUNG:
SELBSTLOS DIE HAND AUSSTRECKEN,
UM JEMANDEM ZU HELFEN

Selbstlosigkeit, also jemandem zu helfen, zu dem Sie keine Beziehung haben, der weder zur Familie noch zu Ihren Freunden gehört, dem zu helfen Ihnen keinen offensichtlichen Nutzen verspricht, das nenne ich »spirituelle Zuneigung«. Die liebevolle Berührung ist die Handlung, die aus der sozialen Liebe entspringt, die Fürsorge für sich selbst ist die Handlung, die der Selbstliebe entspringt, und Selbstlosigkeit ist die Handlung, die der spirituellen Liebe entspringt. Letztlich werden Sie von Ihren uneigennützigen Handlungen einen Gewinn haben. Dieser Gewinn mag nicht unmittelbar eintreffen, nicht sichtbar sein oder nicht eins zu eins betragen. Doch selbstlose Handlungen geben uns das Gefühl, etwas wert zu sein und einen Beitrag geleistet zu haben, und dies strahlt auf Ihr ganzes Wesen aus und stimuliert die Liebesreaktion.

Wenn sich beispielsweise ältere Menschen ehrenamtlich betätigen, dann verlängert das ihre Lebenserwartung. Ältere Menschen, die andere unterstützen, haben eine höhere Lebenserwartung als jene älteren Menschen, die Unterstützung bekommen. [4, 5] Und ehrenamtliche Helfer leben nicht nur länger, sie fühlen sich auch besser. So löst die Erfahrung, anderen zu helfen, bei den Helfenden ein Hochgefühl aus, denn sie bewirkt ein Gefühl der Ruhe und Stressfreiheit, indem sie die Angstreaktion abschaltet. Viele Helfende haben eine niedrigere Herzfrequenz und einen niedrigeren Blutdruck [6] und profitieren wahrscheinlich auch von einer verbesserten Immunantwort. [7]

Tatsächlich sind diese physiologischen Veränderungen, die selbstlose Tätigkeiten auslösen, die Grundlage des positiven Gefühls und der Hochstimmung. Zu geben verstärkt die Aktivität im Belohnungszentrum des Gehirns, es werden die Botenstoffe ausgeschüttet, die dafür sorgen, dass wir uns gut fühlen, wie Dopamin und Endorphine. [8]

Wie Seine Heiligkeit, der Dalai Lama, festgestellt hat: »Wenn Sie Ihren Fokus von sich auf andere verlegen, Ihre Aufmerksamkeit auf andere ausdehnen und den Gedanken pflegen, sich um andere zu kümmern, dann wird das die unmittelbare Wirkung haben, Ihr Leben zu öffnen und Ihnen helfen, auf andere zuzugehen.« Sich um andere zu kümmern, gibt Ihnen das Gefühl, dass Sie in der Welt etwas bewirken. Sie machen die Erfahrung, die Kontrolle zu haben, und es fällt Ihnen leichter, in Ihrer Situation einen Sinn zu sehen. Und – vielleicht das Wichtigste daran – Sie haben weniger Angst.

DER RÜCKKOPPLUNGSEFFEKT
DER SPIRITUELLEN LIEBE

Stellen Sie sich das folgende Szenario vor: Ihr Flug geht in dreißig Minuten, und Sie stehen noch in der Schlange vor dem Sicherheitscheck, die endlos zu sein scheint. Ihre

Angstreaktion läuft auf vollen Touren, und Sie sind kurz davor durchzudrehen. Plötzlich bemerkt einer der Sicherheitsleute die Panik auf Ihrem Gesicht und fragt Sie, ob alles in Ordnung ist. Sie erklären ihm Ihr Problem, und die Sicherheitsleute lassen Sie vor, so dass Sie Ihr Flugzeug noch rechtzeitig erreichen. Sie sind entspannt und dankbar, dass Ihnen jemand geholfen hat. Im Flugzeug treffen Sie in Ihrer Reihe auf eine Familie, die sich aufregt, weil sie nicht zusammensitzen kann. Sie bieten Ihren Platz an und setzen sich woanders hin. Damit haben Sie nicht nur der Familie den Tag gerettet, sondern die dankbare Flugbegleiterin kümmert sich besonders aufmerksam um Sie.

Hätten Sie Ihren Sitz auch angeboten, wenn Sie bei der Ankunft im Flugzeug immer noch gestresst und gereizt gewesen wären? Wie hätte sich dieses Szenario in diesem Fall wohl entwickelt?

Wenn Sie die Seite Ihrer Liebespyramide aufbauen, die die spirituelle Liebe repräsentiert, hat das einen Rückkopplungseffekt, wobei eine liebenswürdige Handlung die nächste auslöst und so fort. Wir stehen alle miteinander in Verbindung, und die spirituelle Liebe erinnert uns daran, jedes Mal, wenn wir sie praktizieren.

Wenn Sie die spirituelle Liebe stärken möchten, müssen Sie wie bei der sozialen Liebe und der Selbstliebe einige Grundregeln lernen. Als ersten Schritt müssen Sie Vertrauen in diesen größeren Zusammenhang entwickeln, Sie müssen Ihre Fähigkeit zu glauben und Ihre Vorstellungskraft stärken.

Spirituelle Liebe trägt zu Ihrem Liebesguthaben bei. Wenn Sie ein größeres Liebesguthaben haben, dann wird Ihre Liebe überfließen zu anderen und auch deren Guthaben auffüllen. Das Geheimnis liegt darin, selbstlos und gütig zu handeln, einfach weil es eine Möglichkeit ist. Ihre Liebesreaktion wird dann auf Hochtouren laufen, und auch andere werden den Unterschied bemerken.

GRUNDREGELN DER SPIRITUELLEN LIEBE

Das Glauben lernen

Manchmal spielt es keine Rolle, wie viele Menschen einen lieben, und auch nicht, wie intensiv man Selbstfürsorge anwendet, man fühlt sich dennoch schlecht. Selbstliebe zu beschwören, Selbstfürsorge-Übungen, Freunde und Familie sind manchmal einfach nicht genug, um uns aus unserer Dunkelheit zu reißen. Unsere Angstreaktion kann so hartnäckig sein und unsere negative Physiologie so dominant, dass es schwierig wird, das Ungleichgewicht in unserem Innern zu beseitigen.

An diesem Punkt setzt die spirituelle Liebe an.

Die spirituelle Liebe vergrößert Ihr Liebesguthaben. Dann können Sie Ihrem Leiden standhalten, ohne das Gefühl zu haben, in einen tiefen schwarzen Abgrund zu fallen, aus dem Sie nie wieder herausfinden. Sie können Ihr Liebesguthaben als Unterstützung einsetzen, während Sie Ihren Ängsten entgegentreten und die Dunkelheit beseitigen. Um in Ihrer Liebespyramide den Bereich der spirituellen Liebe aufzubauen, müssen Sie die folgenden vier Ziele erreichen:

1. Entwickeln Sie Vertrauen in das Unbekannte und Unbegreifliche.

2. Lernen Sie, an die Existenz von etwas zu glauben, das größer ist als Sie, und entdecken Sie den Glauben neu.

3. Stellen Sie sich den Wunden, die der Ursprung Ihres Leidens sind, und heilen Sie sie.

4. Heilen Sie, indem Sie sich mit Himmel und Erde verbinden.

SPIRITUELLES VERTRAUEN ENTWICKELN

Ziel Nr. 1: Entwickeln Sie Vertrauen in das Unbekannte und Unbegreifliche.

Spirituelle Liebe bedeutet, die Verbindung zu allem zuzulassen, was göttlich, gut und schützend ist, zuzulassen, dass es einen umarmt und tröstet. Wie ein Baby lernt man, in die Arme von etwas zu fallen, das größer ist als man selbst, etwas Göttliches und Liebendes, das uns eine Zeitlang hält – nicht um etwas zu verändern, sondern nur, um uns zu halten, so dass sich unsere Physiologie selbst regulieren kann und wir unsere Situation klarer sehen können.

Erinnern Sie sich, wie Sie als Kind »Vertrauensfall« gespielt haben? Ihre Freunde standen hinter Ihnen und Sie sollten sich einfach zurückfallen lassen, darauf vertrauend, dass Sie aufgefangen würden. Auch zu der Verbindung mit der spirituellen Liebe gehört das Loslassen. Sie lassen Ihre Erwartungen los, dass Ihre Situation sich verändern oder dass etwas in Ordnung gebracht wird. Stattdessen ergeben Sie sich in etwas, das jenseits von Ihnen ist, das Sie mit allen Dingen verbindet. Sie vertrauen darauf, dass dieses Etwas für Sie arbeitet und nicht gegen Sie. Betrachten Sie es als eine Art spirituellen Vertrauensfall.

Ich will Ihnen erzählen, wie es bei mir funktioniert hat.

WIE ICH MEINEN GLAUBEN WIEDERENTDECKTE

Vor ein paar Jahren machte ich beim Meditieren eine tiefgehende Erfahrung. An jenem Tag war ich sehr erschöpft. Ich war gerade von einer Blitzreise nach Israel zurückgekehrt, wo ich meinen Vater besucht hatte. Einen Monat zuvor hatte er uns allen einen großen Schrecken eingejagt, als er während einer Geschäftsreise in Paris einen Herzanfall erlitt. Ich hatte es übernommen, mit seinen Ärzten zu sprechen, und dafür gesorgt, dass seine medizinischen Unterlagen nach Paris geschickt wurden. Schließlich wurde er in Paris operiert. Als es ihm scheinbar besserging, stimmten seine Ärzte seiner Heimreise nach Israel zu. Dort angekommen, hatte er erneut einen – wenn auch kleinen – Herzanfall, und ich flog sofort zu ihm, voller Angst, es könnte das letzte Mal sein, dass ich ihn sah. Auch diesmal koordinierte ich seine Behandlung und seine Versorgung und verbrachte mitten in der Nacht Stunden am Telefon.

Auch meine Geschwister waren nach Israel gekommen, und wir alle verbrachten fünf intensive Tage mit meinem Vater und meiner Mutter. Wir waren erleichtert, als sich abzeichnete, dass er sich wieder erholen würde, und ich versuchte, meine Zeit mit ihm so gut wie möglich zu genießen. Nach meiner Rückkehr von dieser Reise war ich erschöpft – körperlich, geistig und emotional. Und ich spürte, dass ich in eine überwältigende Depression zu rutschen drohte.

Obwohl ich wusste, dass es meinem Vater wieder gutging und ich genügend Unterstützung und Liebe von meiner Familie und meinen Freunden bekam, fühlte ich mich elend. Ich fühlte mich einsam und wollte mich von allem zurückziehen. Ich hatte genug davon, mich so intensiv zu bemühen, »alles in Ordnung zu bringen«. Ich fühlte mich erschöpft davon, anderen Menschen dabei zu helfen, wieder in Ordnung zu kommen und ihnen das Leben zu erleichtern. Es lag nicht in meiner Macht, meinen Vater zu retten, und ebenso wenig andere Menschen. Welchen Sinn hatte es dann, sich dafür so sehr zu bemühen? Ich fing an, bei mir und bei anderen nach Fehlern zu suchen. Alles und jeder regte mich auf oder reizte mich.

Nun saß ich also in der Meditation. Ich versuchte mein SHIELD aufzubauen, sprach mein Herzgebet und das Vertrauensgebet und fühlte mich danach immer noch schrecklich. Also meditierte ich weiter.

Ich versuchte herauszufinden, warum mir das Herz so schwer war. Ich bat mein Herz, mir die Wunde zu zeigen, die meine Traurigkeit und meinen Schmerz verursachte. In meiner Vorstellung sah ich mich an der Zinne eines Schlosses hängen. Ich hielt mich verzweifelt fest, denn sobald ich losließ, würde ich in den Tod stürzen. Mir blieb nur die Wahl, loszulassen und in mein Verderben zu stürzen oder mich hochzuziehen, um auf das Dach des Schlosses zu gelangen. Damit würde ich das Risiko eingehen, wegen Hausfriedensbruch belangt zu werden.

Nach langem Überlegen entschied ich mich dafür, mich auf das Schlossdach hochzuziehen. Doch als ich das getan hatte, stellte ich fest, dass ich die Mauer immer noch nicht loslassen konnte, denn nun stand ich in einem reißenden Fluss. Wieder hatte ich nur zwei Möglichkeiten – entweder ließ ich los, was möglicherweise mein Verderben bedeutete, oder ich kämpfte weiter darum, mich an der Mauer festzuhalten.

Was sollte das bedeuten?, fragte ich mich. Was wollte mir diese Vision sagen? Schließlich fand ich heraus, dass ich eine Entscheidung treffen musste: Wollte ich leben oder wollte ich sterben? Und wenn ich mich für das Leben entschied: Wollte ich dann weiterhin ständig daran zweifeln, dass es mir schon gutgehen und mir nichts Schlimmes zustoßen wird und dass ich alle Herausforderungen bewältigen kann? Wenn ich weiterhin kein Vertrauen hätte, dann würde mein ganzes Leben ein Kampf sein.

Mir wurde klar, dass ich einen Vertrauensfall machen und loslassen musste. Es waren nicht alle Lösungen offensichtlich, und ich hatte nicht alle Antworten. Doch ich war an einem Punkt angelangt, an dem ich loslassen und darauf vertrauen musste, dass das Ergebnis für mich das richtige sein würde. Wenn ich leben wollte, musste ich lernen zu vertrauen und durfte nicht versuchen, immer alles kontrollieren zu wollen.

Ich ließ die Mauer in meinem Herzen los, nicht weil ich sterben wollte, sondern weil ich leben wollte. Ich wollte vertrauen. Ich sagte mir: »Ergebe dich der Liebe« und ließ los. Ich machte den spirituellen Vertrauensfall und fand mich entspannt in einem Teich mit kristallklarem Wasser. Ich fühlte keinen Schmerz, keine Traurigkeit oder Depression. Ich spürte, dass ich im Wasser schwebte und in mir Frieden herrschte.

Nun wollte ich herausfinden, was wohl geschehen wäre, wenn ich im ersten Fall die Mauer losgelassen hätte, und rief mir noch einmal das Bild vor Augen, als ich an der Mauer hing, unter mir der Abgrund. Ich machte den spirituellen Vertrauensfall und ließ los, während ich zu mir sagte: »Ergebe dich der Liebe.« Und statt in mein Verderben zu fallen, begann ich zu fliegen. Ich begann zu kreisen wie ein Adler und empfand die Zuversicht, dass ich die notwendigen Mittel haben würde, um jede Herausforderung zu bewältigen. Mir wurde klar, dass ich vielleicht nicht in der Lage war, meine Situation zu verändern, meinen Vater wieder gesund zu machen oder andere zu heilen, aber ich konnte darauf vertrauen, dass das Universum mich unterstützen würde. Es würde sicherstellen, dass ich genug Liebesguthaben und Ressourcen hätte. Ich fühlte mich frei.

Als ich aus meiner meditativen Versunkenheit auftauchte, hatte ich das Gefühl, als habe sich ein tonnenschwerer Felsblock von meiner Seele gehoben. Zwar hatte ich noch immer Ängste und Bedenken, aber ich hatte nun auch Glauben. Ich traf die Entscheidung, in meinem Leben anderen zu helfen, indem ich sie alles lehrte, was ich über

Liebe und Heilen wusste, ohne dabei zu versuchen, sie zu ändern.

Innerhalb nur eines Monats veränderte sich mein Leben entscheidend. Ich begann dieses Buch zu schreiben, und es ergaben sich viele neue Möglichkeiten für mich. Das soll nicht heißen, dass ich keine Rückschläge hatte. Doch ich lernte, dass ich, wenn ich deprimiert war, nicht versuchen musste, irgendetwas in Ordnung zu bringen, sondern mich nur »in die Liebe ergeben« und den spirituellen Vertrauensfall in mein SHIELD durchführen musste. So wurden meine depressiven Phasen immer kürzer, sie dauerten statt Monaten nur noch Wochen, dann nur noch Tage, Stunden und schließlich nur noch Minuten.

Der spirituelle Vertrauensfall

- Atmen Sie tief ein.
- Atmen Sie tief aus.
- Bilden Sie Ihr SHIELD.
- Das göttliche Licht umgibt und hält Sie.
- Bedingungslose Liebe umgibt und tröstet Sie.
- Es gibt nichts, das Sie tun oder sein müssten.
- Sie sind vollkommen sicher und geborgen.
- Sprechen Sie zu sich: »Ergebe dich der Liebe.«
- Stellen Sie sich vor, Sie fallen nach hinten in den Teich aus göttlichem Licht.
- Lassen Sie los und lassen Sie sich nach hinten fallen.
- Ergeben Sie sich der Liebe.

LERNEN SIE ZU GLAUBEN

Ziel Nr. 2: Lernen Sie, an die Existenz von etwas zu glauben, das größer ist als Sie, und entdecken Sie den Glauben neu.

Damit Ihr Gehirn Ihnen vorhersagt, in Zukunft »wird alles gut sein«, müssen Sie in Ihrem bisherigen Leben die Erfahrung gemacht haben, dass das Universum eher für Sie arbeitet statt gegen Sie. Dies können »glückliche Zufälle« gewesen sein oder Phasen, in denen Sie »viel Glück« hatten. Ohne solche positiven Erfahrungen, wenn Sie stattdessen im Stich gelassen oder enttäuscht wurden, fühlen Sie sich wahrscheinlich eher verfolgt und als Opfer, sind ängstlich, zaghaft und hilflos. Sie haben vielleicht das Gefühl, Ihr Leben sei ein ständiger Kampf und Sie müssten immer nur stromaufwärts schwimmen.

JUSTINE: *Erfahrungen machen heißt glauben*

Als Justine in meine Sprechstunde kam, fiel es ihr schwer, still zu sitzen, ständig rutschte sie auf dem Stuhl herum. Sie war zweiundvierzig Jahre alt, im letzten Jahr war sie an Brustkrebs operiert worden. Sie klagte darüber, dass sie ständig Angst habe, und zwar in einem Ausmaß, dass sie körperlich völlig entkräftet war. Sie sorgte sich um ihre Kinder, um ihre Arbeit, um ihren Ehemann und um ihre finanzielle Lage, obwohl die Familie über genügend Rücklagen verfügte. Ihr kam es so vor, als ob überall Gefahren lauerten. Es machte sie fertig. Sie fühlte sich total erschöpft, vor allem auch, weil sie mindestens zweimal in der Nacht aufwachte, um nach ihren Kindern zu sehen. Als ich sie nach ihrer Kindheit fragte, berichtete Justine, dass sie das älteste von drei Geschwistern war und für ihre Eltern der Mittelpunkt ihres Lebens. Sie erwarteten nur das Beste von ihr, und sie erinnerte sich daran, wie sehr sie sich unter Druck fühlte, die Erwartungen ihrer Eltern zu erfüllen. Sie war immer bemüht, alles perfekt zu machen. Die Eltern gingen davon aus, dass Justine die besten Schulen besuchen, eine steile Karriere machen, daneben heiraten und Kinder bekommen würde. Ihr Vater war Atheist und Wissenschaftler; alles musste wissenschaftlich beweisbar sein, und er ließ nicht zu, dass die traditionellen jüdischen Feste in der Familie gefeiert wurden. Dazu kam, dass er manisch-depressiv war und phasenweise unter Verfolgungswahn litt, niemandem traute, nicht einmal seiner Familie. Justine bemühte sich angestrengt, die Erwartungen ihres Vaters zu erfüllen, auch weil sie Angst hatte, er könne in eine seiner manischen oder depressiven Phasen fallen, wenn ihr das nicht gelang.

Justine selbst glaubte nicht, dass es einen Gott gab oder eine höhere Macht, die ihr einen Teil der Verantwortung hätte abnehmen können. Ihrer Meinung nach gab es keinen Beweis in ihrem Leben, dass eine solche Instanz existierte. Stattdessen wurde sie ständig von Angst getrieben: »Was ist, wenn ich keinen Erfolg habe? Was ist, wenn etwas Schlimmes geschieht? Was ist, wenn dies meine Schuld ist?«

Ich lehrte Justine, das SHIELD einzusetzen, das Herzgebet und das Vertrauensgebet. Ich suchte für sie Visualisierungen aus, die ihr helfen würden, sich mit ihrer Vorstellungskraft zu verbinden. Dies sollte in ihr die Idee keimen lassen, dass vielleicht doch etwas Größeres existierte jenseits von dem, was ihre Augen sehen oder die Wissenschaft erklären konnte. Ich zeigte ihr die Visualisierung »Mutter Erde« und ermutigte sie, bewusst Zeit in der freien Natur zu verbringen. Dies würde sie für die Vorstellung öffnen, dass sie möglicherweise doch ein Teil von etwas war, das viel größer war als sie. Außerdem stellten wir ein Programm zur Selbstfürsorge zusammen, das dazu beitragen würde, dass sie körperlich wieder kräftiger wurde.

Bei ihrem nächsten Termin erzählte Justine, sie sei verblüfft, wie viel besser sie sich fühle. Sie fand mehr Schlaf und war nicht mehr so müde. Es erstaunte sie, wie viel bewusster sie jetzt ihre Einstellungen, ihre Handlungen und ihr Verhalten wahrnahm. Sie berichtete, als sie mit ihrem Ehemann und den Kindern eines Tages zur Universität Harvard gefahren sei, habe sie zu ihrer Tochter gesagt: »Schau, Liebes, da könntest du eines Tages studieren.« In dem Moment, als sie diese Worte aussprach, erkannte sie, dass sie damit denselben Druck ausübte, wie ihr Vater es getan hatte. Sie war wütend auf sich, weil sie nicht wollte, dass ihre Tochter meinte, sie müsse nach Harvard gehen. Sie wollte sie wissen lassen, dass sie sie immer lieben würde, ganz gleich welchen Weg sie im Leben einschlagen würde. Also fügte sie sofort hinzu: »Falls du das möchtest, wenn du alt genug bist, um das zu entscheiden.«

Justine erzählte, dass dieser Zwischenfall sie in dem Entschluss bestärkt habe, jetzt Veränderungen anzugehen. Sie wollte unbedingt wissen, wie sie ihren Geist dazu bringen konnte, endgültig mit der ständigen Panikmache aufzuhören und das unaufhörliche negative Plappern in ihrem Kopf abzuschalten. Sie wollte mehr vertrauen und weniger denken. Ich zeigte ihr die folgende Übung, mit der sie mehr Ruhe in ihren Geist bekommen konnte.

- Bilden Sie Ihr SHIELD.
- Das Licht scheint auf Sie hernieder.
- Stellen Sie sich vor, dass ein Lichtstrahl auf Ihren Kopf und durch die Mitte Ihrer Stirn in Ihren Geist scheint.
- Stellen Sie sich vor, wie dieses wundervolle Licht von der Mitte Ihrer Stirn ausgeht, sich ausbreitet und Ihren Geist erfüllt.
- Es beginnt in alle Richtungen auszustrahlen und den Scheitel Ihres Kopfes zu öffnen.
- Dann tritt das Licht aus dem Scheitel Ihres Kopfes aus und vereinigt sich mit dem Licht aus dem Himmel.

Die Wirksamkeit dieser Übung verblüffte Justine. Sie meinte, sie könne sich nicht erinnern, wann sie jemals solche Ruhe und solchen Frieden erfahren habe. Ich sagte ihr, sie könne diese Übung zu jeder Zeit und an jedem Ort durchführen. Diese Übung würde ihr auch helfen, eine Verbindung mit etwas »Überirdischem« aufzubauen, ohne dass sie an etwas Bestimmtes glauben müsse.

Bei ihren folgenden Besuchen berichtete Justine, dass sie sich viel weniger Sorgen mache. Sie habe zwar immer noch Ängste, aber sie sei sich dieser Ängste bewusst und fühle sich besser in der Lage, sie zu verarbeiten. Sie habe mehr Energie. Und so langsam beginne sie daran zu glauben, dass es dort draußen vielleicht doch etwas gab – etwas, das sich ihrer Fähigkeit zu begreifen entzog. Was immer das auch sei, es fühle sich gut an.

Mit der Liebesreaktion vertrauen und glauben

Bewusstheitsübung

Sich des Glaubens bewusst werden

In dieser Übung werden Sie überprüfen, woran Sie glauben und woran nicht. Lassen Sie sich Zeit und denken Sie über jede der folgenden Fragen intensiv nach. Sie werden überrascht sein, was Sie dabei entdecken. Achten Sie darauf, welche Fragen die stärksten Reaktionen oder Emotionen hervorrufen. Fragen Sie sich:
Glaube ich oder glaube ich nicht ...

- ... an eine höhere Macht? Dass etwas Größeres als ich existiert?
- ... an Gott, an mehrere Götter, an die Anwesenheit von etwas Göttlichem, Buddha, Jesus, Mohammed, Mutter Natur? Hat meine höhere Macht ein Gesicht?
- ... dass es für alles, was mir geschieht, ob Gutes oder Schlechtes, einen Grund gibt?
- ... dass alles, was mir geschieht, zu meinem Besten ist, niemals zu meinem Schlechten?
- ... dass ich letztlich mit allen Dingen in Verbindung stehe?
- ... dass ich letztlich allein und auf mich selbst angewiesen bin?
- ... dass das Universum mir dabei hilft, das zu bekommen, was ich möchte?
- ... dass ich dem Universum egal bin und es oft gegen mich arbeitet?
- ... dass das Universum nichts damit zu tun hat, wie ich etwas bekomme, das ich mir wünsche?
- ... dass das Universum mich liebt und unterstützt?

Loslassen

- Wenn Sie mit dem Nachdenken über diese Fragen fertig sind, stellen Sie den Wecker auf fünfzehn Minuten.
- Schreiben Sie auf, was Sie überlegt haben, was Sie entdeckt haben, was Ihnen bewusst geworden ist. Sie sollen Ihre Gedanken nicht bewerten und auch nicht unterdrücken.
- Wenn der Wecker klingelt, hören Sie auf. Legen Sie die Hände auf das, was Sie geschrieben haben, und sagen Sie: »Ich entlasse euch jetzt aus meinem Körper.« Dann vernichten Sie die Blätter, indem Sie sie zerreißen oder verbrennen.
- Führen Sie anschließend die Heilübung »Mutter Erde« durch.

Heilen: Mutter Erde

- Schließen Sie die Augen.
- Atmen Sie tief ein.
- Atmen Sie tief aus.
- Bilden Sie Ihr SHIELD.
- Stellen Sie sich vor, dass Ihr Körper beim Ausatmen mit der Erde verschmilzt.
- Mit jedem Ausatmen lassen Sie Ihren Körper in die Arme von Mutter Erde sinken und mit ihr verschmelzen.
- Lassen Sie los. Ergeben Sie sich mit jedem Atemzug in die Arme von Mutter Erde.
- Sprechen Sie zu sich: »Ich ergebe mich der Liebe.«
- Sie sind sicher und geborgen und geliebt.
- Sprechen Sie die Worte: »Ich vertraue darauf, dass ich geliebt und unterstützt werde.«
- Mit jedem Atemzug spüren Sie, wie Ihr Körper mit dem Boden verschmilzt, in die Arme von Mutter Erde.

- Sinken Sie immer tiefer in die Erde, in die Arme von Mutter Erde.
- Sprechen Sie zu sich: »Ich ergebe mich der Liebe.«
- Ihr ganzer Körper verschmilzt mit der Erde, in die Arme von Mutter Erde.
- Ihr Kopf, Ihr Geist, Ihr Nacken und Ihr Gesicht verschmelzen mit der Erde.
- Ihr Brustkorb und Ihr Rücken, Ihr Bauch und Ihr Becken verschmelzen mit der Erde.
- Ihre Arme, Beine, Hände und Füße, Finger und Zehen verschmelzen mit der Erde.
- Lassen Sie los, ergeben Sie sich in die Arme von Mutter Erde.
- Sie fühlen sich geliebt, sicher und unterstützt.
- Sprechen Sie die Worte: »Ich vertraue darauf, dass ich geliebt und unterstützt werde.«
- Sie erhalten Fürsorge und Stärke von der Erde.
- Lassen Sie zu, dass Sie diese Fürsorge und Stärke erhalten.
- Spüren Sie, wie Fürsorge und Stärke von der Erde in Ihren Körper aufsteigen.
- Sie werden stark und tüchtig werden.
- Sprechen Sie die Worte: »Ich vertraue darauf, dass ich geliebt und unterstützt werde.«

Umprogrammierung – vertrauen und glauben

Was Sie tun sollten

- Bilden Sie Ihr SHIELD.
- Sprechen Sie die Bestärkungsformeln »Ich vertraue darauf, dass ich geliebt und unterstützt werde« und »Ich ergebe mich der Liebe«.
- Stellen Sie sich vor, dass Sie in die Arme von Mutter Erde sinken oder mit ihr verschmelzen.

- Stellen Sie sich vor, dass der Scheitel Ihres Kopfes sich öffnet, um das göttliche Licht zu empfangen, das Ihren Körper und Geist mit Licht und bedingungsloser Liebe erfüllt.
- Führen Sie die »Atemübung für den Kreislauf der Liebe« (siehe Seite 127) durch.
- Führen Sie weiterhin Ihr Tagebuch der Wertschätzung (siehe Seite 205), das wird Ihnen helfen, sich all dessen, was Sie haben und was Sie sind, bewusst zu werden.
- Üben Sie Selbstfürsorge aus, indem Sie genug schlafen, sich gesund ernähren, Sport treiben und rechtzeitig zum Arzt gehen.
- Verbringen Sie Zeit im Freien, treten Sie mit der Natur in Verbindung.
- Verbringen Sie Zeit mit den Menschen, die Sie lieben.

Wann Sie die Umprogrammierung anwenden sollten

- Wenn Sie unter »Gedankenrasen« leiden oder sich zu viele Sorgen machen.
- Wenn Sie von Angst erfüllt sind.
- Wenn Sie nicht schlafen können.
- Wenn Sie zu verbissen versuchen, über etwas oder jemanden Kontrolle auszuüben.
- Wenn Sie das Gefühl haben, die Verantwortung dafür, dass alles in Ordnung ist und alles zu einem guten Ende kommt, liegt allein bei Ihnen.
- Wenn Sie sich allein und hilflos fühlen.
- Wenn Sie das Gefühl haben, nicht unterstützt zu werden.
- Wenn Sie sich kritisiert fühlen und damit nicht umgehen können.
- Wenn Sie häufig Schmerzen in Ihren Muskeln oder Gelenken verspüren, weil Sie sich immer gegen Unsicherheiten panzern.

- Wenn Ihr Immunsystem immer wieder zusammenbricht (Sie häufig Erkältungen bekommen etc.).

SPIRITUELLES VERTRAUEN VON BLINDEM VERTRAUEN UNTERSCHEIDEN

Menschen, die in ihrer Kindheit negative Erfahrungen gemacht haben, fällt es meist schwer, zu vertrauen. Denn sie haben gelernt, dass man nichts und niemandem trauen kann. Unsicherheit macht ihnen Angst, sie ziehen es vor, alles um sich herum zu kontrollieren. Entweder lehnen sie Regeln grundsätzlich ab, oder sie halten sich daran, als wären es die Zehn Gebote, und stellen sie nicht in Frage. Das ist blindes Vertrauen. Es trägt nichts Positives zu unserem Überleben bei. Mit blindem Vertrauen achtet man nicht auf seine Instinkte, stattdessen vertraut man den Absichten eines Raubtiers, das einen in seine Höhle einlädt.

Spirituelles Vertrauen hingegen bedeutet, dass man daran glaubt, genügend Ressourcen zu besitzen, um Unsicherheit zu bewältigen. Spirituelles Vertrauen bedeutet, die Vorstellung annehmen zu können, dass etwas Größeres als wir selbst existiert, etwas, das uns hält und liebt. So können wir sicher sein, dass alles, was geschieht, sich zum Guten wenden wird.

Blindes Vertrauen entsteht, wenn wir in großer Angst oder mit Schmerzen leben und uns danach sehnen, dass ein anderer oder ein höheres Wesen sich darum kümmern wird, dies zu ändern. Unsere Liebesguthaben sind nur gering oder völlig aufgebraucht, so dass wir nach jeder Hilfe greifen, egal aus welcher Richtung sie kommt. Wir geben unsere Verantwortung ab und vertrauen nicht auf uns, sondern auf eine höhere Macht oder Autorität. Doch indem wir unsere eigene Macht aufgeben, fühlen wir uns noch mehr als

Opfer. Wenn dann Gott oder eine höhere Autorität uns im Stich zu lassen scheint, fühlen wir uns betrogen und verlassen. Alte Wunden werden aufgerissen, da uns das in der Vergangenheit auch schon passiert ist. Und mit der Zeit glauben wir, dass wir nur dann geliebt werden, wenn wir »gut« sind, und uns die Liebe verweigert wird, wenn wir »schlecht« sind.

Spirituelles Vertrauen entwickelt sich aus dem sicheren Wissen, ein ausreichendes Liebesguthaben zu haben, das uns trösten wird, sollten wir straucheln. Spirituelles Vertrauen entwickelt sich, wenn wir würdigen, dass wir geliebt und unterstützt werden, so wie es uns ein Leben voller positiver Erfahrungen bestätigt hat. Dann gelingt es uns, den spirituellen Vertrauensfall zu machen und uns der Liebe zu ergeben.

ERIC: *Den Glauben finden und sich der Liebe ergeben*

Der fünfundvierzigjährige Eric kam in meine Sprechstunde und klagte über seinen hohen Blutdruck. Zwar habe er versucht, seine Ernährung umzustellen und Sport zu treiben, doch sein Blutdruck sei nicht niedriger geworden. Er wollte keine Medikamente nehmen und suchte nach anderen Möglichkeiten, seinen Blutdruck zu senken. Außerdem klagte er über chronische Schmerzen im unteren Rücken und litt unter Einschlafproblemen, da ihm oft Tausende von Gedanken im Kopf herumschwirrten. Er war verzweifelt, weil er seine Gesundheit nicht unter Kontrolle bekam, und das machte ihn immer reizbarer und deprimierter. Er fügte hinzu, dass er oft Ängste habe und sich dann mit Essen tröste.

Eric war verheiratet und hatte zwei Kinder. Er liebte seine Familie und verbrachte gerne Zeit mit ihr. Sie gingen regelmäßig gemeinsam in den Gottesdienst einer konfessionsunabhängigen Kirche. Eric fügte hinzu, dass er zwar Trost im Gebet und in der Meditation fände, aber nicht wirklich sicher sei, wie er zu Gott stand, doch die Kirchenbesuche hielten die Familie zusammen. Sein ältester Sohn stand kurz davor, aufs College zu gehen, und obwohl Eric sich für ihn freute, machte er sich auch Sorgen und war traurig, dass er auszog. Zudem verabscheute er seine Arbeit. Er behielt sie nur aus finanziellen Gründen, da er mit seinem eigentlichen Beruf als Künstler und Schriftsteller die Familie nicht ernähren konnte. Zu seinen künstlerischen Arbeiten kam er nur selten.

Eric war in einer großen katholischen Familie als drittes von neun Kindern aufgewachsen. Seine Eltern waren »gute« Menschen, die ihre Religion sehr ernst nahmen. Sie waren nicht sehr freigiebig mit Emotionen oder liebevoller Berührung. Der Katholizismus bestimmte das Leben der Familie. Alle Kinder gingen in katholische Schulen, die Jungen waren Messdiener. Eric glaubte und vertraute auf alles, was seine Eltern, seine Lehrer und die Kirche ihm erzählten. Er war gehorsam, tat, was man ihm sagte, und befolgte alle Regeln. Er glaubte daran, dass er »beobachtet« wurde, und wenn er etwas Falsches tat, würde er von den Nonnen, seinen Eltern oder Gott selbst bestraft werden. Er wurde oft zurechtgewiesen und fühlte sich ständig beschämt, schuldig oder ängstlich. Er hatte nie das Gefühl, dass irgendetwas, das er tat, gut genug war.

Als er dann zum College ging, erzählte Eric, habe er rebelliert. Er begann mit transzendentaler Meditation, da ihm das eine Struktur gab und ihm half, seinen Kopf und seine Gedanken zu ordnen. Später löste er sich wieder davon, da ihm die Bewegung zu starr und reglementiert war, was ihn zu sehr an seine katholische Erziehung erinnerte. Erst als er heiratete, nahm er das Gebet und die Meditation wieder auf und schloss sich mit seiner Frau einer konfessionsunabhängigen Kirche an. Er erklärte, er habe das vor allem wegen der Familie getan. Ohne die Familie würde er gar nicht in die Kirche gehen.

Der erste Schritt für Eric bestand darin, Vertrauen aufzubauen und sein Herz zu heilen. Ich arbeitete mit ihm daran, ein SHIELD aufzubauen und sein Herz zu öffnen. Seine erste Bestärkungsformel war: »Ich vertraue darauf, dass ich geliebt und unterstützt werde.« Ich lehrte Eric, wie er die Vorstellungsbilder der göttlichen Eltern einsetzen konnte, die im SHIELD standen und ihm Liebe und Unterstützung gaben. Darüber hinaus stellten wir einen Gesundheitsplan auf. Dieser sollte ihn besser schlafen lassen, ihn dazu bringen, mehr Sport zu machen und sich gesünder zu ernähren.

Bei seinem nächsten Besuch berichtete Eric, dass er jetzt besser schlafe, seine Rückenschmerzen sich verringert hätten und er sich etwas mehr im Gleichgewicht befände. Sein Blutdruck war aber immer noch zu hoch, und er war weiterhin häufig gereizt und deprimiert. Er hatte auch festgestellt, dass in letzter Zeit eine Menge Wut aufgetaucht war. Er vermutete, sie könnte etwas mit den jüngsten Skandalen in der katholischen Kirche zu tun haben. Er war aufgebracht und am Boden zerstört. Obwohl er selbst als Kind nie missbraucht worden war, war er verletzt, kam sich betrogen vor und hatte ein tief empfundenes Gefühl des Verlusts. Ihm schien, dass alles, was man ihn als Kind gelehrt hatte, nur aus Lügen bestanden hatte. Wie sollte er jemals wieder vertrauen können? Und umso wütender er wurde, umso weniger bewegte er sich und umso schlechter ernährte er sich.

Ich fragte ihn, warum ihn seine Wut dazu brachte, selbstzerstörerisch zu handeln, statt sich mehr um sich zu kümmern? Mein Vorschlag war, seine Gefühle der Wut und des Verlusts genauer zu untersuchen.

Ich bat Eric, die Augen zu schließen, an die Kirche zu denken und mir zu sagen, wo er Unbehagen im Körper verspürte. Eric sagte, er habe ein Gefühl der Enge in der Brust. Als ich ihn bat, die Enge zu fragen, warum sie da war, antwortete er: »Ich bin hier, weil ich traurig bin. Ich fühle mich entfremdet. Ich fühle mich von Gott verlassen. Ich fühle mich betrogen von den Menschen, von denen man erwartete, dass sie Gutes tun. Ich bin wütend auf diese Leute, die mir Gott so falsch interpretiert haben, und auf Gott, dass er das zuließ. Ich fühle mich allein und einsam.«

»Und welche Gefühle hast du dir selbst gegenüber?«, fragte ich. Er antwortete: »Ich fühle Scham. Ich fühle mich verantwortlich. Ich hätte es wissen müssen. Ich muss etwas falsch gemacht haben, sonst hätte das nicht geschehen können.« Dann begann er heftig zu weinen. Ihm liefen die Tränen über das Gesicht, und sein ganzer Körper bebte.

Ich führte Eric durch die Heilübung »Das vollkommene Kind«. Er visualisierte sich als Kind und stellte sich vor, wie er dieses Kind umarmte. Er stellte sich vor, wie sie beide vom göttlichen Licht umgeben waren, und sagte sich, sie beide werden geliebt und seien nie allein. Dann stellte er sich vor, wie sie herumrannten, zusammen spielten, lachten, sangen … alles Mögliche taten, von dem er glaubte, dass es Freude und Unschuld in sein Herz zurückbringen würde.

Ich empfahl Eric, mindestens einen Monat lang täglich diese Übung zu machen. Sie würde ihm dabei helfen, einen besseren Zugang zu seinen Emotionen zu finden, seiner Wut entgegenzutreten, sie loszulassen, sein Herz zu heilen und den Prozess der Vergebung in Gang zu setzen, damit er vor allem sich selbst vergab. Seine Hausaufgabe war es zu üben, sich mit dem göttlichen Licht zu verbinden, sich daran zu erinnern, dass es etwas gab, das größer war als er, das ihm Unterstützung und Liebe bot statt Mühsal und Schmerz.

Im Laufe des folgenden Monats sank Erics Blutdruck. Er fühlte sich nicht mehr so wütend und gereizt. Aber er verspürte immer noch einen ungeheuren Verlust und sah keinen Sinn in seinem Leben, vor allem da seine Kinder dabei waren, das Elternhaus zu verlassen.

Für Eric war es unbedingt notwendig, sein Liebesguthaben aufzufüllen, damit er sich ganz und vollständig fühlen konnte und besser in der Lage war, seine Kinder gehen zu lassen.

Ich lehrte ihn die Heilübung »Sich mit Himmel und Erde verbinden« und empfahl ihm, ein Tagebuch der Wertschätzung zu führen. Das würde es ihm erleichtern, ein Gefühl der Dankbarkeit für das zu entwickeln, was er hatte und was er war, statt sich auf das zu konzentrieren, was er verlor.

Bei seinem letzten Besuch erzählte Eric glücklich, dass es ihm viel besser ging. Er hatte die Übungen zur Umprogrammierung täglich angewandt, viel in sein Tagebuch der Wertschätzung geschrieben – und er verfasste Kurzgeschichten. Sein Blutdruck hatte sich normalisiert. Er fühlte sich generell ruhiger und hatte begonnen, darüber nachzudenken, welche Alternativen es für ihn gab, sein Geld zu verdienen. Aber dieser Wechsel eilte nicht, denn er fühlte sich besser geerdet. Er war immer noch traurig, dass seine Kinder erwachsen wurden und das Haus verließen, aber er spürte auch, dass er die Ressourcen hatte, diese Veränderung zu bewältigen. Er sah den Veränderungen in seinem Leben eher optimistisch statt ängstlich entgegen, denn er wusste jetzt, dass sein Leben einen Sinn hatte.

Ziel Nr. 3: Stellen Sie sich den Wunden, die der Ursprung Ihres Leidens sind, und heilen Sie sie.

Liebe als Rezept, um sich der Liebe zu ergeben

Bewusstheitsübung

Sich seines Glaubens bewusst werden

Diese Übung dreht sich um die Vorstellung, dass es einen Gott gibt. Warum bitte ich Sie, die Übung zu machen? Die Mehrzahl von Ihnen ist sicher mit einer gewissen Vorstellung davon aufgewachsen, was oder wer Gott ist. Vielleicht gab es viele Regeln und man hat Ihnen erzählt, Sie seien »schlecht« und würden bestraft, wenn Sie diesen nicht gehorchten, so wie es bei Eric der Fall war. Gott war ein strafender Gott. Das hat vielleicht dazu geführt, dass Religion bei Ihnen negative Assoziationen hervorruft, ob Sie sich dessen bewusst sind oder nicht. Selbst wenn Sie als Erwachsene »spirituell« sind, enthält Ihr Unterbewusstsein immer noch Informationen, die sich auf dieses Glaubenssystem beziehen. Mein Ziel ist es, Sie von diesen unbewussten Annahmen, das Universum würde Sie bestrafen, wenn etwas schiefgeht, zu befreien. Ich möchte, dass Sie erkennen, dass das Wort »Gott« genau das sein kann: ein Wort. Und das Universum ist liebevoll und hilfreich, wie Sie selbst. Ich habe keinen wissenschaftlichen Beweis dafür, dass ein höheres Wesen oder eine allgegenwärtige gütige Macht existiert. Ich sage Ihnen nur, dass Sie die Wahl haben, ob Sie daran glauben wollen oder nicht. Aber ich behaupte auch, wenn Sie sich dafür entscheiden zu glauben, dann wird es Ihnen bessergehen.

Versuchen Sie es und warten Sie ab, was geschieht.

- Stellen Sie den Wecker auf zehn Minuten.
- Schließen Sie die Augen.
- Atmen Sie tief ein.
- Atmen Sie tief aus.
- Bilden Sie Ihr SHIELD.
- Bitten Sie Ihr Herz, Ihnen zu zeigen, was Ihre wirklichen Gefühle gegenüber der Idee eines Gottes sind.
- Welche Einstellung haben Sie gegenüber der Vorstellung, dass es einen Gott gibt?
- Welche Erwartungen haben Sie an Gott?
- Auf welche Weise hat Gott Sie im Stich gelassen oder Ihnen geholfen?
- Achten Sie auf die Empfindungen in Ihrer Brust.
- Achten Sie auf die Gedanken, Emotionen und Gefühle, die in Ihnen aufsteigen.
- Fühlen Sie sich mit einer höheren Macht verbunden oder nicht?
- Haben Sie das Gefühl, dass Ihr Herz einer solchen Verbindung gegenüber offen ist oder verschlossen?
- Wenn es sich verschlossen anfühlt, wo in Ihrer Brust spüren Sie das?
- Untersuchen Sie die Stelle oder die Stellen in Ihrer Brust, die sich verschlossen anfühlen.
- Bitten Sie diese Stellen, Ihnen zu zeigen, was sich dort befindet.
- Auf welche Erfahrungen oder auf welche Informationen gründet das Herz seine Reaktion?
- Warum hat sich Ihr Herz verschlossen, um sich zu schützen?
- Was ist Ihnen widerfahren?
- Ist Ihnen etwas zugestoßen, das der Grund für Ihren Vertrauensverlust ist?
- Wann haben Sie sich von der Vorstellung verabschiedet, dass es noch etwas anderes gibt als Sie und die Welt, die man sehen, hören oder spüren kann?

- Lassen Sie zu, dass Vorstellungsbilder, Gedanken, Emotionen und Gefühle in Ihnen aufsteigen.
- Beobachten Sie sie, ohne sie zu bewerten oder sie zurückzuhalten.

Loslassen

- Stellen Sie den Wecker auf fünfzehn Minuten.
- Was immer Sie erfahren, es ist weder richtig noch falsch. Es ist Ihre Erfahrung, und deshalb ist sie gültig. Wenn Sie mit der obigen Übung fertig sind, schreiben Sie Ihre Erfahrung nieder. Schreiben Sie, ohne anzuhalten. Was Sie schreiben, muss keinen sinnvollen Zusammenhang haben. Schreiben Sie einfach drauflos.
- Wenn der Wecker klingelt, hören Sie auf. Legen Sie die Hände auf das, was Sie geschrieben haben, und sagen Sie: »Ich entlasse euch jetzt aus meinem Körper.« Dann vernichten Sie die Blätter, indem Sie sie zerreißen oder verbrennen.
- Machen Sie danach die Heilübung »Sich mit Himmel und Erde verbinden«.

Ziel Nr. 4: Heilen Sie sich, indem Sie sich mit Himmel und Erde verbinden.

Heilung: sich mit Himmel und Erde verbinden

- Schließen Sie die Augen.
- Atmen Sie tief ein.
- Atmen Sie tief aus.
- Bilden Sie Ihr SHIELD.
- Die göttlichen Eltern stehen in Ihrem SHIELD, halten Sie und trösten Sie.
- Stellen Sie sich vor, Sie stünden auf der Spitze eines Berges.

- Sie sind barfuß und spüren die Erde unter Ihren Füßen.
- Spüren Sie, dass Ihre Füße in der Erde verankert, von ihr unterstützt und gehalten sind, als wenn Ihre Füße Wurzeln hätten, die tief in die Erde reichen.
- Aus den Tiefen der Erde werden Sie mit Fülle, Liebe und Fürsorge genährt.
- Lassen Sie zu, dass Sie über Ihre Wurzeln Liebe und Unterstützung von der Erde bekommen.
- Verweilen Sie einige Zeit dabei, diese Verbindung anzuerkennen und zu würdigen.
- Verlegen Sie dann Ihre Bewusstheit auf die Sonne, die vom Himmel auf Sie herabscheint.
- Sie scheint auf Sie herunter wie ein Lichtschauer.
- Achten Sie darauf, wie beruhigend und liebevoll sich das Licht anfühlt, während es den Scheitel Ihres Kopfes wärmt.
- Das Strahlenbündel der Sonne, das den Scheitel Ihres Kopfes berührt, ist wie ein Lichtstrang aus dem Himmel.
- Durch diesen Lichtstrang sind Sie direkt mit dem Himmel über Ihnen verbunden.
- Der Himmel nährt Sie mit Fülle, Liebe und Fürsorge.
- Lassen Sie zu, dass Sie durch den Lichtstrang Liebe und Unterstützung aus dem Himmel bekommen.
- Verweilen Sie einige Zeit dabei, Ihre Verbindung zum Himmel anzuerkennen und zu würdigen.
- Sie sind verbunden mit Himmel und Erde.
- Sie sind verbunden mit allen Dingen.
- Ihnen ist alles möglich.
- Sie brauchen sich nicht zusammenzureißen.
- Ergeben Sie sich in Ihre Verbindung zu Himmel und Erde, die Sie hält und unterstützt.
- Vertrauen Sie darauf, dass Sie geliebt und unterstützt werden.

- Sprechen Sie zu sich: »Ich vertraue darauf, dass ich geliebt und unterstützt werde.«
- Ergeben Sie sich der Liebe, während Sie sich zurückfallen lassen in Ihr SHIELD aus Licht.
- Ergeben Sie sich der Liebe.
- Führen Sie dies so lange durch, wie Sie möchten.

Umprogrammierung – sich der Liebe ergeben

Sobald Sie die Erfahrung des »Sich der Liebe ergeben« in Ihrem Gedächtnis verankert haben, stellen Sie vielleicht fest, dass Sie sich physisch und emotional viel entspannter und ruhiger fühlen, wenn Sie diese Worte während des Tages immer wieder sprechen.

Was Sie tun sollten

- Bilden Sie Ihr SHIELD.
- Wiederholen Sie die Bestärkungsformel »Ich vertraue darauf, dass ich geliebt und unterstützt werde« und »Ich ergebe mich der Liebe«, während Sie sich vorstellen, dass Sie den »spirituellen Vertrauensfall« in Ihr SHIELD von göttlichem Licht durchführen.
- Sprechen Sie das Herzgebet (siehe Seite 154) und das Vertrauensgebet (siehe Seite 139).
- Zeigen Sie sich Selbstfürsorge, indem Sie sich gesünder ernähren, genug Schlaf bekommen und sich körperlich betätigen.
- Führen Sie den Liebesradar (siehe Seite 165) durch und die Heilübung »Das vollkommene Kind« (siehe Seite 202).
- Schreiben Sie weiterhin in Ihr Tagebuch der Wertschätzung (siehe Seite 205).
- Verbringen Sie mehr Zeit in der freien Natur.
- Verbinden Sie sich mit Erde und Himmel mit Hilfe der

oben beschriebenen Heilübung »Sich mit Himmel und Erde verbinden«.

Wann Sie die Umprogrammierung einsetzen sollten

- Wenn Sie sich von Ihren Lebensumständen oder von Unsicherheit überwältigt fühlen.
- Wenn Sie sich allein und isoliert fühlen.
- Wenn Sie ängstlich oder depressiv sind.
- Wenn Sie das Gefühl haben, es sei die Schuld von etwas oder jemand anderem, dass in Ihrem Leben so manches schiefgegangen ist.
- Wenn Sie unter körperlichen, emotionalen oder seelischen Schmerzen leiden und nichts hilft.
- Wenn nichts, was Sie tun, irgendetwas besser zu machen scheint – ob bei der Arbeit, bei der Gesundheit oder bei Ihren Beziehungen.
- Wenn Sie Schlafprobleme haben.

Wenn Sie lernen, etwas Göttlichem zu vertrauen und sich ihm hinzugeben, dann verbinden Sie sich mit dem Universum, dem All und dem Geist. Sie verbinden sich mit Weisheit, mit einem Gefühl des Friedens und der Einheit mit allem, das existiert. Sie fühlen sich als Teil des größeren Ganzen, und Sie fühlen sich vollständig, ohne jemand anderen zu brauchen. Sie setzen neben Ihrem Intellekt ebenso Ihren Glauben ein, um die Dinge, die Sie nicht verstehen, zu erfassen.

Sie beginnen alle Wesen zu akzeptieren, sich selbst eingeschlossen, weil Sie erkennen, dass wir alle Teil dieses größeren Ganzen sind. Sie lernen bedingungslos zu lieben, alles, was ist, zu umarmen, unabhängig von Verletzungen

Unvollkommenheiten. Dann sind Sie in der Lage, diese Liebe allen Lebewesen zuteil werden zu lassen und die spirituelle Liebe zu aktivieren, indem Sie Ihr Licht über die ganze Welt strahlen lassen, damit alle daran teilhaben.

SPIRITUELLE LIEBE IM EINSATZ

Würde, Integrität, Gelassenheit

Indem Sie die spirituelle Liebe einsetzen, entsteht in Ihnen das Wissen, dass das Universum oder ein höheres Wesen Sie unterstützt und liebt und dass Sie mit allen Lebewesen und allen Dingen verbunden sind. Sie verstehen nun, dass »wer Sie sind« Einfluss darauf hat, wer andere sind und sein werden: So wie Sie heilen, heilen Sie auch andere; so wie Sie wachsen, befähigen Sie andere dazu, ebenfalls zu wachsen; so wie Ihr Herz beeinflusst wird, beeinflussen Sie die Herzen anderer.

Sie tun das, weil Sie das wollen und weil Sie das können. Das ist spirituelle Liebe im Einsatz.

Um die Seite der spirituellen Liebe Ihrer Liebespyramide zu vervollständigen, ist es Ihre Aufgabe, die folgenden sechs Ziele zu erreichen:

1. Werden Sie sich dessen bewusst, dass Sie nicht allein sind.
2. Respektieren Sie sich selbst, andere und Ihre Umwelt.
3. Nehmen Sie mit Empathie Verbindung zu den Bedürfnissen anderer auf.
4. Leben Sie Ihr Leben in Würde, Integrität (Aufrichtigkeit) und Gelassenheit.
5. Helfen Sie durch selbstlose Liebe anderen, ihre Wunden zu heilen.
6. Lernen Sie, dass Sie mit allen Dingen verbunden sind und dass Sie alles zur Verfügung haben, was Sie brauchen.

GEMEINSAM SIND WIR STARK

Ziel Nr. 1: Werden Sie sich dessen bewusst, dass Sie nicht allein sind.

Ich glaube nicht, dass irgendjemand die Ereignisse vom 11. September 2001 je vergessen kann. Die ganze Welt saß wie gebannt vor dem Fernseher und musste zusehen, wie die Türme des World Trade Center in Flammen aufgingen und in einer Staubwolke zusammenbrachen. Schock und Entsetzen ergriff uns, als wir diese verheerende Zerstörung sahen. Wir durchlebten Trauer, Wut und Verzweiflung. Wir fühlten uns hilflos, und viele von uns taten ihr Möglichstes, um zu helfen – ob sie Blut spendeten, zum Ground Zero gingen und ihre Hilfe anboten oder einfach nett zueinander waren. Erinnern Sie sich, wie höflich die Menschen miteinander umgingen? Ich weiß noch gut, dass hier in Boston sämtliche Verkehrsrowdys plötzlich verschwunden waren. Die Menschen sagten »bitte« und »danke«. Sie machten für den anderen Platz. Es herrschte das Gefühl, zusammenzugehören, sich zusammenzutun für eine gerechte Sache. Diese schreckliche Tat hatte etwas Erstaunliches bewirkt – sie brachte Menschen zusammen, die sonst vielleicht niemals miteinander gesprochen hätten.

Wir alle fühlten den Schmerz. Wir wussten, dass unser Schmerz geteilt wurde. Wir waren nicht allein. Und das gab uns Stärke. Unsere Geschlossenheit gab uns Kraft.

Nach und nach kehrte das Leben wieder zur Normalität zurück, besonders für jene, die von den tragischen Ereignissen dieses Tages nicht direkt betroffen waren. Die Menschen zogen sich wieder in ihr eigenes Leben zurück. Die Ungeheuerlichkeiten des 11. September und der darauffolgende »Krieg gegen den Terror« haben letztlich die Angstreaktion der ganzen Nation weiter aktiviert und das bereits vorhandene Gefühl von Angst und Wut, das im modernen Amerika herrscht, verstärkt. Das Gefühl der Einheit und der Zusammengehörigkeit verflog in dem Maße, in dem die meisten Menschen ihre Aufmerksamkeit wieder den dringenden Problemen ihres eigenen Lebens zuwandten.

Warum geschah das?

Weil die meisten Menschen keine Reserven mehr hatten. Sie mussten ihre eigenen Bedürfnisse erfüllen, unabhängig davon, wie sehr sie trauerten und dass sie eigentlich ihre Hilfe anbieten wollten.

Die meisten Menschen haben nicht genug Ressourcen, die ihnen das Gefühl geben, stark und ganz zu sein, so dass sie anderen helfen können, ohne ihr Gleichgewicht zu verlieren – zumindest nicht für einen längeren Zeitraum. Wenn es aber nicht um einen höheren Zweck geht und sie nur mit ihren eigenen alltäglichen Problemen beschäftigt sind, fühlen sie sich oft isoliert und allein.

Füllen Sie Ihr Liebesguthaben so gut auf, dass die Liebe überfließt. Dann besitzen Sie ausreichend Fähigkeiten, diese Liebe mit anderen zu teilen – einfach indem Sie diese respektieren – und gleichzeitig Ihre eigenen Probleme zu bewältigen.

LERNEN:
WÜRDE, INTEGRITÄT UND GELASSENHEIT

Ich saß im Auto und war auf dem Weg zur Arbeit, als der Verkehr plötzlich stockte. Erst war ich wütend, ärgerte mich, dass ich zu spät kommen würde. Als ich mich genauer umsah, erkannte ich, dass der Grund für die Verkehrsbehinderung ein Trauerzug war. Ich beschwerte mich: »Oh nein! Das wird ja ewig dauern!« Als ich links aus dem Fenster blickte, sah ich sechs Feuerwehrmänner, die vor der

Feuerwache aufgereiht standen und salutierten. Mir fiel wieder ein, dass ich in den Nachrichten gehört hatte, dass vor kurzem mehrere Feuerwehrmänner bei einem Einsatz ums Leben gekommen waren und einer von ihnen aus meinem Bezirk stammte.

Als mir klarwurde, dass dies die Beerdigungsprozession für einen der verunglückten Feuerwehrmänner war, überkam mich augenblicklich tiefe Traurigkeit, in die sich Schuldgefühle mischten, weil ich mich über diese Störung so gedankenlos aufgeregt hatte. Meine Brust schmerzte, und die Tränen liefen mir über das Gesicht. »Warum?«, fragte ich mich schuldbewusst, als der Verkehr langsam wieder in Fluss kam, »warum hat sich meine selbstgerechte Aufgebrachtheit in das Gefühl von echtem Kummer und Trauer verwandelt, als ich diese Feuerwehrmänner hier stehen sah? Warum habe ich nicht dasselbe empfunden, als ich noch dachte, es sei der Trauerzug für eine Zivilperson? Bin ich so gefühllos, dass ein verstorbener Mensch und seine trauernden Hinterbliebenen mich nicht anrühren? Oder bin ich so mit mir selbst beschäftigt, dass ich erst dann bemerke, was um mich herum vorgeht, wenn ich davon betroffen bin? Und warum hat mich die Beerdigung des Feuerwehrmanns überhaupt betroffen? Ich kannte ihn doch gar nicht persönlich.«

Statt sofort nach Antworten zu suchen, bildete ich zuerst mein SHIELD. Ich wusste, meine Reaktion hatte damit zu tun, dass eine meiner Wunden angesprochen worden war. Nachdem ich von göttlichem Licht umgeben war und mich ruhig und mit mir im Frieden fühlte, untersuchte ich erst, warum ich ein so ungeheures Gefühl des Verlusts verspürt hatte. Ich stellte fest, dass es Trauer über den Verlust von etwas oder jemand sehr Ehrenwertem oder Edlem war. Dieser Feuerwehrmann hatte sein Leben für mich geopfert – indirekt. Er und seine Kollegen hatten sich verpflichtet, mir zu dienen und mich zu beschützen, so dass ich mich sicher fühlen konnte. Der Feuerwehrmann stand für Mut und dafür, in der Lage zu sein, sein Leben im Dienst anderer zu verbringen, mit Würde, mit Integrität und mit Gelassenheit.

Hätte ich in irgendeiner Weise mein Leben für diesen Menschen und seine Familie geopfert? Hatte ich irgendetwas Ehrenhaftes und Edles getan? Genau genommen hatte ich mit meiner Verärgerung das Gegenteil von Würde und Integrität gezeigt. Vielleicht war dies meine Gelegenheit, mich aus meiner kleinen Welt zu befreien – in der ich es als so wichtig ansah, pünktlich zur Arbeit zu kommen – und mich mit etwas Höherem zu verbinden.

Ich sprach mein Vertrauensgebet und ließ zu, dass mich das göttliche Licht und die göttliche Liebe trösteten. Als ich Ruhe und Frieden verspürte, dehnte ich meine Liebe und meine Gebete auf die Feuerwehrleute aus, die umgekommen waren, auf ihre Familien und auf alle anderen, die das fühlten, was ich fühlte. Ich nahm mir vor, mein Leben Tag für Tag in Würde, Integrität und Gelassenheit zu leben. In meinen Alltagshandlungen könnte ich ein Vertreter dessen sein, wofür diese Männer standen.

Innerhalb von Minuten stellte ich fest, dass ich es nicht mehr so eilig hatte, zur Arbeit zu kommen. Ich verhielt mich freundlicher gegenüber den anderen Autofahrern und später gegenüber meinen Kollegen. Ich achtete an diesem Tag auch besser darauf, was ich aß, und respektierte so meinen Körper. Ich hörte meinen Patienten sorgfältiger zu, respektierte ihre Erfahrungen. Ich hob Müll auf, der vor dem Supermarkt lag, und ehrte so meine Umwelt. Und jedes Mal, wenn ich feststellte, dass meine Angstreaktion aktiviert war, bildete ich mein SHIELD und sagte zu mir: »Würde, Integrität und Gelassenheit«, und sofort spürte ich, wie sich meine Physiologie ins Positive veränderte.

Diese drei Worte im Alltag zu leben heißt zu respektieren. Wenn Sie lernen, sich selbst zu respektieren, Ihre Gefühle, Ihren Körper und Ihre Erfahrungen, dann können Sie lernen, auch alles andere um sich herum zu achten. Durch Ihre Achtung erschaffen Sie eine unmittelbare Verbindung und ein Gefühl der Wertschätzung zwischen Ihnen und einem Gegenstand, einem Menschen oder einem Ort. Sie machen sich selbst, den Gegenstand, den Menschen oder den Ort wichtig und wertvoll – und so will sich letztlich jeder Mensch fühlen.

ÜBEN SIE, ACHTUNG ZU HABEN

Ziel Nr. 2: Respektieren Sie sich selbst, andere und Ihre Umwelt.

Achtung zu haben, können Sie immer und überall üben, bei allem, was Sie tun, egal, wo Sie sind. Sagen Sie zum Beispiel zu sich:

- Ich achte die Speisen, die ich esse.
- Ich achte den Bauern, der dieses Gemüse angebaut hat.
- Ich achte den Menschen, der diese Kleidung genäht hat.
- Ich achte meinen Körper und biete ihm Ruhe an, wenn er sie nötig hat.
- Ich achte den Postboten, der meine Post gebracht hat.

Richten Sie sich in Ihrer Wohnung einen heiligen Ort ein. An diesem Ort können Sie beten oder meditieren oder einfach nur still sein. Wenn Sie ihn betreten, lassen Sie alle Negativität, alle Klagen und alles Elend hinter sich. Hier sind Sie nur, um Achtung zu erweisen.
Ich empfehle Ihnen, täglich zehn bis zwanzig Minuten damit zu verbringen, sich selbst zu achten – alles, was Sie sind,

alles, was Sie überwunden haben, und alles, was Sie erreicht haben. Dann sprechen Sie diese Worte zu sich:

Würde
Integrität
Gelassenheit

EMPATHIE ENTWICKELN

Ziel Nr. 3: Nehmen Sie mit Empathie Verbindung zu den Bedürfnissen anderer auf.

Indem Sie andere Menschen achten, werden Sie fähig zur Empathie, das heißt, sich in andere einzufühlen, sich in sie hineinzuversetzen und sie besser zu verstehen. Dadurch fällt es Ihnen auch leichter, mit anderen zu kommunizieren, da Sie in der Lage sind, sich selbst und die Welt mit ihren Augen zu sehen. Natürlich ist es nicht einfach, einfühlsam zu kommunizieren, wenn es einem selbst nicht gut geht. Deshalb sollten Sie vielleicht erst sich selbst heilen, Ihre eigenen negativen Emotionen oder Reaktionen wahrnehmen und die Ursachen dafür herausfinden. Wenn Sie Ihren eigenen Schmerz verstehen, können Sie die Überzeugungen und Lebensumstände eines anderen besser beurteilen, was Sie wiederum befähigt, besser zu verstehen, zu achten und wertzuschätzen, was derjenige braucht.

Sie kennen das sicher: Sie kommen in einen Raum mit ein paar Menschen, in dem eine so große Spannung herrscht, dass Sie am liebsten sofort wieder gehen würden. Niemand hat etwas zu Ihnen gesagt und niemand hat Ihnen etwas getan, trotzdem fühlen Sie sich in dieser gespannten Atmosphäre absolut unbehaglich. In ähnlicher Weise können Sie wahrnehmen, wenn ein anderer Mensch verzweifelt ist, ohne dass derjenige auch nur ein Wort sagen muss: Indem Sie auf die Empfindungen in Ihrem Körper achten, besonders in Ihrem Herzen, können Sie Verbindung zu den Emotionen anderer Menschen aufnehmen. Sie können sich verbinden mit der kollektiven Erfahrung.

Das Problem ist, dass die meisten Menschen ihr eigenes Unbehagen nicht von dem anderer Menschen unterscheiden können. Daher müssen Sie daran arbeiten, Ihr eigenes Leiden erst einmal zu entschärfen, damit Sie Ihr Liebesguthaben vergrößern können und genug Reserven haben, um anderen zu helfen.

JOLIE: *Wie sie ihr Herz fand und Empathie entdeckte*

Die achtunddreißigjährige Jolie machte sich Sorgen um ihr Immunsystem. Sie hatte gerade eine Lungenentzündung und eine immer wieder aufflammende Halsentzündung hinter sich. Sie klagte darüber, dass sie im letzten Jahr fast zehn Kilo zugenommen hatte, und fühlte sich generell kraftlos. Sie trainierte für einen Triathlon und hatte trotz des Trainings, und obwohl sie nicht besonders viel aß, zugenommen. Sie erzählte, dass sie oft Asthmaanfälle habe und unter verschiedenen Allergien leide. Jetzt scheine sie auch noch eine Nahrungsmittelallergie zu entwickeln. Ihr ganzer Körper schmerzte sie, was sie dem mehrstündigen intensiven Training für den Triathlon zuschrieb.

Jolie leugnete, unter Depressionen oder Ängsten zu leiden. Sie fühle sich nicht »gestresst«. Eher sei sie frustriert, weil sie keine Kontrolle über ihren Körper habe. Psychisch und emotional fühle sie sich »gut«. Immer wenn ich Jolie fragte, welche Gefühle irgendetwas bei ihr auslöste, antwortete sie: »Es macht mir überhaupt nichts aus.« Diese Antwort gab sie sogar, als ich sie fragte, was die ständigen depressiven Anfälle ihrer Mutter bei ihr auslösten oder die kürzliche Trennung von ihrem Freund.

Als ältestes von drei Kindern war Jolie in einer liebevollen Familie aufgewachsen, obwohl man dort die Liebe nicht durch Berührungen oder Umarmungen zeigte. Man kümmerte sich gut um sie, und die Familie verbrachte viel Zeit zusammen. Ihre Mutter litt unter einer schweren Depression, die chronisch wurde, als Jolie in der Highschool war.

Um meinen Verdacht zu überprüfen, führte ich Jolie durch die Heilübung »Öffne dein Herz«. Obwohl sie sich nach der Übung ausgeruht und entspannter fühlte, sagte sie: »Ich habe kein Herz!« Sie erklärte, ihr Herz sei dunkel. Es nahm das göttliche Licht nicht auf und blieb stattdessen leer und dunkel. Sie spürte nichts.

Ich erklärte Jolie, sie habe ganz bestimmt ein Herz, schließlich lebe und atme sie. Aber ihr Herz habe so viel Schutzwälle errichtet, dass es ihr nicht mehr möglich sei, mit sich selbst Verbindung aufzunehmen und genauso wenig mit anderen. Das Ende ihrer Beziehung zu ihrem Freund habe ihr wahrscheinlich mehr ausgemacht, als ihr klar sei. Möglicherweise habe es alte Wunden aus ihrer Kindheit aufgerissen, die vielleicht in Verbindung standen mit dem Rückzug der Mutter, als Jolie ein Teenager war. Ihr Körper fuhr seine Funktionen herunter und verschloss sich, ihre Muskeln waren verspannt, ihr Stoffwechsel war träge und ihr Gewicht stagnierte.

Es wurde Zeit, dass Julie ihren unterdrückten Gefühlen Raum gab. Wir mussten ihr Liebesguthaben auffüllen, ein Polster aus Liebe für sie aufbauen, damit sie sich nicht so verletzlich fühlte.

Als Hausaufgabe sollte sie üben, die Signale ihres Körpers wahrzunehmen. Sie sollte darauf achten, ob Gefühle aufstiegen, und diese zulassen, statt sie zu unterdrücken. Sie sollte ein Tagebuch der Wertschätzung führen und üben, Achtung gegenüber ihrem Körper, ihren Gefühlen und sich selbst aufzubauen. Und sie sollte das SHIELD durchführen sowie das Herzgebet zusammen mit der Heilübung »Öffne dein Herz« anwenden. Wir sprachen über eine Veränderung ihrer Ernährung, über Schlaf, Körperpflege und ein Fitnessprogramm, das ihr Immunsystem nicht überfordern, sondern dabei unterstützen würde, sich zu erholen und stärker zu werden. Ihre Bestärkungsformel lautete: »Ich vertraue darauf, dass ich geliebt und unterstützt werde.«

Im Verlauf der nächsten drei Monate begann sich Julie besser zu fühlen. Sie hatte mehr Energie, ihre allergischen Reaktionen hatten abgenommen, sie schlief besser und ihr Körper war nicht mehr so angespannt. Sie war immer noch frustriert, da sich ihr Gewicht nicht verändert hatte, und sie war schnell gereizt. Sie gab zu, sich gestresst zu fühlen, da man bei ihrer Mutter Lungenkrebs festgestellt hatte. Sie habe aber wenig Zeit, sich darüber Sorgen zu machen, da sie am Arbeitsplatz genug Probleme habe.

Ich erklärte Jolie, es sei für sie unbedingt notwendig, sich mit der Krankheit ihrer Mutter auseinanderzusetzen, so schmerzlich dies sei. Vielleicht müsse sie es sich auch erlauben zusammenzubrechen. Ich versicherte ihr, ihr Polster aus Liebe würde ihren Fall abfedern.

Ich führte Jolie erneut durch die Heilübung zum Öffnen des Herzens. Dieses Mal konnte sie sehen, wie ihr Herz sich teilweise aufhellte. Sie klagte über Schmerzen in der Brust, die in den Rücken ausstrahlten, und begann zu weinen, was sie sich schon sehr lange Zeit nicht mehr erlaubt hatte.

Ich bat Jolie, die Augen zu schließen und die Schmerzen in ihrer Brust genauer anzuschauen. Sie erzählte, dass sie einen großen Knoten spüre, wie von einem Schiffstau, im linken oberen Brustbereich und im Rücken. Es fühle sich an, als sei eine Faust in diesen Bereich eingedrungen. Der Schmerz schien wütend zu sein, als wenn er nicht wollte, dass sie dort hinsah, und er drohte, in den ganzen Körper auszustrahlen, wenn sie noch näher käme. Er sagte ihr, wenn sie den Rest ihres Körpers und ihrer Emotionen losließe, dann würde sich der Schmerz über den ganzen Körper ausbreiten.

Ich führte Jolie durch die Visualisierung des SHIELD und der göttlichen Eltern, um für sie ein Polster aus Liebe und Unterstützung aufzubauen und ihr die Angst vor diesem Schmerz zu nehmen. Dann führte ich sie zurück in den schmerzenden Bereich, damit sie sich diese Wunde noch einmal genauer anschaute.

Ich: »Du bist jetzt in der Wunde. Was siehst du?«

Jolie: »Ich sehe ein kleines Mädchen, das sich allein fühlt und Angst hat, aber es muss stark sein, denn Mami ist so traurig.«

Ich: »Warum muss es stark sein?«

Jolie: »Wenn es stark und glücklich ist, dann wird es Mami bessergehen.«

Ich: »Hilft es? Geht es Mami besser?«

Jolie: »Nein, es funktioniert nicht.«

Ich: »Welche Gefühle löst das bei ihm aus?«

Jolie: »Es ist wütend. Es kann machen, was es will, Mami geht es einfach nicht besser.«

Ich lud die göttliche Mutter in die Visualisierung ein, um das Bild von Jolie als kleinem Mädchen zu trösten und sie wissen zu lassen, dass der Schmerz ihrer Mutter nicht ihre Schuld war und sie auch nicht dafür verantwortlich war, dass diese gesund wurde. Nur weil sie den Schmerz der Mutter fühlte, hieß das nicht, dass sie ihn heilen musste. Sie war nur dafür verantwortlich, sich selbst zu lieben, damit sie weiterhin ihre Mutter lieben konnte. Ich bat Jolie, das Vertrauensgebet zu sprechen.

Der Schmerz in Jolies Rücken begann sich aufzulösen, als sie sich selbst erlaubte, mit Liebe und Unterstützung erfüllt zu werden. Ich bat sie, »Würde, Integrität, Gelassenheit« zu sich zu sprechen, damit sie sich ganz und vollständig fühlen konnte. Dann sollte sie die Liebe und Unterstützung zu ihrer Mutter ausdehnen. Am Ende der Meditation rief Jolie aus: »Ich habe ein Herz! Es ist voller Licht und weit geöffnet! Ich habe ein Herz!«

Diese Visualisierungen und die Heilübungen halfen Jolie, die nächsten sechs Monate bis zum Tod ihrer Mutter zu überstehen. Trotz der Schwierigkeiten hielt sie ihre Strategien der Selbstfürsorge ein, sprach ihre Bestärkungsformeln und führte die Visualisierungen durch. Als sie begann, ihrem Leben und sich selbst Achtung entgegenzubringen, empfand sie das Bedürfnis, sich einer spirituellen Gemeinschaft anzuschließen. Sie wurde aktiver in ihrer Kirche und verbrachte mehr Zeit mit Freunden, für die sie nicht immer nur die Starke und Glückliche spielen musste. Sie erlaubte es sich, Gefühle zu spüren und sich zu heilen, so dass sie in den letzten Monaten ganz für ihre Mutter da sein konnte. Und obwohl sie um sie trauerte, fühlte sie sich doch im Frieden mit sich. Sie verspürte auch eine tiefe Dankbarkeit für alles, was sie hatte, und für all die Liebe, die sie empfangen durfte. Nun wollte sie diese mit anderen teilen.

Jolie nahm an spirituellen Einkehrtagen teil, kümmerte sich um Menschen, die in Not waren, und arbeitete ehrenamtlich. Und je mehr sie gab, umso größer fühlte sich ihr Herz an und umso stärker wurde sie, sowohl körperlich als auch emotional.

Als sie mich vor kurzem wieder aufsuchte, fragte sie mich, warum sie manchmal während der Predigt des

Pfarrers traurig sei und Schmerzen in der Brust fühle, auch wenn eine der Teilnehmerinnen in ihrer Frauengruppe über ihre Probleme sprach. Es verunsicherte sie, weil sie selbst eigentlich zurzeit keine besonderen Probleme hatte. Ich fragte sie, ob es bei der Frau und dem Pfarrer um ein ähnliches Thema ging. Jolie meinte, es sei jedes Mal um das Thema Verlust gegangen. Ich erklärte ihr, dass sie, Jolie, Empathie empfinden würde.

Jolie hatte selbst Verluste erlitten, deshalb berührte es jedes Mal ihre eigene Wunde, wenn jemand über einen Verlust sprach. Weil sie aber schon so viel für ihre Heilung getan hatte, war sie in der Lage, ihren körperlichen Schmerz zu beobachten, statt von ihm verschlungen zu werden. Sie konnte erkennen, dass ihr Schmerz derselbe Schmerz war, den ein anderer fühlte.

Mit der Liebesreaktion Empathie entwickeln

Bewusstheitsübung

Sich der Empathie bewusst werden

Sie können diese Übung allein durchführen oder mit einem Partner. Wenn Sie mit einem Partner arbeiten, sollten Sie beide zuerst in einem oder zwei Sätzen eine Situation niederschreiben, die Sie aus der Fassung gebracht hat. Dann liest jeder das, was der andere notiert hat. Wenn Sie die Übung allein durchführen, denken Sie an eine Situation, die Ihnen sehr nahegegangen ist. Das kann eine Szene sein, die Sie im Fernsehen gesehen haben, ein historisches Ereignis oder etwas, von dem Sie vor kurzem gehört haben. Vielleicht wurde jemand verletzt oder getötet; oder eine Familie hat einen Sohn oder eine Tochter verloren; oder jemand hat gerade eine Scheidung oder eine Trennung hinter sich.

- Stellen Sie den Wecker auf zehn Minuten.
- Schließen Sie die Augen.
- Atmen Sie tief ein.
- Atmen Sie tief aus.
- Bilden Sie Ihr SHIELD.
- Denken Sie über die Situation nach. Denken Sie an die Menschen, die davon betroffen sind.
- Sehen Sie diese Menschen klar vor Augen.
- Was fühlen Sie?
- Welche Empfindungen bemerken Sie in Ihrer Brust?
- Was geschieht mit Ihrem Atem?
- Lassen Sie zu, dass Bilder in Ihnen aufsteigen.
- Haben Sie keine Angst. Sie sind sicher und geborgen.
- Schauen Sie tiefer.
- Beobachten Sie, was Sie sehen und fühlen.
- Wenn der Wecker klingelt, öffnen Sie die Augen.

Loslassen

- Stellen Sie den Wecker auf fünfzehn Minuten.
- Schreiben Sie alles auf, was Sie gefühlt haben oder noch fühlen, und alles, was Sie gesehen oder miterlebt haben.
- Zeichnen Sie Ihren Schmerz, was Sie gefühlt oder erfahren haben.
- Wenn der Wecker klingelt, hören Sie auf. Legen Sie die Hände auf das, was Sie geschrieben und gezeichnet haben, und sagen Sie: »Ich entlasse euch jetzt aus meinem Körper.« Dann vernichten Sie die Blätter, indem Sie sie zerreißen oder verbrennen.
- Wenn Sie mit einem Partner arbeiten, legen Sie die Hände auf das Herz des anderen und sprechen laut: »Ich höre dich.« Dann sprechen Sie abwechselnd über das Erlebte.
- Machen Sie danach die Heilübung »Würde, Integrität, Gelassenheit«.

***Ziel Nr. 4: Leben Sie Ihr Leben in Würde, Integrität
und Gelassenheit.***

Heilung: Würde, Integrität, Gelassenheit

- Schließen Sie die Augen.
- Atmen Sie tief ein.
- Atmen Sie tief aus.
- Bilden Sie Ihr SHIELD.
- Ihr SHIELD aus göttlichem Licht scheint auf Sie hernieder.
- Sie sind eingehüllt in bedingungslose Liebe und Licht.
- Rufen Sie Ihren Liebesradar auf, indem Sie zu sich sagen: »Radar!«
- Der Radar aus göttlichem Licht beginnt in der Mitte Ihres Herzens zu wirbeln und sein Licht auszusenden. Er ruft nach Liebe, bringt Liebe in Ihr Herz und in die äußere Welt.
- Füllen Sie Ihr Herz mit Liebe und Licht, die Sie dann ausdehnen auf Ihren Partner oder den Menschen oder die Situation, an die Sie gedacht haben.
- Rufen Sie den Himmel um Hilfe an, indem Sie sagen: »Ich rufe alle Liebe vom Himmel herab!«
- Während Sie das tun, scheint das göttliche Licht, die göttliche Liebe vom Himmel auf Sie herab, fließt durch Ihren Scheitel bis in die Mitte Ihres Liebesradars in Ihrem Herzen.
- Rufen Sie die Erde um Hilfe an und sagen Sie: »Ich rufe alle Liebe von der Erde!«
- Die Erde sendet göttliches Licht und göttliche Liebe durch Ihre Füße und weiter hinauf durch Ihren Körper bis in Ihren Liebesradar.
- Fahren Sie damit fort, Liebe und Licht durch Ihren Liebesradar in die Welt hinaus und zu anderen zu schicken.

- Übermitteln Sie Liebe und Licht den Menschen oder der Person aus Ihrer Bewusstheitsübung.
- Sie sind ein offenes Gefäß von Liebe und Licht, empfangend und gebend.
- Sie sind eine »Liebesleitung«.
- Und Sie sind erfüllt mit Würde, Integrität und Gelassenheit.
- Sprechen Sie die Worte: »Würde, Integrität und Gelassenheit.«

Umprogrammierung –
Würde, Integrität und Gelassenheit

Was Sie tun sollten

- Bauen Sie Ihr SHIELD auf.
- Umgeben Sie sich mit göttlichem Licht und göttlicher Liebe.
- Ergeben Sie sich Ihrem SHIELD.
- Bauen Sie den Liebesradar auf, indem Sie Ihre Forderung laut rufen: »Radar!«
- Bauen Sie Ihre »Liebesleitung« auf, indem Sie Himmel und Erde um Hilfe anrufen. Dann schicken Sie das Licht und die Liebe dorthin, wo Sie wollen.
- Sprechen Sie »Würde, Integrität, Gelassenheit«. (Sie können diese Worte zu jeder Zeit sagen, wenn es Ihnen notwendig erscheint, mit oder ohne aufgebautes SHIELD.)
- Seien Sie freundlich und tun Sie für sich selbst oder für jemand anderen etwas Nettes – zumindest einmal am Tag.
- Üben Sie, sich zu bedanken und die Freundlichkeiten von anderen zu erkennen und zu schätzen.
- Üben Sie, die Schönheiten der Natur wertzuschätzen.

- Üben Sie, die Dinge wertzuschätzen, die Sie normalerweise für selbstverständlich ansehen – die Lebensmittel, die Sie essen, den Stuhl, auf dem Sie sitzen, das Auto, das Sie fahren. So lernen Sie, Ehrfurcht zu empfinden.
- Führen Sie ein Tagebuch der Wertschätzung (siehe Seite 205).

Wann Sie die Umprogrammierung anwenden sollten

- Wenn Sie sich von anderen oder von sich selbst getrennt fühlen.
- Wenn es Ihnen schwerfällt, einen anderen oder seine Handlungen zu verstehen.
- Wenn Sie sich von der Welt um Sie herum überfordert fühlen und nicht verstehen, warum guten Menschen schlimme Dinge widerfahren.
- Wenn Sie sehen, dass ein anderer in Not ist.
- Wenn Sie das Verhalten oder die Handlungen eines anderen missbilligen und feststellen, dass Sie diese verurteilen.
- Wenn Sie nicht genug Wertschätzung für sich selbst oder die Welt um sich herum haben.
- Wenn Sie Ihr Umfeld oder einen anderen Menschen schlecht behandeln oder sehen, wie ein anderer das tut.
- Wenn Sie bei sich negative Gefühle, Gedanken oder Handlungen gegenüber bestimmten Menschen oder bestimmten Situationen feststellen (das bedeutet im Allgemeinen, dass auch diese Person oder Situation voller Probleme ist).

*Ziel Nr. 5: Helfen Sie durch selbstlose Liebe anderen,
ihre Wunden zu heilen.*

VON DER EMPATHIE ZUR SELBSTLOSIGKEIT
UND VOM ICH ZUM WIR: DER KITZELEFFEKT

Wenn Sie Ihre Liebespyramide vollenden, stellen Sie vielleicht fest, dass Sie Ihre Liebe mit der Welt teilen wollen. Sie
haben begriffen, dass Sie sich nicht selbst verlieren werden
in anderen Menschen oder materiellen Dingen, und sind daher in der Lage, mit dem größeren Ganzen Verbindung aufzunehmen und sich ihm zu verpflichten. Sie können in einem fortwährenden Zustand der Liebe leben, und wenn Sie
Leiden bei anderen sehen oder Ihnen selbst etwas wider-
fährt, hilft Ihr Liebesguthaben Ihnen, Ihr Gleichgewicht
nicht zu verlieren. Sie haben Verständnis für das Leiden anderer. Sie agieren nicht aus der Angstreaktion heraus, sondern Sie wechseln in die Liebesreaktion, bleiben ruhig, haben einen klaren Blick, finden einen Sinn und erlangen
letztlich Weisheit. Obwohl Sie all dieses Leiden gesehen haben, können Sie immer noch lächeln und lachen. Sie lieben
immer noch umfassend, weil Ihr Herz weicher geworden
ist. Sie fühlen sich sicher und geborgen, weil Sie nicht länger
nur ein »Ich« sind, sondern ein »Wir«. Sie sind nicht allein.
Wenn Ihr Herz weicher geworden ist, können Sie weise
sein, doch Sie können auch ausgelassen und voller Freude
sein wie ein Kind, dessen Herz weit geöffnet ist. Sie können
das Leben umarmen, sich ihm preisgeben mit spontanem
Lachen und voller Freude. Sie werden wieder kitzlig, wie
Sie es als Kind waren.
Belastende Erfahrungen, Enttäuschungen und Verletzungen führen oft dazu, dass das Herz sich verschließt. Dann
hören wir auf, kitzlig zu sein. Wenn wir als Erwachsene

unser Herz wieder weicher werden lassen, dann beinhaltet das, die Ereignisse zu heilen, die das Herz ursprünglich dazu gebracht haben, sich zu verschließen. Es beinhaltet, unseren Geist zu öffnen, so dass wir klar sehen und denken können. Und sobald wir dies erreicht haben, können wir beides sein: weise und kindlich. Wir können ernst sein, ohne uns selbst zu ernst zu nehmen. Wir können gekitzelt werden, bis wir laut lachen, auch wenn das Leben schwierig ist.

Wenn unser Herz weicher wird, dann werden wir immer wieder freundliche und nette Dinge für uns und für andere tun. Wir werden feststellen, dass wir mehr Wertschätzung und Bewunderung für die Welt haben und mehr Empathie. Durch unsere Nettigkeiten kitzeln wir das Herz von anderen, so dass auch diese zugleich weise und kindlich werden. Wir tragen zu den Liebesguthaben von anderen bei, und so können auch diese das Herz eines andern kitzeln und so weiter, bis wir am Ende den »Kitzeleffekt« ausgelöst haben. Dann, ganz plötzlich, stellen wir fest, dass wir uns nicht mehr von der Welt getrennt fühlen, sondern *eins* mit ihr sind.

Wenn wir aber daran glauben, dass wir mit uns selbst und anderen verbunden sind oder mit der Natur oder dem Universum, wenn wir wissen, dass wir Teil eines »Wir« statt nur ein »Ich« sind, dann aktivieren wir die Liebesreaktion.

DIE WÜSTE SINAI UND EIN GROSSER KITZELEFFEKT

Zwei Jahre nach dem 11. September fuhr ich nach Israel, um mit meiner Freundin Elina Geburtstag zu feiern. Wir waren zu zehnt und planten eine einwöchige Reise nach Ägypten, in die Wüste Sinai. Wir freuten uns schon sehr darauf, denn kein Ort auf der Welt ist mit der Wüste Sinai vergleichbar, mit ihren endlosen Weiten aus Sand, den sanften Hügeln, dem sternenklaren Himmel und dem klaren blauen Wasser des Roten Meeres. Als wir in der Wüste waren, hatten wir das Gefühl, als stünde die Zeit still. Der Rhythmus unseres Alltagslebens löste sich auf, und wir stimmten uns auf den Rhythmus der Natur ein. Wir alle wussten, dass diese Reise eine wunderbare Gelegenheit war, dem Stress unseres Alltagslebens zu entkommen, uns eins zu fühlen mit der Natur und miteinander und unsere liebe Freundin zu feiern. Unser Reiseziel war ein Ort namens Ras El Shetan (Teufelskopf).

Als ich in Israel ankam, hatte Elina gerade beschlossen, die Reise um ein paar Tage zu verschieben, da sie an einer Fernsehaufzeichnung teilgenommen hatte und die Show sehen wollte. An dem Tag, an dem wir eigentlich in der Wüste sein sollten, waren wir immer noch in Tel Aviv und gingen zu einer Party. Kaum waren wir dort angekommen, begannen die Handys zu klingeln. »Oh, mein Gott!«, hörte man von überall her. Der Sinai war bombardiert worden. Jeder auf der Party schien jemanden zu kennen, der gerade dort war, denn es war das jüdische Neujahrsfest, eine Zeit, in der viele Israelis in den Sinai reisen. Binnen kurzem begannen die Menschen, sich gegenseitig zu trösten und Informationen auszutauschen. Wir saßen gebannt vor dem Fernseher und warteten auf Nachrichten.

Lange Zeit wusste keiner, was wirklich passiert war und wie viele Menschen verletzt worden waren. Die israelischen Krankenwagen konnten nicht über die Grenze fahren. Die meisten Reisenden waren irgendwo inmitten der Wüste, ohne Strom oder Telefonverbindung. Wir waren angespannt und voller Sorgen. Und ich erinnere mich gut, dass ich noch etwas anderes gefühlt habe – ein unausgesprochenes Band zwischen allen Israelis. Es war deutlich spürbar.

Dann kamen die ersten genaueren Berichte, und es hieß, drei Orte seien bombardiert worden – einer davon war Ras El Shetan. Wir waren geschockt. Es hätte uns dort treffen können. Wir hätten dort sein können, verletzt oder tot oder zumindest außer uns vor Angst.

Wir umarmten uns und weinten. Nicht nur hätte es uns treffen können, wir kannten auch Menschen, die dort waren. Es würde einige Zeit dauern, bis wir erfahren würden, ob es ihnen gut ging. Die Lust zum Feiern war uns vergangen.

Nach einigem Nachdenken begriffen wir, dass wir zwei Möglichkeiten hatten. Wir konnten unsere Herzen verschließen und wütend, besorgt und voller Angst bleiben. Oder wir konnten unsere Herzen weich machen, unser Leben feiern und das Leben der anderen ehren. Wir konnten die Liebe, die wir füreinander und für unser Land empfanden, feiern und ehren.

Wir feierten und hatten einen magischen Abend. Wir teilten eine Erfahrung, die uns noch stärker miteinander verband. Der Abend war erfüllt von Lachen und Liebe. Ich erinnere mich, dass Elina an einem Punkt sagte: »Schau dir das an. Wir haben die Wüste hierhergebracht.« Und es stimmte. Wir hatten die Reise in die Wüste geplant, weil es ein Ort war, wo wir uns als Teil eines viel größeren Ganzen fühlten, ein Ort, wo wir spürten, dass wir alles hatten, was wir brauchten. Und nun hatten wir das hier, durch die Liebe, die wir miteinander teilten. Wir hatten spirituelle Liebe in unsere Mitte gebracht. Wir hatten einen großen Kitzeleffekt geschaffen, der uns half, den Schock zu überwinden, den die Bombardierung eines Ortes, der für uns etwas Heiliges und Reines hatte, ausgelöst hatte. Wir konnten den Schmerz über das, was geschehen war, bewältigen und dennoch Freude empfinden.

Ziel Nr. 6: Lernen Sie, dass Sie mit allen Dingen verbunden sind und dass Sie alles zur Verfügung haben, was Sie brauchen.

Mit der Liebesreaktion
das Getrenntsein überwinden

Bewusstheitsübung

Sich der Getrenntheit bewusst werden

- Stellen Sie den Wecker auf zehn Minuten.
- Schließen Sie die Augen.
- Atmen Sie tief ein.
- Atmen Sie tief aus.
- Bilden Sie Ihr SHIELD.
- Sie sind sicher und geborgen in Ihrem SHIELD.
- Konzentrieren Sie sich auf Ihren Körper.
- Beginnen Sie auf die Empfindungen in Ihrem Körper zu achten.
- Sie stehen allein in einem Urwald.
- Sie sind ganz allein, umgeben von hungrigen Tieren.
- Sie sind verloren.
- Sie haben zu niemandem und nichts eine Verbindung.
- Sie sind am Ende der Welt. Ganz allein.
- Sie haben fast kein Wasser mehr und nichts mehr zu essen.
- Sie wissen nicht, wie Sie hier rauskommen.
- Sie wissen nicht, welchen Weg Sie gehen sollen.
- Sie haben sich verirrt.
- Was fühlen Sie?
- Achten Sie auf die Furcht, die in Ihrem Körper aufsteigt.
- Achten Sie auf die Empfindungen.
- Achten Sie auf die Gedanken.
- Achten Sie auf die Emotionen.

- Beobachten Sie, welche Vorstellungsbilder in Ihnen aufsteigen.
- Was sehen Sie sich tun oder fühlen?
- Haben Sie diese Empfindungen oder Gedanken schon einmal gehabt?
- Wenn ja, wann?
- Lassen Sie das Erlebnis der Vergangenheit in Ihnen aufsteigen, als Sie sich schon einmal so gefühlt haben.
- Wenn der Wecker klingelt, öffnen Sie die Augen.

Loslassen

- Stellen Sie den Wecker auf fünfzehn Minuten.
- Schreiben Sie Ihr Erlebnis auf. Halten Sie nichts zurück und lassen Sie die Worte aus sich herausfließen. Schreiben Sie Ihre Ängste auf, schreiben Sie über die Erfahrung, allein zu sein, von allen Dingen und vom Leben getrennt. Wie haben Sie das empfunden?
- Wenn der Wecker klingelt, hören Sie auf. Legen Sie die Hände auf das, was Sie geschrieben haben, und sagen Sie: »Ich entlasse euch jetzt aus meinem Körper.« Dann vernichten Sie die Blätter, indem Sie sie zerreißen oder verbrennen.
- Machen Sie nun die Heilübung »Wir haben alles, was wir brauchen«.

Heilung: Wir haben alles, was wir brauchen

- Schließen Sie die Augen.
- Atmen Sie tief ein.
- Atmen Sie tief aus.
- Bilden Sie Ihr SHIELD.
- Bei jedem Ausatmen nimmt Ihr Atem Spannung, Stress und Negativität aus Ihrem Geist und Ihrem Körper.

- Konzentrieren Sie sich auf Ihr Herz.
- Nun stellen Sie sich in Ihrem Herzen das Gesicht eines geliebten Menschen vor.
- Sehen Sie sein Gesicht deutlich vor sich.
- Sehen Sie, wie er Sie liebevoll anlächelt, Sie mit Augen voller Liebe anblickt.
- Erinnern Sie sich, wie es sich anfühlt, wenn man von Augen angeschaut wird, die einen derart lieben.
- Erinnern Sie sich daran, was es für ein Gefühl ist, mit diesem Menschen, den Sie so sehr lieben und der Sie liebt, zusammen zu sein.
- Erwidern Sie liebevoll sein Lächeln.
- Schauen Sie ihn mit Augen voller Liebe an.
- Umarmen Sie ihn.
- Sagen Sie im Stillen diese Worte zu sich: »Unsere Herzen sind ein Herz, wir haben alles, was wir brauchen.« – »Unsere Herzen sind ein Herz, wir haben alles, was wir brauchen.« – »Unsere Herzen sind ein Herz, wir haben alles, was wir brauchen.«
- Während sich Ihr Herz öffnet, beginnen Ihre Herzen zu einem zu verschmelzen.
- Wiederholen Sie weiter diese Worte: »Unsere Herzen sind ein Herz, wir haben alles, was wir brauchen.«
- Ihre verschmolzenen Herzen werden größer, beginnen mit jedem Herzen in Ihrem Haus zu verschmelzen, so dass Ihr Herz das Zentrum des Gebäudes wird.
- Wiederholen Sie immer weiter diese Worte: »Unsere Herzen sind ein Herz, wir haben alles, was wir brauchen.«
- Ihre verschmolzenen Herzen werden immer größer, beginnen mit jedem Herzen in Ihrer Stadt zu verschmelzen, so dass Ihr Herz das Zentrum der Stadt wird.
- Wiederholen Sie immer weiter diese Worte: »Unsere Herzen sind ein Herz, wir haben alles, was wir brauchen.«

- Ihre verschmolzenen Herzen werden noch größer, beginnen mit jedem Herzen in Ihrem Land zu verschmelzen, so dass Ihr Herz das Zentrum des Landes wird.
- Wiederholen Sie immer weiter diese Worte: »Unsere Herzen sind ein Herz, wir haben alles, was wir brauchen.«
- Ihre verschmolzenen Herzen werden noch größer, beginnen mit jedem Herzen auf der Erde zu verschmelzen, so dass Ihr Herz das Zentrum der Erde wird.
- Wiederholen Sie immer weiter diese Worte: »Unsere Herzen sind ein Herz, wir haben alles, was wir brauchen.«
- Ihre verschmolzenen Herzen werden noch größer, beginnen mit jedem Herzen im Universum zu verschmelzen, so dass Ihr Herz das Zentrum des Universums wird.
- Wiederholen Sie immer weiter diese Worte: »Unsere Herzen sind ein Herz, wir haben alles, was wir brauchen.«
- Sie können Ihr Herz zu jedem Menschen und zu jedem Ort senden und sich ausdehnen lassen.
- Sie können es sich selbst senden, zu jemandem, den Sie lieben, zu jemandem, dem Sie verzeihen müssen, oder zu jemandem, der Ihnen verzeihen muss.
- Nehmen Sie sich so viel Zeit, wie Sie brauchen.
- Wiederholen Sie immer weiter diese Worte: »Unsere Herzen sind ein Herz, wir haben alles, was wir brauchen.«

Umprogrammierung – spirituelle Liebe aufbauen

Was Sie tun sollten

- Bilden Sie Ihr SHIELD.
- Umgeben Sie sich mit liebendem und heilendem Licht.
- Stellen Sie sich einen geliebten Menschen vor, der in Ihrem Herzen sitzt.

- Sprechen Sie die Bestärkungsformel: »Unsere Herzen sind ein Herz. Wir haben alles, was wir brauchen.«
- Bemühen Sie sich darum, sich mit den Menschen zu verbinden, die Sie lieben.
- Bemühen Sie sich darum, sich mit der Natur und der Umwelt zu verbinden.
- Bemühen Sie sich darum, über Ihre Ängste zu sprechen, so dass Sie sie loslassen können und besser in der Lage sind, angebotene Hilfe anzunehmen.

Wann Sie die Umprogrammierung anwenden sollten

- Wenn Sie sich allein fühlen oder Angst haben.
- Wenn Sie nicht sicher sind, ob Sie gut genug sind oder genug haben – sei es Geld, Bildung, Zeit oder Ressourcen.
- Wenn Sie sich Sorgen machen, was unserem Planeten oder unserer Welt passieren könnte.
- Wenn Sie die Situation eines anderen beunruhigt und Sie nicht wissen, wie Sie demjenigen helfen können.
- Wenn Sie sich über Ihre eigene Situation Sorgen machen und sich hilflos fühlen.
- Wenn Sie sich von Menschen getrennt fühlen, besonders wenn es sich um Menschen handelt, die Sie lieben.

Es ist möglich, ein Gefühl des Einsseins mit allen Dingen zu entwickeln und einen großen Kitzeleffekt zu erreichen, ohne an einen anderen Ort gehen oder ein anderer werden zu müssen. Es braucht nicht mehr, als soziale Liebe entstehen zu lassen, die Ihnen erlaubt, Selbstliebe zu entwickeln, die Ihnen wiederum erlaubt, sich vollständig mit der spirituellen Liebe zu verbinden. Wenn Ihre Liebespyramide vollständig ist, dann werden Sie wissen, dass Sie alles haben, was Sie brauchen. Und wenn Sie wissen, dass Sie alles haben, was Sie brauchen, dann wird es Sie drängen, Ihre Liebe mit dem Rest der Welt zu teilen.

Letztlich ist es so: Je seltener Sie in Angstreaktion leben, umso besser werden Sie sich fühlen. Wenn Sie sich wohl fühlen, dann ist die Wahrscheinlichkeit größer, dass sie selbstlos handeln und Mitgefühl empfinden. Und unweigerlich werden Sie sich dann noch wohler fühlen, und Sie verewigen so einen Kreislauf des Lebens in der Liebesreaktion. Als Konsequenz verändert sich Ihre Physiologie, wird vom Negativen ins Positive umprogrammiert, und Sie werden feststellen, dass Sie glücklicher und gesünder sind.

EPILOG

Komm, schwimm mit mir

Liebe ist der Schlüssel zu Gesundheit und Wohlbefinden. Jeder Patient, der in meine Praxis kommt, findet hier einen Ort, wo er geliebt wird, wo er wahrgenommen, gehört und geschätzt wird; einen Ort, wo er lernen kann, sich selbst zu lieben und Liebe von anderen zu empfangen, wo er sich mit etwas Größerem verbinden lernt. Er lernt, wie er seine Liebespyramide aufbaut, die sich aus sozialer Liebe, Selbstliebe und spiritueller Liebe zusammensetzt. Und dann entdeckt er vielleicht, dass er ein Ganzes ist und von Natur aus die Fähigkeit hat, sich selbst zu heilen. Er lernt, sein Herz zu öffnen und weicher zu machen, und indem er das tut, entdeckt er neue Wege, die Welt zu sehen und in ihr zu agieren.

Viele überlieferte Weisheiten enthalten die Vorstellung, dass das Herz weicher werden und man sich als Ganzes fühlen muss, um das Einssein und die Verbindung mit dem Universum zu erfahren. Dann bekommen wir das Geschenk spiritueller Weisheit und vieler anderer erstrebenswerter Qualitäten: inneres Gleichgewicht, Anerkennung, Selbsterfahrung, intuitive Visionen und Klarheit, Offenheit gegenüber spiritueller Erfahrung, die Stärke des Geistes und des Willens, Gefühle des Verbundenseins und der Sinnhaftigkeit. Ebenso besitzen wir dann das Potenzial für tiefgründiges Heilen und die Neuordnung von Körper und Geist, so dass wir in der Lage sind, Zeit und Raum zu überwinden und erleuchtet zu werden.

Ich glaube, die Sache mit der Erleuchtung wird oftmals

falsch gesehen. Häufig wird behauptet, sie sei für normale Menschen nicht erreichbar. Doch für mich bedeutet Erleuchtung nichts anderes, als sich mit seinem wahren Ich zu verbinden und es zu lieben, sich mit dem wahren Selbst anderer zu verbinden und es zu lieben, und sich mit der spirituellen Liebe zu verbinden in dem Wissen, dass wir alle göttliche Wesen sind. Erleuchtung bedeutet, Intuition zu erlangen, Weisheit und die Fähigkeit, das Gesamtbild zu sehen – das Gute und das Schlechte, das Licht und das Dunkel, das Auf und das Ab. Man bleibt nicht in starren Mustern stecken oder in beschränkten Gedanken oder Vorstellungen. Man ist offen für neue Ideen und Ansichten. Man hat ein waches Bewusstsein und kann Dinge erfahren, die für das physische Auge nicht sichtbar sind, vom physischen Ohr nicht gehört oder mit der Hand nicht gefühlt werden können. Und wir haben auch eine ungeheure Fähigkeit zu lieben. Wir leben dann im Fluss des Lebens, statt dagegen anzukämpfen, denn wie die Natur stellen wir nicht die ganze Zeit in Frage, wer wir sind oder wohin wir gehen. Wir sind einfach.

Zu diesem Schluss hat mich vor allem ein seltsamer Vorfall kommen lassen. Er ereignete sich auf meiner morgendlichen Walking-Runde, als ich über eine Frage nachdachte, die mir ein Freund gestellt hatte: Was bedeutet es, erleuchtet zu sein? Ich wusste es wirklich nicht.

Während ich in tiefe Gedanken versunken den Weg entlanglief, begegnete ich einem älteren chassidischen Juden, der mich fragte: »Entschuldigen Sie, sind Sie vielleicht Jüdin?«

Meine erste Reaktion war Verärgerung, in die sich aber schnell Schuldgefühle mischten. Allerdings wurde mir auch klar, dass ich nicht genau wusste, warum ich mich von dieser Frage so bedroht fühlte. Ich war richtiggehend wütend auf diesen Mann. Und ich wusste, dass es nicht fair war, diesem Mann so zu antworten, also richtete ich meine Bewusstheit auf mein Herz, baute mein SHIELD auf und stellte mir selbst diese Frage. Zur Überraschung meines Gehirns antwortete ich ihm klar mit: »Nein, bin ich nicht.« Er entschuldigte sich, mich belästigt zu haben, und ging weiter.

Während ich meine Runde fortsetzte, kamen in mir viele Fragen hoch: Warum hatte ich auf diese Frage so negativ reagiert? Warum war so viel Angst und Ärger in mir aufgestiegen? Warum Schuldgefühle? Warum hatte ich gesagt, ich sei keine Jüdin, wo ich doch jüdischer Herkunft war? Wer bin ich eigentlich?

Meine innere Stimme sagte mir: »Ich bin ich. Ich bin Jüdin. Ich bin Hindu. Ich bin Christin. Ich bin Buddhistin. Ich bin der Geist. Ich bin eins.« Da wurde mir klar: Hätte ich gesagt, ich bin Jüdin, dann hätte mich das vom allumfassenden Einssein getrennt, hätte mich etikettiert und in eine Schublade gesteckt, so wie es die Menschen gewöhnt sind, damit sie sich sicher fühlen. Doch indem ich in mein Herz blickte, wurde mir umfassend bewusst, wer ich bin, wurde ich mir des Einsseins bewusst und dass die einzige Realität die Liebe, Gott oder der Geist ist. Hätte der Mann mich gefragt, in welchem Glauben ich aufgewachsen sei, dann wäre meine Antwort selbstverständlich anders ausgefallen. Ich wurde in der jüdischen Tradition erzogen. Doch meine Interaktion mit ihm wäre für mich nicht so tiefgründig gewesen.

Dann fragte ich mich, ob es eine Verbindung zwischen dieser Vorstellung und der Frage meines Freundes gab. Was bedeutet es, erleuchtet zu sein?

Als ich nach Hause kam, begann ich zu meditieren und kam zu dem Schluss: Auf einer Ebene bin ich die Tochter eines libyschen Juden und einer amerikanischen Jüdin. Ich bin ein Produkt meiner jüdischen Erziehung. Ich habe in Israel gelebt. Ich habe Medizin studiert. Ich war gesund und ich war krank. Ich habe geliebt und gehasst. Doch wer bin ich in Wirklichkeit? Bin ich nicht mehr als die Summe meiner Erfahrungen; bin ich nicht mehr als das Produkt meiner Erziehung?

Ich: Wer bin ich?

Innere Stimme: Ein Fisch.

Ich: Ein Fisch? Was bedeutet das: ein Fisch?

Innere Stimme: Ein Fisch. Ein Fisch ist verdammt noch mal ein Fisch. (Ja, meine innere Stimme hat geflucht. Was sagt Ihnen das?) Er stellt nicht in Frage, dass er ein Fisch ist. Die Menschen stellen alles in Frage! Ein Fisch nicht, der ist einfach nur ein Fisch. Er folgt seinen Instinkten. Er weiß, wann er mit der Strömung schwimmen muss, mit Ebbe und Flut. Er versucht nicht, eine Schildkröte zu sein. Er versucht nicht, dünn zu sein. Er tut einfach das, was er tut. Er ist das, was er ist. Ein Fisch ist ein verdammter Fisch.

Ich: Oh.

Ich ließ das eine Weile auf mich einwirken.

Ich: Oooooh! Ich muss mich lieben, so wie ich bin. Mit allen Dingen verbunden sein. Ich muss lernen, mir nicht so viele Sorgen zu machen und mich nicht so viel zu ängstigen, lernen, präsent und bewusst zu sein und meine Intuition und meine Instinkte zu benutzen.

Neugierig schaute ich nach, wofür das Symbol des Fisches stand, und entdeckte, dass er Liebe, Mitgefühl, Fluss, Anerkennung und Fruchtbarkeit repräsentierte. Nun hatte ich die Antwort auf die Frage meines Freundes, was es bedeute, erleuchtet zu sein.

Um unser Leben im Fluss zu leben, um zu wissen, wer wir sind, müssen wir unser Herz öffnen und es mit Liebe erfüllen. Wir müssen uns ein ausreichendes Liebesguthaben schaffen, damit wir uns mit allen Dingen und allen Wesen, auch mit uns selbst, verbunden fühlen können. Mit einem vollen Liebeskonto wissen wir, dass wir die Ressourcen haben, um alle Herausforderungen zu bewältigen. Dann können wir statt der Angstreaktion die Liebesreaktion aktivieren, wenn wir unter Stress stehen – was fast ständig der Fall ist. Dann fühlen wir uns nicht getrennt und allein und verhalten uns verletzend uns selbst und anderen gegenüber, sondern wir fühlen uns stattdessen verbunden und sicher, sind positiv und hilfreich. Wir suchen dann nicht Anerkennung und Wertschätzung durch äußere Quellen, denn wir fühlen uns in unserem Körper wohl und akzeptieren uns so, wie wir sind.

Hier bin ich also, der Fisch, der jüdisch erzogen wurde, der Schulmedizin studierte und sich dann aufmachte, andere Heilmöglichkeiten zu erforschen; der Schmerz und Depressionen und Selbsthass durchlebt hat und am Ende glücklicher und gesünder war; der weiß, dass er geliebt wird und fähig ist, Liebe zu geben. Ich teile mit Ihnen, was ich weiß, weil ich möchte, dass Sie lernen, wie Sie Ihre Physiologie ins Positive verändern können und glücklich und gesund werden. Dass Sie ein Fisch werden, so wie ich. Ich möchte, dass Sie wissen, wer Sie sind, und wissen, dass Sie geliebt werden.

Ich bin ein Fisch, ich schwimme im allumfassenden Einssein des Lebens und enthülle Ihnen das Geheimnis, wie man sich mit Liebe heilt und sein Schicksal im Fluss mit dem Leben lebt.

Komm, schwimm mit mir.

Danksagung

Dieses Buch zu schreiben war für mich eine großartige Reise, die es mir ermöglicht hat, alles zusammenzutragen, was ich gelernt und selbst erfahren habe, und es Ihnen für Ihren eigenen Weg anzubieten. Während ich diese letzten Sätze schreibe, bin ich an einem anderen Punkt angelangt als zu Beginn dieses Projekts. Jeder einzelne Patient, den ich getroffen habe, hat mir etwas Neues beigebracht und mich dazu angeregt, intensiver darüber nachzudenken, was es tatsächlich bedeutet, gesund und glücklich zu sein. Jede neue Erfahrung, die ich gemacht habe, hat mir dabei geholfen, besser zu verstehen, wer ich selbst bin, und diesen Ort der Stille in mir zu entdecken, an dem die Liebe zu Hause ist. Jedes Familienmitglied und jeder Freund, den ich in meinem Leben schätze, hat mich immer wieder daran erinnert, was es wirklich bedeutet, geliebt zu werden und Liebe zu schenken.

Ich danke meiner wundervollen Familie dafür, dass sie wie ein Leuchtturm für mich ist, mich unterstützt und liebt. Ein besonderes Dankeschön an meinen Vater, Dr. Jacob Selhub, der ein wahrer Mentor und Lehrer für mich ist, und an meine Mutter, Shirley Selhub, die zugleich meine Lektorin war. Sie hat einen unerschütterlichen Glauben an mich und ist überzeugt, dass ich alles sein kann, was ich nur will. Danke auch an meine Geschwister, Eliya und Julie Selhub, weil sie mich lieben, egal wie schwierig es auch manchmal mit mir gewesen sein mag. Und Dank an meine bezaubernde Nichte Maia (Papaya) Selhub, die mich immer noch lehrt, wie ich mein Leben mit einem offenen und freudigen Herzen leben kann.

Dank an meine Lektorin, Divina Infusino, für ihre wunderbare Art zu schreiben und noch viel mehr für ihre Freundschaft. Und Dank auch an meinen Agenten, B. G. Dilworth, für seinen Einsatz, seine Beharrlichkeit und seine liebevolle Unterstützung. Diese beiden Menschen haben dafür gesorgt, dass Sie dieses Buch schließlich lesen konnten.

Ein Dankeschön an meine lieben Freunde, insbesondere an die, die mich während der sechs Monate nach dem unglückseligen Stich an der HIV-Nadel unterstützt haben, besonders danke ich Dr. Joseph Smiddy und Michele Pinage, die mir nie von der Seite gewichen sind. Dank auch an Sharon und Mark Freedman, Dr. Robert Odze, Jonathon Alpert, Peg Baim, Loretta Laroche, Dr. Chiara Piovella, Hari Khalsa, Elina Pechersky, Mia Goldstein, Nira Treidel, Dr. Bindu Raju und Dr. Suman Reddy dafür, dass sie zu mir hielt, als ich gegen meine Dämonen der Depression und des Verlusts ankämpfte, und weil sie mir gezeigt hat, was eine wahre Seelenfamilie ist. Dank an meine liebe Freundin und Kollegin, Rebecca Lovejoy, die immer mein »phone buddy« bleiben wird, weil sie mir zuhört und mit mir spricht und wir uns gegenseitig auf unserer stetigen Suche und in unserem Hunger nach Wachstum unterstützen.

Mein tiefster Dank geht an meine deutsche Seelenfamilie, Prof. Dr. Gustav Dobos, Karen von Kleist-Dobos, ihre beiden Töchter, Aniko und Marika, Dr. Anna Paul, Nils Altner, Paul Rothenfußer und an das Team an der Klinik für Innere Medizin, Naturheilkunde und Integrative Medizin an den Kliniken Essen-Mitte, die die Liebesreaktion in ihre Arbeit mit einbeziehen und mich ermutigt haben, dieses Buch einer weltweiten Leserschaft zugänglich zu machen.

Mein Dank geht auch an das Team von Ballantine Books, besonders an Marnie Cochran, für ihre Unterstützung und den Glauben daran, dass jeder von dem Buch »Wie Liebe heilt« profitieren könne.

Danke an das Team vom *Benson Henry Institute for Mind/ Body Medicine* am Massachusetts General Hospital für Euren Zuspruch und Euren stetigen Einsatz, die Körper-Geist-Medizin in das westliche Medizinmodell zu integrieren.

Schließlich ein tiefes und liebevolles Dankeschön an alle meine Patienten, die mir erlaubt haben, an ihrem Genesungsprozess teilzuhaben. Ihr habt mich Eure Lehrerin genannt, aber Ihr wart meine Lehrer – Ihr wart meine »Meister«, weil Ihr für mich Licht ins Dunkel gebracht habt.

Anmerkungen

Angst – Der lautlose Mörder

1. E. A. Phelps und J. E. LeDoux, »Contributions of the amygdala to emotion processing: from animal models to human behaviour«, Neuron 48 (2005): 175–187

2. G. P. Chrousos und P. W. Gold, »The concepts of stress and stress system disorders. Overview of physical and behavioural homeostasis«, Journal of the American Medical Association 267 (1992): 1244–1252

3. E. Charmandari, C. Tsigos und G. P. Chrousos, »Endocrinology of the stress response«, Annual Review of Physiology 67 (2005): 258–284. D. S. Charney, »Psychobiological mechanisms of resilience and vulnerability: implications for successful adaption to extreme stress«, American Journal of Psychiatry 161(2) (2004): 195–216. I. J. Elenkov und G. P. Chrousos, »Stress system – organization, physiology and immunoregulation«, Neuroimmunomodulation 13(5–6) (2006): 257–267. K. E. Habib, P. W. Gold und G. P. Chrousos, »Neuroendocrinology of stress«, Endocrinology Metabolism Clinics of North America 30 (2001): 695–728. B. S. McEwen und J. C. Wingfield, »The concept of allostasis in biology and medicine«, Hormones and behaviour 43 (2003): 2–15

4. I. C. Chikanza, P. Petrou, G. Kingsley, G. P. Chrousos und G. S. Panayi, »Defective hypothalamic response to immune and inflammatory stimuli in patients with rheumatic arthritis«, Arthritis and Rheumatism 35 (1992): 1281–1288. Elenkov und Chrousos: »Stress system«.

5. Chrousos und Gold, »The concepts of stress and stress

system disorders«. Charmandari et. al., »Endocrinology of the stress response«. M. A. Demitrack und L. J. Crofford, »Evidence for and pathophysiologic implications of hypothalamic-pituitary-adrenal axis dysregulation in fibromyalgia and chronic fatigue syndrome«, Annals of the New York Academy of Sciences 840 (1998): 684–697. A. N. Vgontzas, E. O. Bixler und G. P. Chrousos, »Obesity-related sleepiness and fatigue: the role of the stress system and cytokines«, Annals of the New York Academy of Sciences 1083 (2006): 329–344. I. J. Elenkov, D. G. Iezzoni, A. G. Harris und G. P. Chrousos, »Cytokine dysregulation, inflammation and well-being«, Neuroimmunomodulation 12(5) (2005): 255–269.

Angst – Ein Mangel an Liebe

1. S. E. Taylor, J. S. Lerner, R. M. Sage, B. J. Lehman und T. E. Seeman, »Early environment, emotions, responses to stress, and health«, Journal of Personality 72(6) (2004): 1365–1394.

2. R. J. Davidson, D. C. Jackson und N. H. Kalin, »Emotion, plasticity, context and regulation: perspectives from affective neuroscience«, Psychological Bulletin 126(6) (2000): 890–909.

3. D. Farancis und M. J. Meaney, »Maternal care and development of stress responses«, Current Opinions in Neurobiology 9 (1999): 128–134

4. R. L. Repetti, S. E. Taylor und T. E. Seeman, »Risky families: family social environments and the mental and physical health of offspring«, Psychological Bulletin 128(2) (2002): 330–336

5. Repetti, Taylor und Seeman, »Risky families«. S. E. Taylor, B. M. Way, W. T. Welch, J. H. Clayton, B. J. Lehman und N. I. Eisenberger, »Early family environment, current ad-

versity, the serotonin transporter polymorphism and depressive symptomatology«, Biological Psychiatry 60 (2006): 671–676

6. Repetti, Taylor und Seeman, »Risky families«.

7. Taylor et al., »Early family environment«. S. Herbst, R. H. Pietrzak, J. Wagner, W. B. White und N. M. Petry, »Lifetime major depression is associated with coronary heart disease in older adults: results from the National Epidemiologic Survey on Alcohol and related Conditions«, Psychosomatic Medicine 69(8) (2007): 729–734

8. M. J. Knol, J. W. Twisk, A. T. Beekman, R. J. Heine, F. J. Snoek und F. Pouwer, »Depression as a risk factor for the onset of type 2 diabetes mellitus. A meta-analysis«, Diabetologia 49(5) (2006): 837–845

9. L. V. Doering, O. Martínez-Maza, D. L. Vredevoe und M. J. Cowan, »Relation of depression, natural killer cell function, and infections after coronary artery bypass in women«, European Journal of Cardiovascular Nursing 7(1) (2008): 52–58

10. A. Székely, P. Balog, E. Benkö, T. Breuer, J. Székely, M. D. Kertai, F. Horkay, M. S. Kopp und J. F. Thayer, »Anxiety predicts mortality and morbidity after coronary artery and valve surgery — a 4-year follow-up study«, Psychosomatic Medicine 69(7) (2007): 625–631. I. Kawachi, D. Sparrow, P. S. Vokonasu und S. T. Weiss, »Symptoms of anxiety and risk of coronary heart disease. The Normative Aging Study«, Circulation 90(5) (1994): 225–229

11. T. Q. Miller, T. W. Smith, C. W. Turner, M. L. Guijarro und A. J. Hallet, »A meta-analytic review of research on hostility and physical health«, Psychological Bulletin 119(2) (1996): 1155–1166

12. J. E. Graham, T. F. Robles, J. K. Kiecolt-Glaser, W. B. Malarkey, M. G. Bissell und R. Glaser, »Hostility and pain are related to inflammation in older adults«, Brain, Behavior, and Immunity 20(4) (2006): 389–400

Das Heilmittel gegen die Angst –
Die Liebesreaktion

1. A. Bartels und S. Zeki, »The neural correlates of maternal and romantic love«, Neuroimage 21(3) (2004): 1155–1166

2. T. Esche und G. B. Stefano, »The neurobiology of love«, Neuroendocrinology Letters 26(3) (2005): 175–192. T. Esche und G. B. Stefano, »Love promotes health«, Neuroendocrinology Letters 26(3) (2005): 264–268

3. A. Székely, P. Balog, E. Benkö, T. Breuer, J. Székely, M. D. Kertai, F. Horkay, M. S. Kopp und J. F. Thayer, »Anxiety predicts mortality and morbidity after coronary artery and valve surgery — a 4-year follow-up study«, Psychosomatic Medicine 69(7) (2007): 625–631

4. J. Winberg, »Mother and newborn baby: mutual regulation of physiology and behaviour—selective review«, Development Psychobiology 46(3) (2005): 217–229

5. Esche und Stefano, »The neurobiology of love«. Esche und Stefano, »Love promotes health«

6. K.C. Light, K. M. Grewen und J. A. Amico, »More frequent partner hugs and higher oxytocin levels are linked to lower blood pressure and heart rate in premenopausal woman«, Biological Psychology 69(1) (2005): 5–21

7. K. M. Grewen, B. J. Anderson, S. S. Girdler und K. C. Light, »Warm partner contact is related to lower cardiovascular reactivity«, Behavioral Medicine 29(3) (2003): 123–130

8. A. Marschner, T. Mell, I. Wartenburger, A. Villringer, F. M. Reischies und H. R. Heekeren, »Reward-based decision-making and aging«, Brain Research Bulletin 67(5) (2005): 382–390

9. J. Pearce, »Evolution's End: Claiming the Potential of Our Intelligence« (New York: Harper & Row, 1992). Alle folgenden Zitate stammen aus der Übersetzung von Karin Hein: »Der nächste Schritt der Menschheit, Arbor 1994, 138–151

10. G. Ostir, K. S. Markides, S. A. Black und J. S. Goodwin, »Emotional well-being predicts subsequent functional independence and survival«, Journal of the American Geriatrics Society 48(5) (2000): 473–478

11. A. Steptoe, J. Wardle und M. Marmot, »Positive affect and health-related neuroendocrine, cardiovascular, and inflammatory processes«, Proceedings of the National Academy of Sciences 102(18) (2005): 6508–6512

12. L. S. Richman, L. Kubzansky und J. Maselko, »Positive emotion and health: going ›beyond the negative‹«, Health Psychology 24(4) (2005): 422–429

Die Basis der Liebespyramide – Soziale Liebe

1. D. Spiegel, J. R. Bloom, H. C. Kraemer und E. Gottheil, »Effect of psychosocial treatment on survival of patients with metastatic breast cancer«, Lancet 14(2) (8668) (1989): 888–891

2. X. Zhang, S. L. Norris, E. W. Gregg und G. Beckles, »Social support and mortality among older persons with diabetes«, Diabetes Education 33(2) (2007): 273–281

3. W. Lauder, K. Mummery, M. Jones und C. Caperchione, »A comparison of health behaviours in lonely and non-lonely populations«, Psychology Health and Medicine 11(2) (May 2006): 233–245

4. J. K. Kiecolt-Glaser, T. J. Loving, J. R. Stowell, W. B. Malarkey, S. Lemeshow, S. L. Dickinson und R. Glaser, »Hostile marital interactions, proinflammatory cytokine production, and wound healing«, Archives of General Psychiatry 62(12) (2005): 1377–1384

5. J. S. Odendaal und R. A. Meintjes, »Neurophysiological correlates of affiliative behaviour between humans and dogs«, Veterinary Journal 165(3) (2003): 296–301

6. K. Allen, J. Blascovich und W. B. Mendes, »Cardiovascular reactivity and the presence of pets, friends, and spouses: the truth about cats and dogs«, Psychosomatic Medicine 64(5) (2002): 727–739

7. J. Jorgenson, »Therapeutic use of companion animals in health care«, Image: Journal of Nursing Scholarship 29(3) (1997): 249–254

8. H. M. Hendy, »Effects of pet and/or people visits on nursing home residents«, International Journal of Aging and Human Development 25(4) (1987): 279–291

9. J. M. Siegel, »Stressful life events and use of physician services among the elderly: the moderating role of pet ownership«, Journal of Personality and Social Psychology 58(69) (1990): 1081–1086

Die Liebespyramide weiterbauen – Selbstliebe

1. J. Crocket, »The costs of seeking self-esteem«, Journal of Social Issues 58(3) (2002): 597–615

2. D. C. Reitzes und E. J. Mutran, »Self and health: factors that encourage self-esteem and functional health«, Journal of Gerontology: Series B: Psychological Sciences and Social Sciences 61(1) (2006): S44–S52

3. T. L. Gruenewald, M. E. Kemeny, N. Aziz und J. L. Fahey, »Acute threat to the social self: shame, social self-esteem, and cortisol activity«, Psychosomatic Medicine 6 (2004): 915–924

4. M. Shimizu und B. W. Pelham, »The unconscious cost of good fortune: implicit and explicit self-esteem, positive life events, and health«, Health Psychology 23(1) (2004): 101–105

5. Ibid.

1. M. Jantos und H. Kiat, »Prayer as medicine: how much have we learned?«, The Medical Journal of Australia 186 (10 suppl.) (2007): S51–S53. H. Benson, The Relaxation Response (New York: William Morrow and Co., 1975)

2. J. D. Kark, G. Shemi, Y. Friedlander, O. Martin, I. Manor und S. H. Blondheim, »Does religious observance promote health? Mortality in secular and religious kibbutzim in Israel«, American Journal of Public Health 86 (1996): 341–346. H. G. Koenig, Is Religion Good for Your Health? Effects of Religion on Physical and Mental Health (New York: Haworth Press, 1997)

3. R. F. Gillum und D. D. Ingram, »Frequency of attendance at religious services, hypertension, and blood pressure: the Third National Health and Nutrition Examination Survey«, Psychosomatic Medicine 68(3) (2006): 382–385

4. A. H. Harris und C. E. Thoresen, »Volunteering is associated with delayed mortality in older people: analysis of longitudinal study of aging«, Journal of Health Psychology 10(6) (2005): 739–753

5. S. Brown, R. M. Nesse, A. D. Vonokur und D. M. Smith, »Providing social support may be more beneficial than receiving it: results from a prospective study of mortality«, Psychological Science 14(4) (2003): 320–327

6. A. Luks, »Helper's high: volunteering makes people feel good, physically and emotionally«, Psychology Today 22(10) (October 1988): 39–42

7. E. M. Sternberg, »Approaches to defining mechanisms by which altruistic love affects health« (Shaker Heights, OH: Institute for Research on Unlimited Love, 2005)

8. S. Post, »Altruism, happiness, and health: it's good to be good«, International Journal of Behavioral Medicine 12(2) (2007): 66–77

Sabine Standenat

Wie Heilung geschieht

Unerklärliche Fälle – Berühmte Heiler –
Überraschende Erkenntnisse

Kann der Glaube Heilung bewirken? Wie arbeiten namhafte Heiler?

Die Psychologin Sabine Standenat hat bekannte Wallfahrtsorte besucht, Heiler getroffen und mit Menschen gesprochen, die plötzlich gesundeten, obwohl alles dagegensprach. Dabei ging es ihr um die Frage: Wer oder was heilt? Scheinbar unerklärliche Phänomene lassen sich wissenschaftlich begründen: Gedanken und Gefühle können Heilungsprozesse im Körper auslösen, für die auch die Quantenphysik spannende Erklärungen gibt.

Andreas Diemer

Die fünf Dimensionen der Quantenheilung

Medizin mit Herz und Verstand

Gerade chronische Beschwerden verlangen oft komplementäre Therapieansätze: Der erfahrene Arzt und Physiker Andreas Diemer hat ein ganzheitliches Gesundheitskonzept entwickelt, das weit über die Begrenzungen der Schulmedizin hinausgeht. In die Behandlung von Krankheiten bezieht der Autor sowohl quantenphysikalische Erkenntnisse als auch naturheilkundliche und energetische Komponenten mit ein. Andreas Diemer zeigt, wie man durch eine Verknüpfung aller fünf Dimensionen des ganzheitlichen Heilens seinen individuellen Weg der Heilung einschlagen kann.

MensSana

Anne Höfler

Open Hands

Grundlagen und Praxis des Handauflegens

Was passiert beim Handauflegen? Wie kann man diese Methode bei sich selbst und anderen anwenden?
Anne Höfler verfügt über eine fast dreißigjährige Erfahrung im Handauflegen. Hier erklärt sie die Grundlagen und Prinzipien spirituellen Heilens und beschreibt die verschiedenen Möglichkeiten für die praktische Anwendung.
Ein Handbuch für den geistigen Weg des Heilens mit Anleitungen für die Behandlung spezifischer gesundheitlicher Probleme und Krankheiten.

Mit einem Geleitwort von Willigis Jäger